KB217205

사랑은 낭비라꼬
Love is extravagant

Love is Extravagant

Love is extravagant

David Kim

은혜역사관

머리말

한기홍 목사
(은혜한인교회 담임, GMI 총재)

편지는 마음과 뜻을 상대방에게 전달하는 커뮤니케이션의 수단입니다. 때로는 지식이나 교훈을 전할 수 있는 방법으로도 좋은 수단이 됩니다.

사도바울은 옥중에서도 제자들과 교회 성도들에게 편지로 교회 문제에 대해 멘토링을 해주거나 신앙생활에 필요한 지식을 가르쳐 주곤 하였습니다
바울은 편지를 통해 성도들이 믿음을 굳게 하며 목회자들을 격려하고 교리적인 문제까지 구체적으로 가르치시면서 교회와 성도들을 보호하며 사랑의 심정을 전하며 사역을 감당하였습니다

저의 멘토이시며 스승이신 김광신 목사님은 바울처럼 목회와 선교사역을 하신 분입니다.
특별히 주님을 뜨겁게 사랑하셨고 성도님들을 너무도 사랑하신 목회자이셨습니다.
김 목사님께서 매주 주보에 사랑의 편지를 쓰시기 시작하신 것은 선교지에 많은 시간을 보내시면서 목회하실 때 일 것입니다. 선교지에서 사역하시면서도 주일 설교를 준비하시는 만큼 성도님들에게 사랑의 편지를 통해 구체적으로 담임목회자로서 간절한 마음으로

매주 전해주고 싶은 말씀을 하신 것입니다.

김 목사님께서 쓰신 사랑의 편지에는 성도님들을 향한 간절한 사랑의 가르침이 듬뿍 담겨 있습니다. 영혼을 뜨겁게 사랑하시는 구령의 열정으로 전도와 선교에 대한 하나님의 심정과 성도들로 하늘나라 상급을 받도록 바른 가르침에 대한 간절함이 있습니다.

지금도 김 목사님께서 쓰신 사랑의 편지를 읽어보면 성도님들에게 주님의 심정을 전해주고 싶어 안타까워하시는 간절함을 느낄 수 있습니다. 목사님은 천국에 가셨지만 목사님께서 친히 쓰신 사랑의 편지를 읽으면 마치 목사님의 유언을 듣는 것처럼 가슴에 깊이 새겨지는 은혜가 있습니다.

김 목사님께서는 은퇴하신 후에도 GMI 총재로서 LA 은혜 교회와 서울 은혜교회 성도님들에게 매주 주보에 사랑의 편지를 보내 주셨습니다. 천국가실 때까지 성도님들을 아끼고 사랑하셔서 선생님처럼 교훈을 주시기 원하셨던 사랑의 편지가 책으로 정리되어 발간된 것 너무도 기쁩니다.

김광신 목사님께서 소천하신지 1주기를 맞이하면서 목사님을 사랑하는 성도님들에 의해서 이 책이 출간된 것도 너무 의미 있고 감사한 일입니다.

이 책을 읽으시는 모든 분들마다 이 시대 사도바울처럼 사셨던 김광신 목사님께서 쓰신 사랑의 편지를 통하여 주를 향한 뜨거운 사랑과 세계선교에 불타는 구령의 열정이 회복되며 하늘나라에 상급 쌓는 삶이 되시는 은혜가 있기를 간절히 축원합니다.

Contents

40

1. 하나님을 만난 사람

너희는 그 은혜에 의하여 믿음으로 말미암아 구원을 받았으니
이것은 너희에게서 난 것이 아니요 하나님의 선물이라 (에베소서 2:8)

은혜와 은혜 주신 주님,
은혜는 값없이 주시는 선물
끝없이 베푸시는 주님의 사랑이 은혜입니다.

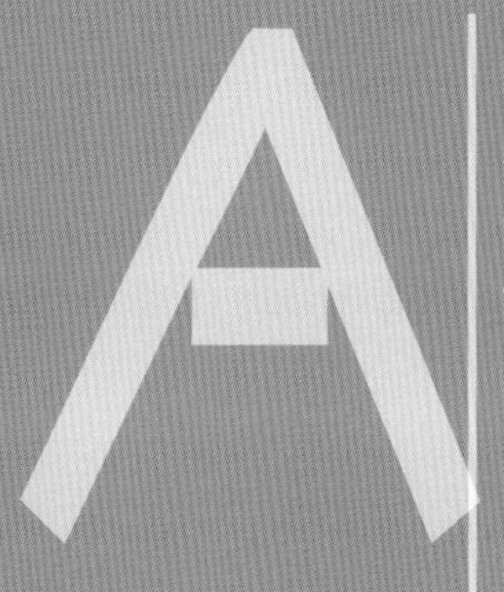

LOVE IS EXTRAVAGANT

한 목회자의 유언

English

약 23년 동안 눈물과 땀으로 섬겨온 은혜교회 담임 목사직을 떠나면서 저는 마치 자녀들에게 간절한 마음으로 유언을 남기는 부모의 심정으로 여러분의 신앙생활에 꼭 필요한 말씀을 사랑의 편지를 통하여 전하고 있습니다.

첫째 어떤 경우에도 변치 않으시는 하나님의 사랑을 믿고 의지할 것.
둘째 신앙생활은 자신을 위하여 할 것.

오늘은 그 동안 제가 목회를 하며 하나님의 말씀을 전할 때 가장 강조했던 말씀 중의 한 가지인 "하늘에 상급을 쌓자"는 말씀을 다시 한번 부탁 드립니다.

우리가 예수를 믿을 때 구원을 받고 하나님의 자녀 되는 권세를 받았습니다. 구원을 받고 하나님의 자녀가 되었다는 말은 여러분이 지금 이 땅에서 눈을 감아도 천국에서 눈을 뜰 수 있는 자격을 받았다는 뜻입니다. 천국은 이루 말할 수 없이 아름다운 곳입니다. 천국에 대하여는 아무리 과장을 하더라도 거짓말이 되지 않는답니다. 왜냐하면

인간이 실력껏 과장을 해 보아도 진짜 천국에는 미치지 못하기 때문입니다.

그런데 우리를 그토록 사랑하시는 우리 하나님께서 지금이라도 천국에 들어갈 수 있는 자격을 가진 우리들을 왜 그 좋은 천국에 데려가지 아니 하시고 아직도 마귀가 왕 노릇하는 이 세상 에서 살게 하실까요? 그 이유는 꼭 한 가지 밖에 없습니다. 우리가 이 세상에 살아 있는 동안에 우리들이 믿음의 걸작품을 만들라는 것입니다.

우리에게 믿음의 걸작품은 왜 필요할까요?
우리가 앞으로 천국에 가면 먼저 그리스도의 심판대 앞에서 상급을 받을 것입니다. 그 때 받는 상급은 영원한 하늘나라에서 우리의 신분이 결정되는 것이라고 말씀을 드렸습니다. 우리가 성경을 믿는다고 하면서도 하늘나라에서의 상급을 믿지 않는 것은 굉장히 모순되는 일입니다. 왜냐하면 고린도후서 5:9-10절에는 다음과 같이 기록이 되어 있기 때문입니다.

"그런즉 우리는 몸으로 있든지, 떠나든지 주를 기쁘시게 하는 자 되기를 힘쓰노라 이는 우리가 다 반드시 그리스도의 심판대 앞에 나타나게 되어 각각 선악간에 그 몸으로 행한 것을 따라 받으려 함이라"

또한 고린도전서 9:24절에도 다음과 같이 기록이 되어 있습니다.

"운동장에서 달음질하는 자들이 다 달릴지라도 오직 상을 받는 사람은 한 사람인 줄을 너희가 알지 못하느냐 너희도 상을 받도록 이와 같이 달음질하라"

여러분이 오이코스 전도를 할 때 믿음의 작품을 만들기 위하여 최선을 기울이시기를 바랍니다. 우리 한 사람, 한 사람 모두가 열심히 믿음의 작품을 만들어 남기시기를 주님의 이름으로 부탁드립니다.

무신론자를 목사로 부르시는 놀라운 은혜

English

우리 인간에게는 결단이 얼마나 중요한지 모릅니다. 결단이란 마치 분수령에 떨어지는 빗방울과 같습니다. 빗방울 둘이 1cm 간격으로 나란히 떨어지고 있다고 가정해 보십시오. 그런데 한 빗방울은 백두산 분수령 동쪽에 떨어지고 다른 빗방울은 백두산 분수령 서쪽에 떨어졌다고 가정해 보십시오. 땅에 떨어질 때의 간격은 불과 1cm에 불과하지만 그 결국은 어떻게 되겠습니까? 백두산 분수령의 동쪽에 떨어진 빗방울은 동해로 흘러 들어가게 되고 백두산 분수령의 서쪽에 떨어진 빗방울은 서해로 흘러 들어가게 될 것입니다. 결단도 이와 같습니다. 결단을 내리는 순간에 결단을 내린 사람과 결단을 내리지 않은 사람 사이에는 별 차이가 없는 것 같습니다. 그러나 그들의 삶의 결국에는 엄청난 차이가 나는 것입니다.

저는 42세가 되던 정월 초하루를 지금도 잊지 못하고 있습니다. 여러분이 잘 아시다시피 그때까지 저는 전형적인 무신론자였습니다. 그러나 조그마한 사업을 하여 돈은 제법 벌었던 것 같습니다. 그런데

돈을 써 보아도 별다른 만족이 없었습니다. 저는 1월 1일에 책상에 앉아서 생각을 하기 시작했습니다.

"내가 앞으로 몇 년을 더 살 지 모르지만 분명히 육신의 생명을 내어 놓아 할 때가 올 것이다. 그런데 내가 하나님이 안 계신다고 단정을 할 수 없다면 죽을 때의 나의 마음은 퍽 불안할 것이다. 그렇기 때문에 내게 필요한 돈만 남겨두고 교회에 헌금을 하자. 하나님이 계신지 안 계신지 모르지만 교회에 헌금을 해 두고 '혹시 하나님께서 봐 주시겠지'하고 생각하면 죽을 때의 불안을 좀 해소시킬 수 있지 않을까? 나는 40평생을 살아오며 성실한 것은 내가 최고라고 생각하고 살아오지 않았는가? 그런데 나는 과연 무엇에 성실했단 말인가? 더욱이 나는 지금 이 교회에 다니겠다고 내 손으로 교인 등록용지에 서명을 하지 않았는가? 그렇다면 교회가 하는 모든 일에 성실하게 참여해보자."

그렇게 결단을 내리고 실천에 옮겼습니다. 저는 얄팍한 계산으로 아무 신앙심도 없이 열심히 헌금을 하고 교회에서 하는 모든 행사에 적극참여 했습니다. 그럼에도 불구하고 하나님께서는 그러한 나의 간교한 생각도 축복해 주셔서 그 해 8월 20일 새벽에 큰 은혜를 받고 지금 목사까지 되어 있는 것입니다.

바로 지금이 결단하기에 가장 좋은 시간입니다. 내일로 미루지마시기 바랍니다.

나도 한번 올바른 신앙생활을 해 보리라!

누구보다 더 하나님과 가까워지는 내가 되리라!

결단을 내리시기 바랍니다.

내가 발견한
지혜로운 삶에 대하여...

오늘도 승리하는 신앙생활을 하고 있는 줄 믿습니다. 부족한 종의 건강 때문에 사랑하는 성도님들을 가까이서 자주 뵈올 수가 없어서 얼마나 서운하고 또 미안한지 모릅니다.

우리는 처음 주님을 만나면서 우리가 누릴 수 있는 참된 기쁨과 평안이 무엇인지 깨달았습니다. 사람들은 어리석기 때문에 자신이 무엇을 진심으로 구하는지 모를 때가 많이 있습니다. 그렇기 때문에 우리는 사소한 것을 구하며 일생을 소모하고 있는 것입니다.

사람들의 마음속에는 표면적으로 바라는 것들이 많이 있습니다.

예를 들어 돈이라든지, 명예라든지, 건강, 가족들의 안녕, 혹은 사람들로부터 받는 인정 등등.

그러나 우리의 마음 깊은 곳에는 참된 기쁨, 참된 평안에 대한 지울 수 없는 갈망이 있는 것입니다. 우리가 돈, 명예와 같은 표면적인 것을 구하는 것도 그런 것들이 우리들이 진정으로 바라는 참된 기쁨, 참된 평안을 얻는 수단이 된다고 잘못 생각하기 때문입니다.

저는 지금도 약 24년 전 주님을 처음 만난 날을 기억합니다. 저의 간증을 통해서도 말씀드린 것처럼 그 전날 저녁에 하나님께 저를 만나 달라고 울부짖고 기도했지만 별다른 응답 없이 잠이 든 것 같습니다. 그러나 그 다음날 새벽 4시경에 갑자기 잠이 깨었을 때 저는 내 속에 있는 기쁨과 평안을 발견하고 깜짝 놀랐습니다. 정말 중력을 느끼지 못하는 풍선이 공중에 둥둥 떠다니는 그런 기분이었습니다. 그때 제가 가장 먼저 깨달은 사실은 '오늘까지 42년 동안 내가 찾고 찾던 것이 바로 이것이었구나' 하는 사실이었습니다.

이번 여름에도 서울과 LA와 캄보디아와 사할린, 이루크츠크 등에서 많은 천국 잔치가 바로 여러분 자신을 위해서 준비되어 있습니다. 준비된 T.D. (사랑의 불꽃)를 통하여 성도님들은 우리가 찾아 헤매던 보화를 발견할 수 있을 것입니다. 그래서 주님은 우리가 발견한 천국을 땅에 감추인 보화라고 말씀하고 계시는 것입니다.

> **"천국은 마치 밭에 감추인 보화와 같으니 사람이 이를 발견한 후 숨겨두고 기뻐하여 돌아가서 자기의 소유를 다 팔아 그 밭을 샀느니라"(마 13:44)**

참된 기쁨과 평안을 추구하는 것이 참으로 지혜로운 삶인 것입니다. 이 참된 기쁨과 평안을 유지하기 위하여 우리는 참된 경건 생활이 필요하며 성령충만한 삶이 필요한 것입니다.

하나님은 사랑하시기 위해 나를 지으셨다

저는 목회를 하는 동안 설교를 하며 성경을 가르칠 때 한 가지 일관된 방향이 있었습니다. 그것은 "사람들이 하나님에 대하여 가지고 있는 오해를 풀어주자"는 것이었습니다. 제가 만난 하나님, 제가 성경을 통하여 알고 있는 하나님은 너무나 좋으신 분입니다. 그 분을 위해서라면 나의 모든 것, 나의 생명을 드려도 오히려 부족하게 느껴집니다. 그러나 많은 사람들이 그 좋으신 하나님을 모르기 때문에 오히려 부담스럽게 여기거나 예수를 믿으면서도 온전히 헌신하지 못하고 손해가는 삶을 살고 있습니다.

앞으로 여러분이 신앙생활을 해 나갈 때 언제나 꼭 기억해야할 한 가지는 여러분은 바로 하나님의 사랑의 대상으로 지음을 받았다는 사실입니다.

우리가 믿는 하나님은 사랑이십니다. 그런데 사랑은 언제나 그 대상을 필요로 합니다. 하나님께서는 그분의 사랑의 대상의 필요로 바로 여러분을 창조 하셨다는 사실입니다. 여러분이 하나님의 사랑을 받을 만한 삶을 살기 때문에 하나님께서 나를 사랑하시는 것이 아니라 그분은 이미 자신의 사랑의 대상으로 나를 지으셨기 때문에 나를 사랑하고 계시다는 사실입니다.

무엇을 보고 알 수 있을까요? 하나님은 거룩하시며 공의로우신 하나님이십니다. 그렇기 때문에 사탄 마귀와 3분의 1의 천사들이 타락했을 때 그들을 기다리는 것은 공의로우신 하나님의 심판밖에 없습니다. 그러나 우리는 하나님의 사랑의 대상으로 지으심을 받았기 때문에 우리 인류가 선악과를 따먹고 죄를 지었을 때도 버려두지 않으시고 오히려 그분이 육신을 입으시고 이 땅까지 오셔서 십자가에서 우리의 형벌을 대신 받아 주셨던 것입니다.

성경을 통한 하나님의 뜻은 바로 죄로 말미암아 하나님과의 교제를 잃어버린 우리들에게 하나님과 사귐을 회복하고자 하는 것입니다. 그렇기 때문에 우리가 무엇을 잘 했음으로 하나님의 사랑 안에 거하는 것이 아니라 우리의 존재가 하나님의 사랑의 대상으로 지음을 받았기 때문에 그 분의 사랑 안에 거한다는 사실입니다.

우리들의 신앙생활에서 이러한 하나님의 사랑을 기억해야 하는 중요한 이유가 있습니다. 우리는 모두 죄인으로 태어났기 때문에 실수를 하며 죄를 지을 수밖에 없는 것입니다. 그런데 우리가 죄를 짓는 순간에 사탄 마귀는 우리의 심령 가운데서 참소를 합니다. "네가 이러 이러한 죄를 지었기 때문에 하나님께서는 더 이상 너를 사랑하지 않아" 우리가 어떤 죄를 지은 다음에는 점점 더 좌절하는 이유가 여기에 있는 것입니다.

하나님의 사랑의 조건을 내 속에서 찾는 사람은 반드시 신앙생활에 실패를 하게 되어 있습니다. 하나님의 사랑을 제대로 아는 사람만이 죄를 지은 다음에도 철저하게 회개를 하고 다시 일어설 수 있는 것입니다. 여러분이 혹시라도 다른 모든 것을 잃어버린다 할지라도 여러분은 하나님의 사랑의 대상으로 지음 받았기 때문에 무슨 일이 일어나도 여러분은 하나님의 사랑 안에 있음을 기억하시기 바랍니다.

"하나님을 만난다"

English

"하나님을 만난다"라는 말을 많이 듣게 되고, 또한 기독교 신앙은 살아 계신 하나님을 만남으로 시작되기 때문에 기독교를 체험의 종교라고 부르는 것입니다.

그런데 하나님을 만난다는 뜻이 무엇일까요?

하나님을 만나는 것은 사람들이 서로 만나는 것과는 전혀 다릅니다. 하나님께서는 우리 인간을 지어 주셨을 때 많은 사물을 만날 수 있도록 지어주셨습니다. 만난다는 말은 바로 인식한다는 말인 것입니다.

그런데 우리는 색깔을 어떻게 인식합니까? 하나님께서 우리들이 색깔을 인식할 수 있도록 눈을 만들어 주셨습니다. 그리고 소리를 인식할 수 있도록 귀를 만들어 주셨고 냄새를 인식할 수 있도록 코를 만들어 주셨고 또한 맛을 인식할 수 있도록 혀를 만들어 주신 것입니다.

그와 마찬가지로 하나님께서는 우리 인간이 하나님을 인식할 수

있도록 영을 만들어 주신 것입니다. 그런 의미에서 인간의 영을 T.V. 안테나와 같다고 말씀을 드렸습니다.

아담과 이브가 범죄할 때 그 영이 죽어버린 것입니다. 모든 자연인은 하나님을 만날 수가 없는 것입니다.

하나님께서는 우리들에게 다시 성령 즉, 하나님의 영을 부어 주심으로 우리의 영이 새롭게 되기를 바라는 것입니다.

성령을 받게 되면 여러분은 인간의 오감으로 느낄 수 없는 하나님을 느끼고 인식할 수 있을 것입니다.

그 뿐만 아니라 성령이 임하실 때 여러분은 세상 어떤 것으로도 설명하거나 이해할 수 없는 기쁨과 평안을 맛보게 될 것입니다.

양파 껍질을 벗어야 할 나의 모습

저는 지난 주간에 기도하며 느낀 것이 있어 잠시 성도님들과 나누기를 원합니다. 저는 대개 기도할 때 주님께서 가르쳐 주신대로 오늘까지 주님 앞에 받은 축복과 은혜를 낱낱이 기억하며 주님께 감사드리고 이어서 주님 앞에 헌신의 기도를 드립니다.

헌신의 기도를 할 때는 나 자신이 자신의 본성으로 헌신한다는 것이 불가능한 것을 알기 때문에 헌신하기 위하여 주님의 은혜를 간절히 구합니다. 왜냐하면 제가 처음 은혜를 받자마자 주님을 그렇게도 사랑할 수 있고, 주님의 은혜를 사모하고, 주님의 일하기를 사모했는데 그 모든 것이 주님의 은혜로 말미암은 것을 알았기 때문입니다.

그런데 지난 주간에 주님 앞에 헌신하기 위하여 간절히 기도하다가 기도하고 있는 제자신의 진실을 보게 되었습니다. "나는 과연 주님 앞에 진실 되게 헌신하기 위하여 그렇게 간절히 기도하고 있는가? 혹은 주님을 이용하기 위하여 헌신의 기도를 하고 있는지" 살펴보게 되었습니다.

저는 참으로 부끄럽게도 주님을 이용하기 위하여 헌신의 기도를 하고 있는 자신을 주님 앞에 고백할 수밖에 없었습니다. 인간의 마음이야말로 양파처럼 까도까도 그 속에는 또 다른 마음이 들어 있는 것을 발견하고 주님 앞에 얼마나 죄송했는지 모릅니다. 그럼에도 불구하고 그렇게 진실하지 못한 나를 사랑 하시고 사용해 주신 은혜에 다시 한번 감사할 수밖에 없었습니다.

우리가 신앙생활을 하며 진실한 자신의 모습을 본다는 것은 참으로 중요한 것 같습니다.

하나님의 관심(눈길)을 받는 사람

English

시편 32:8 내가 네 갈 길을 가르쳐 보이고 너를 주목하여 훈계하리로다

이 말씀은 하나님이 눈길을 주시며 눈여겨 보신다는 의미입니다. 우리가 신앙생활을 하며 하나님의 관심을 끈다는 것은 얼마나 중요한지 모릅니다.

모든 사람들이 바라는 본능적인 욕구 가운데 한 가지가 바로 안정감을 갖는 것입니다. 여러분은 왜 여러분의 사업체를 크게 만들기 원하십니까? 여러분은 왜 보다 큰 집을 가지기를 원하십니까? 여러분은 왜 은행 구좌에 보다 많은 돈을 저축해 두기를 원하십니까? 결국 그런 것들이 내가 위기에 처했을 때 나를 위기에서 구해 주지 않을까 잘못 생각하기 때문입니다.

그런데 가만히 생각해 보시면 여러분이 큰 위기에 봉착했을 때 그런 것들이 전혀 도움이 되지 않는 것을 알게 될 것입니다. 오히려 하나님의 관심이 있는 곳이 안전한 곳임을 기억하시기 바랍니다. 마르다와 마리아의 경우를 생각해 보십시오. 그들은 하나 밖에 없는 오라비가 죽는다는 큰 위기를 만났습니다. 그러나 그것이 그들에게 위기가 될 수 없었습니다. 주님께서 친히 오셔서 죽은 지 나흘 되는 나사로를 살려주셨기 때문입니다. 바로 그들은 주님의 관심을 끌고 있었기 때문입니다.

열두 제자는 깜깜한 밤중에 노를 저어가며 갈릴리 호수를 건너가고 있었습니다. 그 때 바람이 거슬러 불어오며 큰 풍랑이 일었습니다. 배가 금방 뒤집힐 수밖에 없는 위기를 만났습니다. 그러나 그것이 그들에게 참 위기가 될 수 없었습니다. 주님께서 물 위를 걸어오셔서 풍랑을 잠잠하게 해 주셨기 때문입니다. 왜 그랬을까요? 그 열두 제자는 주님의 관심을 끌고 있었기 때문입니다.

우리의 신앙생활에서 주님의 관심을 끈다는 것은 얼마나 중요한지 모릅니다. 모든 신앙 활동 자체가 주님의 관심을 끌기 위하여 행해질 때 우리의 신앙 활동이 건전한 신앙 활동이 되는 것입니다. 예배, 기도, 찬양, 봉사, 전도 모든 것을 하나님의 관심을 끌기 위하여 할 때 주님께 상달이 되는 것입니다.

하나님께서는 또한 우리의 물질에 깊은 관심을 가지고 있습니다. 왜냐하면 우리들이 목숨 다음으로 귀하게 여기는 것이 물질이기 때문입니다. 하나님께서는 우리들이 그 귀한 물질을 어디다 쓰는지 관심을 가지고 계시는 것입니다. 헌금은 바로 하나님의 관심을 끌 수 있는 좋은 기회인 것입니다. 뿐만 아니라 하나님 앞에 심는 것이요, 투자하는 것입니다. 반드시 추수할 때가 오는 것입니다.

예배도, 기도도, 찬양도, 전도도, 봉사도, 헌금도 하나님의 관심을 끌기 위하여 하시기를 부탁 드립니다.

우리의 관심이 주님께 있을 때...

우리의 관심이 주님께 있을 때 그 신앙은 건전할 수 있습니다. 우리 관심이 하늘나라에 있을 때 축복된 신앙생활을 할 수 있는 것입니다.

그런데 사람의 관심이란 보는 것에 의하여 좌우가 됩니다. 관심을 두면 눈길이 가게 됩니다. 주일날 한 번 교회를 나오고 세상만 보고 사는 사람들이 신앙이 자라지 않는 이유가 여기 있습니다.

그렇기 때문에 여러분의 교회는 주말이나, 휴일을 이용하여 특별 집회를 준비하며, 우리 성도님들이 주중 어느 때 교회에 나와도 성도님들이 있어 서로 대화할 수 있는 분위기를 만들기 위하여 노력하고 있습니다. 이러한 성령님의 역사를 경험하기 위하여 지켜야 할 사항, 세 가지만 부탁 드리겠습니다.

첫째로, 집회 기간 동안에는 오직 하나님의 은혜만을 사모하시기 바랍니다.

둘째로 모든 집회에는 끝까지 참여하시기 바랍니다. 하나님께서 어느 순간에 은혜를 주실지 모르기 때문입니다. 우리가 주님의 은혜를 사모하는 마음이야말로 하늘 문을 여는 열쇠와 같은 것입니다.

셋째로 서로 서로 은혜 받을 수 있는 분위기를 만드는데 협조하시기 바랍니다.

풀꽃

나태주

자세히 보아야
예쁘다

오래 보아야
사랑스럽다

너도 그렇다

믿음의 계기와 결단을 지속하기

English

우리 인간에게는 계기가 참으로 중요한 것 같습니다. 저는 30세 되기까지는 장가 갈 생각을 한 번도 못해 보았습니다. 왜냐하면 그때까지 저의 인생계획은 40세까지 책을 보고 40세가 되면 거지가 되는 것이었습니다. 아무런 구애를 받지 아니하고 "삶의 문제"를 생각해 보고 싶었기 때문입니다.

그런데 30세 되는 12월 31일 일기를 쓰면서 가만히 생각해 보니까 내 자신이 그런 거창한 문제를 다룰 수 있는 특별한 사람이 아니었습니다. 그저 소시민 중의 한 사람에 불과했습니다. 철이 드는 순간이었습니다. 그러면 나는 무엇을 위하여 살아가야 할 것인지 고민에 빠졌습니다.

'내가 왜 사는지 그 이유는 모르지만 여하튼 내가 사는 동안 한 사람이라도 행복하게 해주고 죽으면 그만한 보람이 있는 것이 아닐까'라는 생각이 들었습니다. 그래서 저는 30세가 되어서 비로소 결혼할 생각을 처음 갖게 되었고 그 덕분에 지금의 아내를 만나서 결혼하여 결국

저의 인생이 완전히 바뀌어져 버리고 말았습니다.

특별히 신앙생활에 있어서는 우리 성도님 마음속에 "오직 믿음으로 살리라"는 강한 결단이 있기를 바랍니다. 세상은 이런 저런 모양으로, 여러 가지 환경을 통해서 우리를 주님의 사랑에서 손을 놓고, 쉽게 신앙생활 하게 하려고 끊임없이 유혹하고 있습니다. 그러나 살아 계신 하나님을 끝까지 의지하며 믿음으로 살려고 몸부림 칠 때, 하나님의 강한 손이 나를 붙드시며 마침내 축복하시는 하나님의 놀라운 기적을 맛볼 수 있는 것입니다.

믿음으로 살 때 우리 주님이 가장 기뻐하며, 믿음으로 살 때 주위의 모든 환경이 열리며, 믿음으로 살 때 홍해가 갈라지며, 만나를 맛볼 수 있으며, 요단강을 건너 약속의 땅으로 인도함을 받는 역사가 이루어집니다.

그러면 믿음이 무엇일까요? 그것은 결단과 그 결단의 지속입니다. 믿음은 어려운 것이 아닙니다. 결단을 내리고 그 결단을 환경이나 자신의 느낌에 관계없이 지속을 시키면 되는 것입니다. 결단을 내리는 순간에는 결단을 내린 사람과 결단을 내리지 않은 사람 사이에 별 차이가 없는 것 같습니다. 그러나 그들의 삶의 결국에는 엄청난 차이가 나는 것입니다.

나도 한 번 올바른 신앙생활을 해 보리라!
누구보다 더 하나님과 가까워지는 내가 되리라!

결단을 내리시고, 그 결단을 지속시키므로 "하나님의 영광"을 직접 맛보시기를 주님의 이름으로 축원합니다.

힘들어도 가야만 하는 길

English

목회자에게는 성도님들이 잘 알지 못하는 갈등과 고민이 있습니다. 그것은 성도님들이 원하는 것과 필요한 것 사이에 있는 괴리 때문에 오는 것입니다.

1990년 7월에 제1차로 구 소련지역에서 전도집회를 인도할 때의 일입니다. 제1차 전도집회에서는 대상이 주로 구 소련지역에 살고 있는 고려인들이었습니다. 철의 장막 속에 약 73년을 격리되어 살아온 우리 동족들을 모시고 집회를 시작하면서 한 핏줄임을 강조하며 아리랑을 부를 때 그들은 얼마나 눈물을 흘리며 감격해 했는지 모릅니다.

그 모습을 볼 때 저의 마음속에는 언뜻 다음과 같은 생각이 지나갔습니다. “내가 만약에 선교활동을 하지 아니하고 민족운동을 한다면.”

왜냐하면 이제 복음을 전하기 시작하면 그들 가운데 어떤 사람들은 분명히 등을 돌릴 것이었기 때문입니다. 그들이 원하는 것은 동포의 정을 나누는 것이지만 정작 그들에게 필요한 것은 영생이요 복음이기 때문에 일순간 부담을 느끼면서 복음을 전할 수밖에 없었습니다.

목회를 할 때에도 그와 비슷한 감정을 느낄 때가 이따금 있습니다. 예를 들어 일천번제 성경통독 새벽 기도회를 발표하거나 혹은 새로운 어떤 프로그램을 도입할 때입니다. 한번 상상해 보시기 바랍니다. 국민학교 2학년짜리 아들이 집에 돌아와서 다음과 같이 말합니다.

"난 정말 학교 가기 싫어 매일 공부만 하라고 하잖아. 오늘도 숙제가 얼마나 많은지. 책가방도 무겁고... "

어머니의 솔직한 심정은 아마도 다음과 같은 것일 것입니다. "그래 알았다. 이제 학교 그만두고 너 마음껏 놀아라"

그러나 그렇게 말하는 어머니는 한 사람도 없을 것입니다. 아마도 여러분은 어린 아들의 책가방을 벗기면서 다음과 같이 말할 것입니다. "그래 알았어! 그러나 공부는 열심히 해야지."

왜 그렇습니까? 아들을 사랑하기 때문에 아들이 원하는 것을 해주고 싶은 것은 어머니의 어쩔 수 없는 심정입니다. 그러나 어머니는 그 아들을 사랑하기 때문에 그 아들에게 필요한 것을 해 주기 원하기 때문입니다. 일천번제 성경통독대회에 참여하는 우리 성도님들을 볼 때마다 부족한 종이 느끼는 감정입니다. 그것이 여러분에게 필요하기 때문에 여러분에게 격려를 하며 강조하게 됩니다. 새벽 기도회에 잘 나오시다가 요즈음 쉬고 계신 성도님들에게 꼭 하고 싶은 말이 있습니다.

"힘들지? 그러나 어떻게 해? 끝까지 승리해야지!"

내 영혼이 직접 말씀에 부딪혀야 합니다

우리 신앙생활에서 가장 중요한 것은 하나님의 말씀입니다. 왜냐하면 우리가 가지고 있는 66권 성경이야말로 정확무오한 하나님의 말씀이요 그 말씀만이 우리 신앙의 유일 기준이기 때문입니다. 그 반면에 천주교에서는 성경말씀이 우리 신앙생활 가운데 제 1기준이라고 말합니다. 제 1기준이란 말은 제 2기준, 혹은 제 3기준이 있을 수 있다는 뜻입니다. 그래서 그들은 교황의 공식적인 발언에도 신적 권위를 인정하며 교회에 내려온 전통에도 신적 권위를 인정합니다. 그래서 그들은 성경에 없는 일도 행하게 됩니다.

이처럼 우리 신앙생활에 성경말씀은 가장 귀중한 위치를 차지하고 있습니다. 그렇기 때문에 성경말씀 자체를 우리 성도님들에게 가르친다는 것은 대단히 중요하며 그래서 성경 강해 설교가 필요한 것입니다.

그러나 일반 성도님들은 공부하기를 그렇게 원치 않습니다. 설교시간에 제가 "~에 대하여 공부하겠습니다."라고 하면 어떤 성도님들

은 벌써 거부반응을 일으키며 사석에서 그 말에 대하여 왈가왈부하는 것도 잘 알고 있습니다. 이제 요한복음 강해가 오랜 세월 끝에 오늘로서 끝이 납니다. 신년도부터는 당분간 제목설교를 할 예정입니다.

제목 설교란 여러분의 신앙생활에 필요한 어떤 제목이나 주제를 먼저 택하고 성경 전체가 이러한 주제나 제목에 대하여 무엇을 말씀하고 계신지 전달하는 설교입니다.

그렇기 때문에 설교자에게는 제목 설교가 더 편한 것이 사실입니다. 또한 시간도 자유스럽게 조절할 수 있고, 보다 재미있게 설교할 수 있습니다. 신년도부터 여러 성도님들에게 꼭 필요한 제목을 택하여 설교를 하게 될 것입니다.

그런데 제목 설교의 한 가지 결점은 우리 성도님들이 어떻게 보면 성경에 대한 목사님의 의견이나 해석을 듣게 되지 성경자체를 듣는 것은 아닌 점입니다. 그렇기 때문에 제목설교가 여러분에게 유익하게 되기 위하여는 여러분 자신이 성경을 직접 대하지 아니하면 안됩니다. 다행히 우리 교회에서는 일천번제 성경통독 새벽 기도회를 하고 있기 때문에 여러분이 새벽 기도회에 직접 참여하거나 혹은 가정에서 실시함으로 성경을 직접 접할 수가 있는 것입니다.

우리는 신년도에는 반드시 변화 받는 삶을 살아야 하겠습니다. 변화된 삶은 기도와 말씀으로 시작되는 것을 기억하시고 기도와 말씀 공부에 더 많은 시간을 할애하시기 바랍니다.

"내가 주의 법을 어찌 그리 사랑하는지요 내가 그것을 종일 작은 소리로 읊조리나이다" (시119:97)

2. 하나님께 쓰임받는 일꾼

형제가 연합하여 동거함이 어찌 그리 선하고 아름다운고 (시편 133:1)

하나님의 자녀는
하나님의 손이요
하나님의 발입니다.

1.갑절의 영감이 임했을 때
2. 좋은 습관 길들이기
3. 변화의 원동력, 말씀의 능력은...
4. 변화의 두 기둥
5. 호기심이 아니라 거룩한 궁금증을
6. 선교 한국으로 쓰임받는 길
7. 믿음과 꿈과 기도로 세워지는 하나님의 일꾼들
8. 다시 한번 기회를 주시는 주님의 은혜
9. 하나님이 쓰시는 사람 1 (하나님께 빚진 사람)
10. 하나님이 쓰시는 사람 2 (꿈을 가진 사람)
11. 하나님이 쓰시는 사람 3 (열심이 있는 사람)
12. 하나님이 쓰시는 사람 4 (하나님을 사랑하는 사람)
13. 헌신의 기회를 놓치지 말라
14. 몸된 교회를 올바르게 세우는 일꾼들
15. 가정교회를 통한 사람 키우기

LOVE IS EXTRAVAGANT

갑절의 영감이 임했을 때

우리는 하나님 앞에 사명을 지고 있는 사람들입니다. 세계선교라는 엄청난 사명을 어깨에 걸머지고 나가고 있는 우리에게 가장 필요한 것이 있다면 바로 '영감'인 줄 믿으시기 바랍니다. 열왕기하 2장의 말씀에서 엘리사는 엘리야보다 갑절의 영감을 구하며, 받을 때까지 몸부림 쳤습니다. 우리도 마찬가지로 우리의 신앙생활에 이 영감이 필요하다고 깨닫는다면 우리도 몸부림치는 노력이 우리 가운데 있어야만 하겠습니다. 그런데 과연 우리 신앙생활에 '영감'은 왜 그다지도 필요한 것일까요?

첫째, 하나님의 뜻을 알기 위하여 필요합니다. 우리의 신앙생활에서 하나님의 뜻은 얼마나 중요한 지 모릅니다. 우리가 예수를 믿어도 하나님의 뜻을 따라 믿어야 구원을 받습니다. 우리가 주님을 섬겨도, 우리가 기도를 하여도, 우리가 세상을 살아가도 그 분의 뜻을 따라 살아야 복을 받게 되어 있습니다. 그러나 우리가 영감이 없다면하나님의 뜻을 전혀 깨닫지 못하게 됩니다. 이것은 마치 내가 눈이 없이 색깔을 식별하려는 것처럼 무모한 일인 것입니다.

둘째로, 하나님의 말씀을 기억하기 위하여 영감이 필요합니다. 우리가 하나님의 말씀을 안다는 것과 하나님의 말씀을 기억한다는 것은 전혀 다릅니다. 하나님의 말씀을 아는 것만으로는 행함이 뒤따르지 않습니다. 오직 하나님의 말씀을 기억할 때만이 그 말씀대로 살 수가 있는 것입니다.

셋째로, 성령님의 인도하심을 받기 위하여 영감이 필요합니다.

> **"무릇 하나님의 영으로 인도함을 받는 사람은 곧 하나님의 아들이라" (롬 8:14)**

성령님은 우리 속에 계셔서 우리에게 증거해 주시고, 가르치시며, 기억나게 하시며, 우리를 위하여 기도해 주시며, 능력을 주시며, 또한 책망도 해 주십니다. 그러나 아무리 성령께서 우리를 인도하기 원하셔도 우리가 성령님의 인도하심을 느낄 수 있는 지각이 없다면 아무런 소용이 없는 것입니다. 뿐만 아니라 우리의 마음 속에 기쁨과 평안을 유지하기 위하여도 영감은 절대적으로 필요합니다. 우리 성도님들의 기쁨과 평강은 결코 땅의 일이 잘되기 때문에 오는 기쁨이 아닙니다. 우리의 기쁨은 우리의 심령이 하늘나라를 경험하고 있기 때문에 오는 하늘의 기쁨과 평강인 것입니다.

엘리사에게 갑절의 영감이 임했을 때 어떤 결과가 나타났습니까? 엘리사를 통해서 자연히 하나님의 능력이 나타났습니다. 우리도 마찬가지로 몸부림치면서 그 영감의 충만함을 받을 때 우리에게 주어진 세계선교의 사명을 잘 감당할 수 있는 것입니다. 기도에 힘쓰며 말씀에 순종하므로 언제나 영감이 충만한 성도님들이 되시기를 주님의 이름으로 축원합니다.

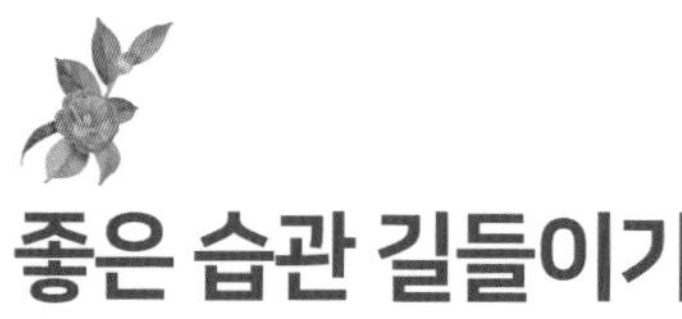

좋은 습관 길들이기

저는 이번에 습관의 무서움을 다시 한번 체험했습니다. 우리 성도님들도 아시다시피 지난 6월에 글이 이중으로 보이기 시작했습니다. 의사들은 아마 당뇨 때문에 왼쪽 안구의 신경 혈관이 막혀서 오는 현상이라고 말했습니다.

운전을 하거나 사물을 보는 데는 아무런 지장이 없는데 눈을 내리뜨고 글을 쓰거나 책을 읽을 때만 양쪽 눈의 초점이 달라져서 글이 두 줄로 보였습니다. 그래서 하는 수 없이 글을 쓰거나 읽을 때는 왼쪽 눈을 감고 글을 쓰거나 읽었습니다. 그렇게 하기를 약 한 달 넘게 한 것 같습니다. 그런데 지난번 신학교 강의 차 남미에 갔을 때 눈의 초점이 다시 돌아왔습니다.

그런데도 무의식 가운데 저는 글을 쓰거나 읽을 때 왼쪽 눈을 감고 오른쪽 눈으로 열심히 글을 쓰고 읽는 자신을 발견하고 "내가 왜 이러지?"하며 두 눈을 뜨고 편안히 글을 쓰고 읽곤 합니다. 약 한 달 반경 한 쪽 눈을 감고 글을 쓰고 읽고 한 것이 습관이 된 것 같습니다.

이런 현상과는 좀 다른 이야기지마는 심리학에서는 '조건반사"'라는 말을 씁니다. 예를 들어 개를 굶겼다가 밥을 줄 때 먼저 종을 쳐줍니다. 그런데 몇 번을 거듭한 후 먹이가 없이 종만 쳐도 개는 침을 흘리기 시작합니다.

제가 한국에서 교편생활을 할 때였습니다. 저는 그 당시 보이스카웃 지도교사 (Troop Leader)로 있었기 때문에 굉장히 늦게 퇴근을 했습니다. 제가 퇴근할 무렵에는 다른 선생님이나 학생들은 거의 교정에 보이지 않았습니다. 학교에서 퇴근할 때는 굉장히 피곤했기 때문에 교문을 나서면 자신도 모르게 입을 크게 벌리고 하품을 했습니다. 학교 정문을 나서면 바로 길 가에 그렇게 깨끗하지 못한 개천이 흐르고 있었습니다. 그런데 얼마 후부터는 전혀 피곤하지 아니한데도 그 개천만 보면 하품이 나오는 것이었습니다. 습관에서 오는 조건반사였습니다.

습관은 이토록 중요한 것 같습니다. 우리가 올바른 신앙생활, 승리하는 신앙생활을 하기 위하여는 좋은 습관이 필요합니다. 그런데 나쁜 습관은 금방 익혀지는 반면에 좋은 습관을 길들이기 위해서는 상당한 시간이 걸리는 것 같습니다. 좋은 습관이 들 때까지 끝까지 참고 견딜 수 있느냐가 문제인 것 같습니다.

기도, 성경 읽기, 전도, 봉사 등이 나에게 유익한 습관이 되도록 노력하시기 바랍니다.

변화의 원동력, 말씀의 능력은...

English

우리가 믿는 복음은 언제나 변화를 동반합니다. 어두움의 자녀가 빛의 자녀로 변화하며, 멸망의 자녀가 하나님의 자녀가 되며, 좌절한 심령이 소망을 얻게 되는 것입니다. 복음을 접하고도 변화가 없으면 잘못된 복음을 접하였거나 혹은 복음을 잘못 접한 것이 됩니다.

저는 처음 복음을 접한 날을 지금도 생생하게 기억하고 있습니다. 나의 속사람이 완전히 변화된 것 뿐만 아니라 세상 만상과 또한 만나는 모든 사람들이 변화되어 보였습니다. 복음을 접하는 순간 우리의 삶이 변화되는 것은 물론이고 이후로도 계속되는 성도로서의 삶은 변화의 연속으로 이어져야만 합니다.

어제와 다른 오늘이 있고 오늘과 다른 내일을 예상할 수 있어야 합니다. 그렇기 때문에 우리 교회도 끊임없이 변화를 추구하고 있는 것입니다. 주님의 뜻에 합당한 교회가 되기 위하여, 또한 모든 성도님들이 기쁨으로 신앙생활을 할 수 있는 교회가 되기 위하여, 또한 주님의 뜻을 따라 주변의 잃어버린 영혼들을 구원하고 그들이 교회에 정착하며, 주님의 제자로 양성되는 교회가 되기 위하여 변화를 추구하고 있습니다.

이러한 일들은 우리 성도님들도 모두 진정으로 바라는 일이라고 생각합니다. 그런데 한 가지 분명히 말씀드리기 원하는 것은 성도의 변화의 원동력은 바로 하나님의 말씀이어야 한다는 것입니다. 우리를 변화시켜 주는 것, 오늘보다 나은 내일을 약속해 주는 것은 바로 하나님의 말씀이기 때문에 체계적인 말씀공부가 없이 올바른 변화를 기대할 수 없습니다.

"주의 말씀을 열면 빛이 비치어 우둔한 사람들을 깨닫게 하나이다"(시편119:130)

WITH GOD
ALL THINGS ARE
possible
MATTHEW 19:26

변화의 두 기둥

목사의 사명은 여러분을 변화시키는데 있습니다.

세상을 위해 살던 성도들을 영원한 하늘나라를 위해 살도록 변화시키는데 그 목적이 있는 것입니다. 어떤 목사님이 설교를 잘 한다고 아무리 칭찬을 들어도, 능력이 많다고 아무리 존경을 받아도, 성도님들의 삶을 변화시키지 못하면 그는 성공적인 목사라고 할 수 없는 것입니다. 아무리 설교를 해도 교인들의 삶에 변화가 없을 때 그것은 목사에게는 마치 꿈쩍도 않는 무거운 수레를 끌고 가파른 언덕길을 올라가려고 하는 사람처럼 힘겹게 느껴지는 것입니다.

성도의 변화는 두 가지 요인이 있어야 합니다.

우선 첫째 요인은 목사에게 있습니다. 왜냐하면 목사가 말씀을 맡고 있기 때문입니다.

두 번째 요인은 우리 성도님들의 마음가짐입니다. 예를 들어 똑 같은 목사가 설교하여도 어떤 교회에서는 큰 변화가 일어나는데 또 다른 교회에서는 전혀 변화가 일어나지 않는 것을 보면 압니다.

교회를 다니는 목적을 잘 깨달으시기 바랍니다. 여러분은 바로 변화를 위하여 교회를 다니는 것입니다. 변화가 없이 교회를 다닌다는 것은 바로 생명 없는 종교생활에 불과한 것입니다.

우리들에게 왜 변화가 필요할까요?

그것은 우리 모두가 죄인으로 태어났기 때문입니다. 하나님을 기쁘시게 할 수 없는 상태로 태어났기 때문입니다.

여러분의 변화는 목사를 위한 것도 아니요, 주님을 위한 것도 아닙니다. 바로 여러분 자신을 위한 것입니다. 그런데 우리들의 변화는 스스로 되는 것이 아닙니다. 오직 성령님의 역사로만 가능합니다. 그러나 성령님은 우리가 먼저 변화하고자 할 때 역사하시는 주시는 분이십니다.

"너희는 이 세대를 본받지 말고 오직 마음을 새롭게 함으로 변화를 받아 하나님의 선하시고 기뻐하시고 온전하신 뜻이 무엇인지 분별하도록 하라"(롬 12:2).

호기심이 아니라 거룩한 궁금증을

English

우리가 신앙생활을 하며 어디서 첫 사랑을 놓치며, 은혜를 놓치는지 그 이유를 잘 알아야 합니다.

그것을 한 마디로 표현하면 잘못된 "호기심"입니다. 롯의 아내는 소돔, 고모라를 잘 빠져나왔지만 왜 소금 기둥이 되고 말았겠습니까? 그것이 바로 호기심 때문이었습니다.

하나님께서는 분명히 뒤를 돌아다보지 말라고 말씀하셨는데 롯의 아내가 뒤를 돌아다보았기 때문에 소금기둥이 되고 말았던 것입니다. 하나님의 심판으로 말미암아 소돔, 고모라에 유황불이 떨어지는 소리를 들을 때 롯의 아내는 너무나 궁금했던 것입니다.

그동안 애써 장만한 집은 어떻게 되었을까?

그 아름답고 화려한 거리들은 어떻게 되었을까?

함께 지내던 이웃 사람들은 어떻게 되었을까?

너무 궁금한 나머지 뒤를 돌아다보았던 것입니다.

예수를 믿고 담배를 끊은 사람이 담배 맛이 요즈음은 어떤지 궁금증이 생기면 문제가 생기는 것입니다.

술을 끊은 성도가 술맛이 요즈음도 그대로 있는지 궁금해지면 문

제가 생기는 것입니다. 은혜를 받은 다음에도 요즈음 유행은 어떻게 변하고 있는지 궁금증이 생기면 벌써 적신호가 켜진 것입니다.

여러분은 지금 "온전한 성결"과 "전적인 헌신"을 이룩하는 첫 걸음으로, 또한 오아코스 전도나 가정교회 모임에 충실하기 위하여 지금 T.V. 금식을 하고 있습니다. 끝까지 승리하기 위하여 궁금증을 가지면 안됩니다.

요즈음 "장금"이는 어떻게 되었을까? "한 상궁"은 잘 지내고 있을까? "최 상궁"은 어떻게 되었을까? 궁금증을 가지면 문제가 생기는 것입니다.

같은 궁금증이라도 "거룩한 궁금증"을 품으시기 바랍니다. 그래서 성경공부도 더 열심히 하시고, 기도도 더 열심히 하시고, 오이코스 전도도 더 열심히 하시기를 주님의 이름으로 부탁드립니다.

선교 한국으로 쓰임받는 길

현대를 살고 있는 많은 믿음의 사람들이 "내가 어떻게..."라는 위축과 위기 때문에 도전하기 보다는 편안한 삶에 안주하기를 원하고 있습니다. 그러나 자신을 바라보지 아니하고, 주님의 약속을 의지하고, 선교사에 도전하려는 귀한 15명의 지망생들을 맞이할 수 있게 된 것에 감사를 드립니다.

그리고 제게 이 날이 참으로 뜻 깊은 이유는 제가 한국에 나온 목적 중 한 가지를 이루는 날이기 때문입니다. 다시 한번 제가 한국에 나와 있는 목적 두 가지를 말씀 드리고 여러분의 간절한 기도와 후원을 부탁드리기 원합니다.

첫째, 어떻게 하면 우리 나라에 하나님의 축복이 임하게 할 것인가?

둘째, 어떻게 하면 우리 민족을 하나님의 축복을 감당할 수 있는 백성으로 만들 것인가?

우리 나라에 하나님의 축복이 임하게 하는 길은 바로 우리 한국교회가 올바르게 선교를 하게 하는 것입니다. 이 말세에 하나님께서는 우리 민족을 선교의 대국으로 쓰시기를 원하시고, 이 민족을 선교의 선두 주자로 쓰시기 위해서는 반드시 이 민족을 축복하셔야 하기 때문입니다. 이러한 사실은 교회사 2,000여 년을 통하여 이미 증명된 사실입니다. 또한 선교사 훈련원을 통하여 저는 한국교회에 선교에 대한 올바른 지식을 가르치고, 열매 맺는 선교사를 양육하는 일에 힘써 왔습니다.

그런데 이 활동들은 활동 자체를 이해한다고 하여 올바르게 실시할 수 있는 것이 아닙니다. 이에 대한 철저한 이해와 그것을 수행하고자 하는 강렬한 동기부여가 있어야 하고, 또한 이를 추진할 수 있는 영감과 영력, 또한 따를 수 있는 신앙인격이 갖추어져야 하며, 깊은 기도와 성령 충만, 올바르고도 강렬한 하나님의 말씀선포가 있어야만 합니다.

뿐만 아니라 이상과 같은 많은 요인보다 더욱더 중요한 것은 먼저 사랑을 베푸는 것입니다. 사람을 키우기 위하여 지식만 가르치는 것으로는 부족합니다. 사랑은 배우는 말씀을 잘 듣게 하는 확성기와도 같습니다. 사람을 가르치는 자가 자기들을 사랑하고 있다는 것을 알고 그들도 가르치는 사람을 사랑할 때만 이 가르치는 말을 100% 알아듣기 때문입니다.

이 모든 것은 하루아침에 갖추어지는 것도 아니며 몇 년 만에 달성될 수 있는 것도 아닙니다. 평생을 투자하는 사역이 되어야 하는 것입니다. 더더욱 값진 일은 그 모든 일을 사랑으로 하는 것입니다.

믿음과 꿈과 기도로 세워지는 하나님의 일꾼들

은혜교회에서는 불신자들이 초청되어서 결신하며, 제자가 되어 크리스천 지도자로 사역에 임하는 결실이 계속되고 있습니다. 이런 전 과정이 효율적으로 운영되기 위하여 많은 수고와 섬김이 있어 왔습니다. 이제 더욱더 알찬 결실을 맺기 위해서 우리는 프로그램에 앞서서 반드시 선행되어야 하는 전제조건을 다시 한번 함께 기억하기를 원합니다.

첫째가 믿음입니다.

주님은 모든 교회들이 부흥 성장하기를 원하고 계십니다. 우리가 믿음을 가질 때 역사는 주님이 해주십니다.

둘째는 꿈입니다.

믿음이 있다고 하면서도 꿈을 갖지 못하면 하나님께서는 그 믿음을 인정하지 않습니다. 성령님의 능력에 의지하여 꿈을 이루어 나가야 합니다.

셋째는 기도입니다.

기도는 참으로 중요합니다. 집중적인 기도가 없으면 우리의 관심이 주의 나라에 기울어질 수 없습니다. 기도를 쌓을 때 전도하고자 하는 열의도 생기고 성령님의 역사도 일어나는 것입니다. 기도는 우리들에게 필요한 것을 얻기 위하여 할 뿐만 아니라 그 이외도 많은 이유가 있기 때문입니다.

먼저는 영감을 키우기 위하여 집중적인 장시간의 기도가 필요합니다. 영감이 있어야 성령님의 인도하심을 받을 수 있습니다. 영감은 장시간의 집중적인 기도에 의해 길러질 수 있습니다. 능력이 곧 기독교 신앙은 아니지만 기독교는 능력입니다.

다음으로 하나님의 음성을 듣기 위하여 기도의 시간이 필요합니다. 우리 인간이 외부로부터 듣는 음성이 세 가지입니다. 첫째, 육체적인 소리 둘째, 정신적인 소리 셋째, 성령을 통한 하나님의 음성입니다. 일상생활 가운데 하나님의 음성을 듣는다는 것은 거의 불가능 합니다. 그런데 우리가 장시간의 집중적인 기도를 드릴 때 점차적으로 육체적인 소리, 정신적인 소리가 차단이 되면서 영의 소리를 듣는 용량이 생기는 것입니다. 기도를 많이 하는 성도님들이 하나님의 음성을 듣는 이유가 여기 있습니다.

다시 한번 기회를 주시는 주님의 은혜

저는 지금 타이페이의 한 병실에서 이 편지를 쓰고 있습니다. 지난 주 신장 이식이 가능하다는 연락을 받고, 급히 타이페이로 와서 이식 수술을 받았습니다. 저의 건강으로 염려를 끼치게 되어 성도님들에게 미안한 마음을 전합니다.

여러분의 기도로 수술을 잘 마치고, 은혜와 감사로 회복 중에 있습니다. 다시 한번 감사를 드립니다. 그런 가운데에서도 더욱 감사한 것은 대만 선교는 나날이 열매를 맺어가고 있다는 사실입니다.

사탄 마귀는 복음이 전파되지 못하게 하고 교회가 세워지지 못하게 하지만, 우리 주님께서는 그 분의 몸된 교회를 세워갈 때 이미 그분의 몸된 교회에 사탄, 마귀를 무찌를 수 있는 권세를 주셨다는 사실입니다. 마 16:18절에는 다음과 같이 기록되어 있습니다.

> **"또 내가 네게 이르노니 너는 베드로라 내가 이 반석 위에 내 교회를 세우리니 음부의 권세가 이기지 못하리라."**

여기서 "이 반석"이란 "주는 그리스도시요 살아계신 하나님의 아들이로소이다"라고 고백한 베드로의 고백을 뜻합니다. 그리고 "음부의 권세"라고 할 때 "권세"라는 단어는 "Pale"라고 하여 "대문"을 뜻합니다. 그렇기 때문에 방금 든 본문은 "음부의 성문이 교회를 이기지 못하리라"는 뜻입니다. 그런데 성문은 방어용이지 공격용은 아닙

니다. 즉 교회가 음부의 세력을 공격할 때 음부가 견디지 못할 것이라는 뜻입니다. 그런데 주님께서 음부의 대문을 부술수 있도록 교회에 주신 무기가 무엇이겠습니까? 그것이 바로 "예수의 이름"입니다. 빌 2:9~10절에는 다음과 같이 기록되어 있는 것입니다.

"이러므로 하나님이 그를 지극히 높여 모든 이름 위에 뛰어난 이름을 주사 하늘에 있는 자들과 땅에 있는 자들과 땅 아래에 있는 자들로 모든 무릎을 예수의 이름에 꿇게 하시고"

하나님의 말씀을 믿으시고 하나님께서 우리 믿는 성도에게 허락하신 "예수의 이름"으로 늘 승리하시기 바랍니다. 우리가 꼭 기억해야 할 것은 우리 신앙의 기준은 우리 자신이 아니라 하나님의 말씀이라는 것입니다. 우리 한 사람 한 사람은 이미 하나님의 사랑의 대상으로 지음을 받았습니다. 하나님은 여러분 한 사람 한 사람을 주인공으로 삼으시고 우주만상을 운영하고 계십니다. 여러분의 과거의 삶에 비록 아픔과 고통이 있었다 할지라도 그 모두가 "협력하여 선을 이루시는" 하나님의 손길인 것을 믿으시기 바랍니다.

우리 성도들은 오늘과 다른 내일이 있는 것을 믿는 사람들입니다. 여러분은 과거에 집착하여 남은 일생동안 좌절과 실패 속에 살겠습니까? 혹은 주님의 말씀에 의지하여 실패와 좌절의 삶은 훌훌 털고 일어나 하나님의 기적의 삶을 누리며 사시겠습니까?

우리 주님은 우리들에게 다시 한번 기회를 주시는 주님이십니다. 저도 다시 한번 주의 일을 열심히 하도록 결단을 내리고 있습니다. 우리 성도님들도 다시 한번 주님 앞에 새로운 각오로 매달려 주시기 바랍니다.

"우리에게 여러 가지 심한 고난을 보이신 주께서 우리를 다시 살리시며 땅 깊은 곳에서 다시 이끌어 올리시리이다"(시71:20)

하나님이 쓰시는 사람 1
(하나님께 빚진 사람)

English

육신이 힘들 때에도 지속적인 관리와 보충을 해 주는 것처럼 아무리 힘들지라도 끊이지 않는 지속적인 기도가 필요합니다. 그 공급을 통하여 우리들에게 맡겨진 거룩한 사역에 끝까지 쓰임 받는자 되기를 원합니다.

우리가 주님 앞에 쓰임 받으려면 먼저 우리가 해야 될 일들이 있습니다. 제일 먼저 중요한 것은 하나님 앞에 빚을 지는 삶입니다. 하나님 앞에 빚을 지지 않은 사람은 결코 하나님 앞에 쓰임 받지 못합니다. 하나님 앞에 빚을 지지 않은 사람은 하나님이 사용하시면 반드시 교만해져서 하나님으로부터 등을 돌리게 되어 있기 때문입니다.

창28장 20-22절 사이에 보면 야곱의 서원기도가 나와 있습니다.

"야곱이 서원하여 이르되 하나님이 나와 함께 계셔서 내가 가는 이 길에서 나를 지키시고 먹을 떡과 입을 옷을 주시어/ 내가 평안히 아버지 집으로 돌아가게 하시오면 여호와께서 나의 하나님이 되실 것이요 / 내가 기둥으로 세운 이 돌이 하나님의 집이 될

것이요 하나님께서 내게 주신 모든 것에서 십분의 일을 내가 반드시 하나님께 드리겠나이다." 하였더라.

무슨 뜻입니까? 야곱의 기도를 풀이하면 다음과 같이 됩니다. 하나님께서 내가 가는 길에 축복을 내려주셔서 먹을 양식을 주시고 입을 의복을 주셔서 나로 아비 집으로 무사히 돌아가게 하시오면 하나님이 나의 하나님이 될 것이요 내가 베고 자던 돌이 성전이 될 것이며 내가 소유하게 되는 것 중 십의 일을 반드시 주님께 드리겠나이다.

저는 처음 이 성경구절을 읽을 때 코웃음을 쳤습니다. 야곱이 하나님을 자신의 하나님으로 인정하지 않으면 하나님의 신분이 흔들리게 됩니까? 야곱이 하나님의 성전을 세워주지 않으면 우주의 주인이신 하나님이 거할 곳이 없습니까? 혹은 야곱이 10의 1을 드리지 아니하면 하나님이 물질이 궁하게 되실까요?

야곱이 기도하기를 하나님께서 제발 나의 하나님이 되어주시고 내게 있는 소유를 다 털어 성전을 건축해 드릴 테니 그 곳에서 거하여 주시고, 제게 있는 소유 중에서 10의 1을 주님께 드리겠으니 하나님께서 나의 하나님이 되어주시고, 내가 가는 길에 복을 주셔서 어떻든지 저를 아비 집으로 무사히 돌아가게 해 주시옵소서 하고 기도해도 들어줄까 말까 할 텐데 야곱은 기도를 완전히 거꾸로 하고 있습니다. 그러나 감사한 것은 하나님께서는 야곱의 기도를 들으셔서 응답하셨다는 사실입니다.

"구하라 그리하면 주실 것이요 찾으라 그리하면 찾을 것이요 두드리라 그리하면 열릴 것이라"라는 구절이 있습니다.

이 말씀은 하나님께 빚을 지라는 이야기입니다. 여러분은 하나님의 말씀을 믿고 마음껏 하나님께 빚을 청구하여 쓰시기를 주님의 이름으로 부탁드립니다.

하나님이 쓰시는 사람 2
(꿈을 가진 사람)

English

지난주부터 "하나님이 쓰시는 사람"이라는 제목으로 말씀을 드리고 있습니다.

"하나님께 빚을 지라"는 뜻은 성경의 요구입니다. 그래서 우리는 하나님께 담대한 마음으로 구할 수가 있는 것입니다.

그 다음으로 중요한 것은 하나님은 꿈을 가진 자를 쓰신다는 것입니다. 우리가 아무리 믿음이 있다 해도 꿈이 없으면 아무런 소용이 없는 것입니다. 믿음이 없이는 하나님을 기쁘시게 못한다고 했는데 믿음이란 원래 보이지 않는 것을 보는 것입니다.

하나님은 100세가 된 아브라함에게 "네 후손이 땅에 있는 모래보다 많으리라 하늘에 있는 별보다 더 많으리라"고 약속하십니다.

신실하신 하나님께서 한 번 약속하시고 이루어 주시면 될터인데 왜 하나님은 아브라함에게 두 번씩이나 같은 약속을 되풀이하셨을까요? 그것은 100세가 된 아브라함에게 아들을 주실 수 있는 하나님이시지만 아브라함이 꿈을 알기까지는 역사 하실 수 없기 때문입니다.

이사야서 62장 7절에는 다음과 같은 약속의 말씀이 있습니다.

"또 여호와께서 예루살렘을 세워 세상에서 찬송을 받게 하시기 까지 그로 쉬지 못하시게 하라"

또한 사41:14-16절 사이에는 다음과 같은 약속의 말씀이 있습니다.

"버러지 같은 너 야곱아, 내가 너를 이가 날카로운 새 타작기로 삼으리니 네가 산들을 쳐서 부스러기를 만들 것이며 작은 산들을 겨 같이 만들 것이라"

여러분들은 버러지 (지렁이)보다는 힘이 있고 영리하지 않습니까? 우리 교회가 세계에서 가장 많이 선교하게 되기까지는 하나님의 약속의 말씀을 믿고 오직 꿈을 가졌던 것이 그 비결입니다.

성도님들! 큰 꿈을 가지고 공중을 훨훨 나는 독수리가 되시기를 주님의 이름으로 축원합니다.

하나님이 쓰시는 사람 3
(열심이 있는 사람)

English

LA에서 서신 드립니다. 2011년도 총회와 현재 LA은혜교회 기도원에서 수강하고 있는 제 3기 선교사 훈련원생들을 위한 강의와 만남을 계획하며 지난주에 LA에 도착했습니다. 저는 2주 전부터 우리들에게 맡겨진 거룩한 사역에 끝까지 쓰임 받는 자가 되기 위해서 해야 할 일들에 대해서 말씀드려왔습니다. 제일 먼저 중요한 것은 하나님께 빚을 지는 삶이라고 말씀드렸습니다. 하나님은 하나님께 빚진 사람을 쓰십니다. 그리고 꿈을 가진 사람을 쓰십니다.

오늘은 세 번째로 하나님은 열심이 있는 사람을 쓰십니다.

하나님은 열심인 분이시기 때문입니다. 하나님께서 열심이 없다면 우리 같은 인간이 타락했을 때, 그대로 내버려 두면 되지만 하나님은 열심이시기 때문에 내가 나의 사랑의 대상으로 지어놓은 인간이 어떻게 타락할 수 있느냐 해서 그분은 육체를 입으시고 이 땅까지 오셔서 십자가를 지신 것입니다. 주님도 열두 제자 가운데 누구를 수제자로 쓰셨습니까? 베드로를 쓰셨습니다. 베드로가 다른 사람과 다른 점이 무엇이었겠습니까? 그는 매사에 열심이 특심한 사람이었습니다.

주님께서 가이사랴 빌립보에서 너희는 나를 누구라고 여기느냐 하고 물었을 때 그는 비록 잠시 후에 사탄아 물러가라는 꾸중을 들었을지언정 그는 앞장서서 "주는 그리스도시요 살아계신 하나님의 아들이시니이다" 라고 고백 했습니다.

또 예수님이 잡히시던 밤에 그도 다른 제자와 같이 도망을 갔지만 열심인 그의 성품 때문에 그는 칼을 빼어서 말고의 귀를 자르고 도망쳤습니다. 또한 그는 가야바 법정에서 예수님을 부인 할 때도 저주를 하면서 부인 했던 것입니다. 그 열심인 성품 때문에 주님은 그를 수제자로 썼던 것입니다.

사도 바울의 경우를 보더라도 그는 성격이 열심인 사람이기에 다른 사람이 예수를 믿을 때 내가 안 믿는 예수를 너희가 왜 믿느냐 하며 공문서를 들고 핍박하기 위해 다메섹까지 갔던 것입니다. 다메섹으로 가는 길이 수월하지는 않았을 것입니다. 그는 사막을 건너갔습니다. 사막 길에는 에어콘이 있는 자동차도 없고 또 길이 잘 닦여져 있는 것도 아니었습니다.

주님은 그 열심을 보시고 공중에 나타나셔서 "사울아 사울아 네가 어찌하여 나를 박해하느냐" 하시며 그가 이방인과 이스라엘 자손들 앞에서 예수 그리스도를 전하기 위하여 택하신 그릇임을 나타내셨습니다.

열심이란 우리 인생의 양념과 같습니다. 아무리 좋은 재료로 음식을 만들어도 양념이 없으면 그 음식은 맛이 없습니다. 여러분들의 주변을 살펴보시기 바랍니다. 미국에 와서 아주 유수한 대학에서 박사학위도 받고 신체도 건강하고 집안도 좋지만 재미없는 인생을 사는 사람들이 있습니다. 그 사람에게 빠진 것이 무엇일까요? 그들의 삶속에 열심이 빠져 있습니다.

사랑하는 성도 여러분!

여러분은 열심을 품음으로 주님 앞에 쓰임 받는 자가 되기 바랍니다.

하나님이 쓰시는 사람 4
(하나님을 사랑하는 사람)

English

저는 3주 전부터 우리들에게 맡겨진 거룩한 사역에 끝까지 쓰임 받는 자 되기 위해서 해야 할 일들에 대해서 말씀드려 왔습니다. 먼저 하나님 앞에 빚을 지는 삶, 또한 꿈을 가진 삶, 열심이 있는 삶이라고 말씀드렸습니다.

하나님이 쓰시는 사람의 네 번째 조건은 하나님은 하나님을 사랑하는 사람을 쓰신다는 것입니다. 다른 모든 조건을 다 갖추어도 하나님을 사랑하지 않는 사람을 하나님은 결코 쓰지 못하십니다.

요한복음 12장 3-8절에는 다음과 같은 말씀이 기록되어 있습니다. 마리아라는 여인이 예수님의 발을 씻어 드리는 모습이 그려져 있습니다. 지극히 비싼 향유 순전한 나드 한 근을 드려서 예수님의 발에 붓고, 자기 머리털로 예수님의 발을 씻는 모습입니다.

제자중의 하나인 가룟 유다는 왜 이 비싼 향유를 팔아서 가난한 자들에게 주지 않고 낭비하느냐고 나무랍니다. 예수님께서는 " 나의 장

례할 날을 위하여 이를 간직하게 하라(요 12:7)"고 말씀하십니다.

무슨 뜻일까요?

이스라엘에서는 날씨가 덥기 때문에 시체가 빨리 썩습니다. 그러므로 죽은 시체에 향유를 발라 부패를 막고 있었습니다. 예수님은 이 여인이 나의 장례를 위하여 이 일을 하고 있다고 말씀하셨습니다.

이 여인은 향유를 부으면서 눈으로 이렇게 이야기 한 것 같습니다. "주님을 따르는 제자들은 모두 주님의 심정을 이해하지 못하더라도 나만은 주님의 심정을 이해합니다. 주님, 십자가의 죽음을 앞두고 얼마나 마음이 아프십니까? 저만이라도 그 마음을 이해하고 있다는 것을 알려드리기 원해서 이렇게 향유를 부어드립니다." 이런 뜻이 그 속에 있었던 것입니다.

예수님은 그 행위를 방해하지 말라고 하셨고, 칭찬하셨던 것입니다. 주님의 심정을 알고 그 분을 사랑할 때, 그분의 마음속에 있는 아픔을 깨달을 수가 있는 것입니다. 마리아의 행동 가운데는 주님을 사랑하는 마음이 담겨져 있었던 것입니다.

우리도 주님을 믿으면서 주님을 사랑할 때 그 심정이 깨달아지며, 주님의 하시는 일이 이해가 되는 것입니다. 우리는 막연하게 주를 믿는 것이 아니라 주님을 진정으로 사랑할 때 주님의 심정이 깨달아지고 주님의 아픔이 내 아픔으로 깨달아지는 것입니다.

우리 모두 주님을 마음 깊이 사랑하는 성도가 되시기를 부탁드립니다.

헌신의 기회를 놓치지 말라

올바른 교회, 주님께서 기뻐하시는 교회, 주님께서 말세에 마음껏 쓰실 수 있는 교회를 이룩하기 위하여 저는 오랫동안 기도해 왔습니다. 그런데 우리가 몸된 교회를 어떻게 부흥시킬 것인가 보다는 우리 교회가 어떻게 부흥할만한 교회가 될 것인가가 더 중요합니다.

어떤 분들은 "내가 어떻게 지도자가 될 수 있겠는가?"하고 의구심을 품기도 할 것입니다. 왜 그럴까요? 그것은 우리들이 아직도 우리 자신을 바라보기 때문입니다. 그런데 성경에는 한 번도 우리에게 우리의 힘과 능력으로 주님의 일을 하라고 명령하신 적이 없습니다. 주님께서 우리를 대신하여 일해 주시겠다고 약속하고 계시는 것입니다.

그런데 주님께서는 어떤 성도님들을 위하여 대신 일을 해 주시겠습니까? 성경지식이 많은 성도님들이겠습니까? 세상 학문이 많은 성도님들이겠습니까? 그렇지 않습니다. 주님께서는 주님을 위하여 헌

신하기 원하는 성도님들을 위하여 일하여 주십니다. 주님께서 우리들에게 요구하는 모든 것이 "우리의 헌신"에 달려 있습니다. "우리의 헌신"에 따라 우리들은 얼마든지 지금과는 다른 삶을 살 수 있는 것입니다. 우리가 주님 앞에 헌신만 한다면 주님께서는 우리들을 위대한 지도자로도 삼으시고, 또 많은 열매 맺는 지도자로도 삼아주실 것입니다.

파도를 일으키시는 분은 하나님이시지만 파도를 타는 일은 우리가 해야 합니다. 아무리 좋은 기회가 와도 그 기회를 놓쳐버리면 아무 소용이 없습니다.

몸된 교회를 올바르게 세우는 일꾼들

저는 참으로 오랜만에 보고 싶었던 성도님들을 만나는 기쁨의 시간을 가지고 있습니다. 제주도에서 올라와서 서울 G.S.G.L. 87기를 인도하고 있습니다. 조금 더 지금과 같은 생활환경을 유지하는 것이 좋겠다는 의사의 권고로 리유니온에 참석하지 못하고 바로 제주도로 내려 가야하는 아쉬움이 크지만 사랑하는 캔디들과 그리웠던 빼스까도르와의 만남에 감사를 드리고 있습니다. 저를 위해서 중보기도를 아끼지 않고 있는 많은 성도님들께 또한 감사를 드립니다.

부족한 종은 은혜교회를 사랑하며 우리 성도님들을 사랑합니다. 부족한 종에게 주님 이외에 남아 있는 것이 무엇입니까? 몸 된 교회와 성도님들이 아니겠습니까? 저는 은혜 교회를 사랑하고 우리 성도님들을 사랑하기 때문에 우리 은혜교회가 올바른 기초 위에 세워지기를 간절히 원하고 있습니다. 그것이 바로 주님을 기쁘시게 하며 우리 성도들을 기쁘게 할 수 있는 유일한 길이기 때문입니다.

성경은 교회의 기초와 터가 그리스도와 사도들임을 분명히 말씀해주고 있습니다. 에베소서 2장 20절에는 다음과 같이 기록 되어 있습니다.

"너희는 사도들과 선지자들의 터 위에 세우심을 입은 자라 그리스도 예수께서 친히 모퉁이 돌이 되셨느니라"

교회의 터로 예수님 뿐만 아니라 사도들과 선지자가 등장하는 이유가 무엇이겠습니까? 그것은 그들이 구체적으로 예수님의 말씀을 듣고 우리들에게 전해 주셨기 때문입니다. 성경의 말씀대로 우리가 그리스도와 사도들의 터 위에 교회를 세운다는 말은 무엇을 의미하는 것일까요? 주님이 흘리신 십자가의 보혈을 의지한다는 말이요, 하나님의 영광을 위하여 존재한다는 말이요, 주님께 모든 것을 맡긴다는, 여러 가지의 뜻이 있을 것입니다.

그런데 우리 측면에서 그리스도의 터 위에 교회를 세운다는 말 가운데 빠뜨릴 수 없는 한 가지 요소는 우리가 하나님의 말씀대로 살려는 몸부림입니다. 왜냐하면 우리 주님께서는 요한복음 15장에서 우리가 그분의 계명, 즉 말씀을 지킬 때 우리가 그 분의 사랑 안에 거한다고 분명히 말씀하셨기 때문입니다. 그러나 우리의 현실은 어떻습니까? 성도들끼리 모여 남의 험담을 하고도 신앙양심에 가책을 받지 않습니다. 하나님의 말씀대로 살아보고자 하는 성도를 오히려 촌스럽다고 생각하지 않습니까? 물론 육신을 입고 사는 성도로서 하나님의 말씀대로 완벽하게 살 수 있는 사람은 아무도 없을 것입니다. 그러나 적어도 하나님의 말씀대로 살지 못했을 때 가슴을 치며, 안타까워하는 심정은 있어야하지 않겠습니까? 현재는 어떤 모습으로 보여질지라도 말씀에 의지하여 그 모습 그대로 용납하며 사랑하기 위한 몸부림이 우리 가운데에 있어야하지 않겠습니까?

많은 사람들은 단 한 번 밖에 없는 자기의 삶을 손님처럼 살고마는 안타까운 사람들이 흔히 있습니다. 손님은 원래 책임을 지지 않습니다. 그들은 환경이나, 주변에 있는 사람들이나, 혹은 주변에서 일어나는 사건에 자기 자신을 맡겨 버리고 인생을 살아가며 신앙생활을 합니다. 그러나 여러분의 삶에 대한 책임은 결국 자기 자신만이 지게 됩니다.

하나님의 말씀을 행하는 삶과 교회가 되기 위하여 우리 성도님들이 주인 의식을 가지시고 최선을 다해 주시기를 간곡히 부탁드립니다.

가정교회를 통한 사람 키우기

저는 금요일 새벽에 서울에 도착하였습니다. 들을 수 있었던 교회 소식 중에 특별히 감사한 것은 다음 주의 가정교회 분가 소식이었습니다.

목회를 하면 할수록 사람을 키우는 일 즉 제자 삼는 일의 중요성을 더욱더 절감하게 됩니다. 우리 기독교 신앙 활동이 바로 사람 키우는 일임을 기억하시기 바랍니다.

과거에도 누누이 말씀을 드렸지만 목사가 자신의 사역을 위하여 성도들을 이용하려는 것과 성도들을 위하여 자신의 사역을 이용하려는 것은 전혀 다른 일인 것입니다. 참 목자는 어디까지나 성도들을 위하여 자신의 사역을 이용할 줄 알아야 합니다. 다시 말하면 제자 양육을 위하여 전력투구를 해야 한다는 것입니다.

이 말씀은 비단 목사님들만을 위한 말씀이 아니라 우리 은혜교회의 모든 목자님들과 G-12리더들에게도 해당되는 말입니다. 사람을 키우는 것이 중요한 이유는 바로 주님이 원하시는 효율적인 전파 방법이기 때문입니다.

딤후 2:2절에는 다음과 같이 기록이 되어 있는 것입니다.

"또 네가 많은 증인 앞에서 내게 들은 바를 충성된 사람들에게 부탁하라 저희가 또 다른 사람들을 가르칠 수 있으리라"

또한 주님께서 그분의 지상 명령을 통하여 "너희는 가서 모든 족속으로 제자를 삼아"라고 말씀하신 이유도 여기 있는 것입니다.

우리 은혜교회에서는 누구를 막론하고 오이코스 전도를 통해서 만나서 양육해야 할 성도님들을 모시고 있습니다. 그런데 우리가 우리의 신앙을 유지하고 또한 그리스도 안에서 자라며 성도로서 열매를 맺기 위하여는 가정교회 생활이 필요 불가결한 조건임을 기억하시기 바랍니다.

잠언 27: 17절에는 다음과 같이 기록되어 있습니다.

"철이 철을 날카롭게 하는 것 같이 사람이 그 친구의 얼굴을 빛나게 하느니라"

하나님께서는 자신의 뜻을 이루시기 위하여 언제나 사람을 쓰십니다. 당신이 그리스도안에서 장성하는 것은 바로 하나님의 뜻입니다. 그래서 하나님은 이 일을 위하여 사람을 쓰시기 원하시고 또한 우리도 그리스도 안에서 신앙이 자라고 인격이 자라기 위하여는 가정교회 활동이 필요합니다. 뿐만 아니라 하나님께서는 우리 한 사람, 한 사람을 사랑하시기 때문에 우리가 함께 모이는 것을 기뻐하시는 것입니다.

시편 133:1에는 다음과 같이 기록이 되어 있습니다.

"보라 형제가 연합하여 동거함이 어찌 그리 선하고 아름다운고"

우리 성도님들에게 가정교회 생활이 얼마나 필요한지 아무리 강조한다 하여도 지나치게 강조하는 것은 되지 않을 것입니다. 값진 일을 계속하심으로 주님이 부르시는 그날 많은 상급 받는 여러분 되시기를 축원합니다.

3. 약할 때 오히려 강한 믿음의 사람

그런즉 누구든지 그리스도 안에 있으면 새로운 피조물이라
이전 것은 지나갔으니 보라 새로운 피조물이라 (고린도후서 5:17)

믿음은 변화를 동반합니다.
변화는 새로움을 동반합니다.
새로움은 밝은 세상을 만들어갑니다.

1. 믿음의 걸작품을 빚으라
2. 다시 한번 더 열의를 가질 때입니다
3. 우리의 간절한 소원을 이루려면...
4. 항상 기쁘게 신앙생활 하도록 도우시는 하나님
5. 성실을 기뻐하시는 하나님
6. 내 느낌이 아니라 말씀을 믿으라
7. 선한 일로 시간을 채우자
8. 선한 청지기가 됩시다
9. 대장암 투병이 선한 기회가 될 것입니다
10. 작은 성공을 디딤돌로 삼아 큰 성공을 이룬다

LOVE IS EXTRAVAGANT

믿음의 걸작품을 빚으라

English

오늘은 여러분을 진심으로 사랑하는 목회자로서 자녀를 향한 부모와 같은 간절한 마음으로 신앙생활에 꼭 필요한 말씀을 몇 가지 전하기 원합니다.

첫째 어떤 경우에도 변치 않으시는 하나님의 사랑을 믿고 의지하시기 바랍니다.

둘째 신앙생활은 자신을 위하여 하십시오.

오늘은 그 동안 제가 목회를 하며 하나님의 말씀을 전할 때 가장 강조했던 말씀 중의 한 가지인 "하늘에 상급을 쌓자"는 말씀을 다시 한번 부탁을 드리기 원합니다.

우리가 예수를 믿을 때 구원을 받고 하나님의 자녀 되는 권세를 받았습니다. 우리가 구원을 받고 하나님의 자녀가 되었다는 말은 여러분이 지금 이 땅에서 눈을 감아도 천국에서 눈을 뜰 수 있는 자격을 받았다는 뜻입니다. 천국은 이루 말할 수 없이 아름다운 곳입니다.

천국에 대하여는 아무리 과장을 하더라도 거짓말이 되지 않는답니다. 왜냐하면 인간이 실력껏 과장을 해 보아도 진짜 천국에는 미치지 못하기 때문입니다.

그런데 우리를 그토록 사랑하시는 우리 하나님께서 지금이라도 천국에 들어갈 수 있는 자격을 가진 우리들을 왜 그 좋은 천국에 데려가지 아니 하시고 아직도 마귀가 왕 노릇하는 이 세상에서 살게 하실까요? 그 이유는 꼭 한 가지 밖에 없습니다. 우리가 이 세상에 살아있는 동안에 우리들의 믿음의 작품을 만들라는 것입니다. 우리의 믿음의 작품은 왜 필요할까요?

우리가 앞으로 그리스도의 심판대 앞에 설 때에 그 때 받는 상급으로 영원한 하늘나라에서의 우리의 신분이 결정되는 것이라고 말씀을 드렸습니다. 우리가 성경을 믿는다고 하면서도 하늘나라에서의 상급을 믿지 않는 것은 굉장히 모순되는 일입니다. 왜냐하면 고후 5:9-10절에는 다음과 같이 기록이 되어 있기 때문입니다.

> **"그런즉 우리는 몸으로 있든지 떠나든지 주를 기쁘시게 하는 자가 되기를 힘쓰노라/ 이는 우리가 다 반드시 그리스도의 심판대 앞에 나타나게 되어 각각 선악간에 그 몸으로 행한 것을 따라 받으려 함이라"**

또한 고전 9:24절에도 다음과 같이 기록이 되어 있습니다.

> **"운동장에서 달음질하는 자들이 다 달릴지라도 오직 상을 받는 사람은 한 사람인 줄을 너희가 알지 못하느냐 너희도 상을 받도록 이와 같이 달음질하라"**

오늘도 여러분을 생각하며 기도하는 저의 마음속의 간절한 한 가지 소원은 우리가 다 함께 공중에 들림 받아 그리스도의 심판대에서 상급을 받을 때 우리 은혜교회가 단체상 일등상을 받는 것입니다.

그때까지 우리 한 사람, 한 사람이 열심히 믿음의 작품을 만들어 주시기를 주님의 이름으로 부탁을 드립니다.

다시 한번 더 열의를 가질 때

우리가 한 가지 기억해야 할 것은 큰 일을 이루어 나갈 때 가장 위험한 것은 외적이 아니라 내부의 분열입니다. 느헤미아서에는 조상들이 93년 동안 짓지 못하던 성벽을 53일 만에 이룩하는 하나님의 능력이 기록되어 있습니다. 그런데 5장에서는 성벽을 세운다는 큰 꿈을 가지고 역사를 시작했는데 중간에 가서 백성들이 실의에 빠지는 모습을 보게 됩니다.

첫째로 백성들의 힘이 쇠약해집니다.

그들은 이미 성벽을 밤마다 세워 나갔습니다. 그러나 그들은 그들이 원하는 성벽을 얼마나 이루어 왔나를 생각지 아니하고 앞으로 쌓아가야 할 성벽을 바라보며 힘을 잃었던 것입니다.

두 번째로 꿈을 잃었던 것입니다.

그들은 성벽 역사를 다 이룩하고 안전하게 사는데 대한 꿈을 잃었던 것입니다.

셋째로 자신감을 잃는 것입니다.

그들은 말했습니다. "우리들이 이 성벽을 다 이루지 못하리라" 즉

힘이 쇠하면 꿈을 잃고 꿈을 잃으면 자신감을 잃게 됩니다. 자신감을 잃어버린 사람들은 실의에 빠지게 되는 것입니다.

우리가 다시 한번 열의를 가질 때 일의 성취는 바로 눈앞에 있는 것입니다.

열왕기상 17장에 보면 사렙다 과부의 이야기가 나옵니다. 엘리야는 하나님의 음성을 듣고 사렙다로 내려갑니다. 성문에 이를 때에 나뭇가지를 줍고 있는 한 과부를 만납니다. 엘리야는 하나님이 말씀하신 과부가 이 사람인가? 생각하고 그에게 물을 조금 가져오도록 청합니다. 그 때에 물만 가져오지 말고 떡 한 조각을 내게로 가져오라고 말합니다.

사렙다 과부가 말합니다. "우리 집에는 다만 통에 가루 한 움큼과 병에 기름이 조금 있을 뿐입니다. 그러므로 내가 나뭇가지 둘을 주워다가 나와 내 아들을 위하여 음식을 마지막으로 만들어 먹고 죽으려고 하는데 당신에게 만들어 올 떡이 어디 있겠습니까?"

엘리야가 말합니다. "두려워 말고 먼저 그것으로 나를 위하여 작은 떡 하나를 만들어 내게로 가져오고 남은 것으로 그 후에 네와 네 아들을 위해서 만들라"

그 말씀에 순종했더니 여호와께서 엘리야로 하신 말씀 같이 여호와가 비를 지면에 내리는 날까지 그 통의 가루가 다하지 아니하고, 병의 기름이 없어지지 아니하였습니다.

오늘도 마찬가지입니다. 우리는 어려운 때를 당하여 더더욱 열의를 내어 꿈을 가져야 합니다. 그리하면 반드시 당신의 떡 반죽 그릇의 가루가 다하지 아니하고, 병의 기름이 마르지 아니할 것입니다.

우리의 간절한 소원을 이루려면…

우리의 간절한 소원은 바로 주님 앞에 쓰임 받고 또한 세계 선교에 동참하는 일인 줄 압니다. 그런데 우리가 주님 앞에 온전히 쓰임 받기 위하여 우리가 먼저 해야 할 일이 있는데 그것이 바로 "온전한 성결"과 "전적인 헌신"입니다. 성경은 우리가 "온전한 성결"을 이룰 때 마음에 기쁨이 있고 또한 기도에 응답이 있고 또한 열매 맺는 삶을 살 수 있다고 말씀하고 계십니다.

주님은 왜 우리들에게 "온전한 성결"을 요구하실까요? 그것은 바로 하나님이 성결하시기 때문입니다.

마태복음 5장 48절은 다음과 같이 말씀하고 계십니다.

"그러므로 하늘에 계신 너희 아버지의 온전하심과 같이 너희도 온전하라"

우리가 주님 앞에 쓰임 받기 위해서는 "온전한 성결"이 이루어질 뿐만 아니라 "전적인 헌신"이 이루어져야 합니다. 왜냐하면 "전적인 헌신"이 안 된 사람을 주님께서는 쓰시지 아니하십니다. 예수님께서 예루살렘에 입성하실 때 왜 새끼 나귀를 타고 입성하셨겠습니까?

새끼 나귀는 주님을 등에 태우면 다른 짓을 못합니다. 왜냐하면 주님의 몸무게를 지탱하는 것이 그의 능력의 전부이기 때문입니다. 만약에 나귀에게 주님을 태운 것 이외에 힘이 남아 돌아간다면 사람들이 주님을 환영하기 위하여 호산나 찬송을 부를 때 사람들이 자기에게 찬양을 보내는 줄 알고 얼마든지 앞발을 들 수 있기 때문입니다.

오늘까지 여러분의 기도와 노고 위에 세계 선교를 감당하게 됨을 진심으로 감사를 드립니다. 성도님들이야말로 은혜교회의 기초요 성스러운 병사들입니다.

이제 "온전한 성결"과 "전적인 헌신"으로 다시 한번 재무장하므로 하나님 나라를 확장하는 병사라는 영광스러운 직분을 함께 감당하게 되시기를 축원합니다.

항상 기쁘게 신앙생활 하도록 도우시는 하나님

우리는 교회생활을 하면서 가끔 '묵은 장닭' 이라는 단어를 사용하곤 합니다. 무슨 뜻일까요? 마음속에 하나님에 대한 뜨거운 열정은 사라져 버리고 주님을 섬기고자 하는 뜨거운 마음도 사라져 버리고, 주님과의 교제도 단절된 채로 오랜 신앙생활을 통해서 하나의 틀에 박힌 종교인으로 전락한 사람들을 그렇게 표현하곤 합니다.

'묵은 장닭'이라고 스스로 부르거나, 또는 남이 그렇게 부르거나 상관없이 묵은 장닭님들은 과거에는 많은 은혜를 받고, 눈물을 흘리면서 감동을 받으면서 전도하고, 몸 된 교회를 섬겨오던 믿음의 성도였던 것입니다.

그런데 그런 뜨거운 마음을 가지고 섬기던 우리가 더욱더 주님과 가까워져야 하겠는데, 왜 우리의 마음 속에는 알맹이는 사라져 버리고 껍데기만 남은 그런 종교인이 되어 버리고 마는 것일까요? 왜 '묵은 장닭'이 되고 마는 것일까요?

그것에는 이유가 있습니다. 이유가 있다는 말은 그에 대한 처방도 있다는 것입니다. 그 이유는 여러분들이 하나님을 아시되 하나님에 대한 오해를 가지고 있기 때문입니다. '하나님은 우리가 무슨 죄를 짓고 있는지 감시를 하다가 우리가 죄를 지으면 그에 대해서 판단하는 분이시다'라는 선입견을 마음에 갖고 있는 동안에는 '묵은 장닭'이 안 될 수가 없습니다.

인간은 누구를 막론하고 은혜를 받아도 죄를 짓지 않고 넘어지지 않을 사람은 없는 것입니다. 내가 넘어지고 실수를 할 때마다 우리 하나님은 나를 판단하시는 분이라고 생각하는 사람은 판단하시는 하나님을 향해서 마음의 문을 닫아버리고 맙니다. 밖으로는 은혜를 받는 것 같은데 마음은 전혀 움직이는 않는 장닭이 되고 마는 것입니다. 우리 하나님께서는 판단하시는 분이 아니라 우리를 사랑하시고, 우리를 돕기를 원하시는 하나님이십니다.

요한 3장 17절 '하나님이 아들을 세상에 보내신 것은 세상을 심판하려 하심이 아니라 저로 말미암아 구원을 받게 하려 하심이라'.

우리 인간은 하나님의 판단을 새삼스럽게 받을 필요가 없습니다. 우리 인간은 이미 더 이상 타락할래야 타락할 수 없을 정도로 완전히 타락해 버린 것을 알아야 합니다. 물론 하나님은 최후의 심판대, 백보좌 심판대 앞에서는 심판하시지만 하나님께서 우리 인간을 대하실 때 우리를 심판하기를 원하시는 것이 아니라 우리를 사랑하시고 구원하시기를 원하시기 때문에 독생자까지도 보내주신 것입니다.

우리가 섬기는 하나님은 우리를 판단하시려는 하나님이 아니시라 그분께서는 바로 우리를 돕고, 구원하실 뿐만 아니라 사랑하는 하나님 이심을 믿을 때 우리는 어떤 실수를 저지르고, 어떤 죄를 짓더라도 하나님을 다시 바라보면서 또 우리가 은혜받기 위해서 부르짖고 기도할 수 있는 것입니다. 그 사람은 때를 따라 은혜를 받을 수 있기 때문에 묵은 장닭으로 변하지 아니하고 뜨거운 마음을 품고 항상 기쁘게 신앙생활 할 수 있는 것입니다.

성실을 기뻐하시는 하나님

약 36년 전의 일입니다. 제가 42세가 되던 1977년 1월 1일이었습니다. 저는 책상에 앉아 새해에 대한 구상을 하고 있었습니다. 그 때 문득 다음과 같은 생각이 들었습니다. "오늘까지 막연하게나마 성실한 것에는 내가 최고라는 생각으로 살아왔는데 나는 과연 무엇에 성실했단 말인가?" 인간은 자신에 대한 생각도 허구에 불과할 때가 너무 많은 것 같습니다. 저는 언제나 제 자신이 성실하다고 생각해 왔는데 그 때 비로소 제가 그 아무것에도 성실한 것이 없다는 사실을 깨달았던 것입니다.

저는 제 자신에게 자신이 성실한 것을 증명하기 위해서라도 그 무엇엔가 성실해 보기로 작정을 했습니다. 그리고 저는 그 당시에 예수는 믿지 않았지만 제가 다니는 교회에 충실 하리라고 결심을 했습니다. 왜냐하면 제 손으로 그 교회의 일원이 되겠다고 교인 등록 신청서에 서명을 했기 때문이었습니다. 그 후로 저는 믿음도 없으면서 교회의 일에 최선을 다했습니다. 그리고 약 8개월 후에 주님을 만나는 큰 은혜를 받았던 것입니다.

사사기 11장에는 사사 입다의 이야기가 나옵니다. 입다가 사사가 되어 암몬 족속과 전쟁을 할 때 입다가 다음과 같이 서원을 합니다.

> **"내가 암몬 자손에게서 평안히 돌아올 때에 누구든지 내 집 문에서 나와서 나를 영접하는 그는 여호와께 돌릴 것이니 내가 그를 번제로 드리겠나이다 하니라 (삿 11:31)"**

이스라엘은 대승을 거두었고, 개선하여 돌아올 때 입다의 무남독녀인 딸이 아버지의 개선을 기뻐하며, 소고를 치고 춤을 추며, 집에서 가장 먼저 나왔습니다. 입다는 자신의 서원 때문에 무남독녀인 딸을 하나님 앞에 번제로 드린다는 이야기입니다. 그 사건은 성경에 왜 기록이 되었을까요?

비록 무남독녀인 딸이라도 번제로 드리기로 하나님 앞에 약속을 했으면 그 약속을 지키는 자를 하나님께서 기뻐하심을 알려 주기 원해서입니다. 하나님 앞에 한 번 약속한 것을 지키고자 하는 "성실성"은 무엇보다 중요한 것입니다.

원래 참 주인은 권리를 따지지 아니하고 의무를 먼저 따집니다. 여러분이 확실하게 은혜교회의 주인이라고 자부하시면 교회 안에서 자신의 권리를 자랑하지 마시고 의무를 다해 주시기를 부탁드립니다. 사랑하는 성도 여러분 한 분, 한 분이 하나님 앞에서 성실함으로 교회를 섬길 때 우리 은혜교회가 주님께서 참으로 기뻐하시는 교회가 될 줄 믿습니다.

내 느낌이 아니라 말씀을 믿으라

English

우리의 신앙생활에서 믿음은 얼마나 중요한 지 모릅니다. 믿음은 우리를 하나님이 자녀로 만들어 줍니다. 믿음은 우리의 뱃속에서 생수의 강이 흐르게 합니다.

믿음은 아버지 집의 대문을 활짝 열어 주기도 합니다. 믿음은 하나님의 기적의 손길을 체험하게 합니다.

“믿으면 하나님의 영광을 보리라” 얼마나 귀한 말씀입니까? 우리는 믿음으로 우리가 꿈꾸고 있는 성전이 우리의 것이 된 것을 알고 있습니다. 이제 문제는 우리 성도님들이 믿음으로 얼마나 큰 꿈을 꾸고 하나님의 기적을 체험하느냐에 있습니다. 여러분이 믿기만 믿으면 여러분의 삶속에서 얼마든지 하나님의 기적의 손길을 체험할 수 있다는 사실을 믿고 또 알고 있습니다. 오랫동안 기도해 온대로 이번 기회에 우리 교회에서 세계적인 기업가, 국제적인 재벌들이 속속들이 일어나야 합니다.

그러면 믿음이 무엇일까요? 그것은 결단과 그 결단의 지속입니다. 오늘 저는 다시 한번 여러분들에게 믿음에 대한 간증을 드리기 원합니다. 목회 초기에 저는 많은 곳을 다니면서 부흥집회를 인도하며 하나님의 말씀을 전하며 안수기도를 했습니다. 집회 중에 어떤 목사님들이 안수기도할 때 많은 사람들이 쓰러지는 것을 보았습니다. 그런데 제가 기도할 때는 사람들이 전혀 쓰러지지 않았었습니다. 저는 마음속으로 내가 기도할 때도 사람들이 좀 쓰러지기를 바랐습니다. 그러나 아무도 쓰러지지를 않았습니다. 한 번은 백 여명이 모이는 작은 교회에서 부흥집회를 인도하게 되었습니다. 저는 모텔방에서 기도하면서 문득 내가 안수 기도할 때 사람들이 쓰러지는 역사가 일어나기를 원했습니다. 그래서 저는 다음과 같이 기도했습니다. "주님 오늘은 제가 안수하며 기도할 때 사람들이 쓰러지게 해 주시옵소서"

집회를 인도하러 갔습니다. 저는 집회 도중에 다음과 같이 선포했습니다. "여러분! 오늘 안수기도 시간에는 성령님께서 친히 역사해 주실 것입니다. 성령님께서 친히 역사 하실 수 있도록 저는 가급적으로 여러분의 머리에 손을 얹지 않겠습니다. 제가 손을 들고 기도할 때 여러분 가운데는 많은 분들이 쓰러질 것입니다. 그러나 염려하지 말고 성령님께 모든 것을 맡기십시오."

안수기도를 시작했습니다. 첫 사람이 앞으로 나아왔습니다. 저는 아무런 별다른 느낌을 갖지 못했습니다. 단지 하나님의 말씀을 믿기로 결단을 내리고 손을 얹었습니다. 그런데 손을 얹고 기도한지 10초도 안되어 그분은 마치 최면에 걸린 사람처럼 뒤로 쓰러졌습니다. 그 날 전 교인들이 안수를 받는데 제가 손을 올리면 그들은 어른 아이 할 것 없이 쓰러지는 것을 보았습니다.

믿음은 어려운 것이 아닙니다. 결단을 내리고 그 결단을 환경이나 자신의 느낌에 관계없이 지속을 시키면 되는 것입니다. 믿으리라 결단을 내리시고 그 결단을 지속시키므로 "하나님의 영광"을 보시기를 주님의 이름으로 축원합니다.

선한 일로 시간을 채우자

저는 고등학교를 다닐 때 대개는 새벽 2시 30분 내지 3시에 산에 가서 혼자 2시간 이상 시간을 보냈습니다. 그 당시에는 사실 기도를 한 것이 아니고 나름대로 수양이나 혹은 참선을 하는 것이 목적이었습니다. 제가 그렇게 한 이유는 마음 속에 있는 욕심이나 정욕을 없애기 위한 것이었습니다.

그렇게 노력을 할 때 순간순간 전혀 욕심이 없고 정욕이 없는 시간을 경험하기도 했지만 그러나 그 시간이 지나면 또 욕심이나 정욕이 생기는 것을 어떻게 할 수 없었습니다.

문득 선한 일로 시간을 채우면 욕심이나 정욕이 생길 틈이 없지 않을까 생각하게 되었고, 산에서 묵상하는 시간에 선한 일을 하기로 작정을 했습니다. 그런데 그 새벽시간에 선한 일을 할 것이 별로 없었습니다. 한 가지 생각을 해 내었습니다. 그 당시에는 통행금지라는 것이 있었습니다. 지금 제 기억으로는 밤 11시 30분부터 새벽 4시 30분까지는 통행이 금지되어 있었습니다.

Taste & see
THAT THE LORD IS
good.
Psalm 34:8

새벽 4시 30분에 통행금지가 해제되면 5시경에 마산에서 진주나 부산으로 가는 첫 기차를 타려고 사람들이 무거운 짐을 이고 들고, 기차역으로 달려가곤 했습니다. 저는 골목어귀에서 기다리고 있다가 무거운 짐을 이고 나오는 아주머니가 있으면 불쑥 나타나서 짐을 들어다 드리겠다고 말했습니다. 그러면 사람들은 혼비백산해서 짐을 껴안고 도망을 갔습니다. 한 달 동안 그렇게 하면서 실제로 짐을 들어다 드린 경우는 몇 번이 되지 않았습니다. 그래서 한 달 만에 포기해 버리고 말았습니다.

그렇게 한다고 하여 내 마음에 욕심이나 정욕은 결코 없어지지 않았습니다. 그럴 수밖에 없는 것이 제가 죄인이였기 때문이었습니다.

지금도 마찬가지입니다. 우리가 죄인인 사실에는 조금도 차이가 없습니다. 그러나 지금은 중요한 한 가지 차이가 있습니다. 우리가 우리의 시간을 선한 일, 즉 전도나 기도, 성경 읽기, 교회 봉사 등으로 채우려고 할 때 성령님께서 우리가 "온전한 성결 생활"을 할 수 있도록 도와주신다는 사실입니다.

건강에도 선한 청지기가 됩시다

우리는 모두 하나님 앞에 청지기로서 살고 있습니다. 그 분께서 모든 것을 지으시고 공급해 주셨기 때문에 우리는 사실 청지기에 불과한 것입니다.

문제는 우리가 선한 청지기가 되느냐 혹은 악한 청지기가 되느냐 하는 문제만 남아 있는 것입니다. 우리는 물질과 시간뿐만 아니라 우리의 건강도 하나님의 것임을 깨달아야 하겠습니다.

저는 지지난 토요일 아침에 오사카에서 설교문을 쓰려고 하는데 갑자기 글이 두 줄로 보여서 한쪽 눈을 감고 설교문을 겨우 완성할 수 있었습니다. 미국에 와서 검사한 결과 당뇨 때문에 왼쪽 안구를 움직이는 신경에 피가 통하지 않아 생긴 현상이라는 진단을 받았습니다. 3, 4개월 후에는 자연히 치료되리라는 의사의 말씀이었습니다. 비록 시력이 회복된다 하더라도 악화된 당뇨로 말미암아 다른 합병증도 생기고 심지어는 시력을 잃을 수 있다는 주의도 받았습니다.

저는 새삼스럽게 하나님 앞에서 건강에 대하여 악한 청지기 생활을 해 온 것을 뉘우치고 건강에도 선한 청지기가 되어야 하겠다고 다짐하고 노력하고 있습니다. 네 시간 내지 다섯 시간의 수면을 취하고

잠이 깨자마자 2분 이내로 샤워를 끝마치고 집을 나서야 하는 목회 생활 때문에 사실 당뇨뿐만 아니라 다른 피곤 증상도 몸에 쌓여 효율적인 일을 해내지 못하는 자신을 깨닫곤 합니다.

주님께서 부르시는 그 날까지는 효율적으로 일을 해야 주님도 기뻐하시고 성도님들도 기뻐하실 텐데 하나님께서 허락하신 건강을 잘 돌보지 않았기 때문에 망친 것을 마음 아프게 생각하며 건강에 좀 더 유의하는 삶을 살기 원합니다.

요즈음은 식사에 조심할 뿐만 아니라 하루에 한두 차례씩 약 30분간의 트레드 밀(러닝 머신) 운동을 하고 있습니다. 결과적으로 혈당치도 상당히 내려가고 더구나 운동부족으로 힘을 잃었던 근육들이 운동으로 말미암아 힘을 얻는 것 같습니다. 이번 기회를 통하여 건강, 시간, 재물 모든 면에 좀 더 충실한 선한 청지기가 되어야 하겠다고 다짐하고 기도하고 있습니다. 몸된 교회의 새로운 사역, 바구니 작전(Basket Operation)이라는 거대한 프로젝트를 앞에 두고 저의 부주의를 틈탄 사탄 마귀의 공격의 일환입니다.

그 동안 저를 위하여 걱정해 주시고 안타깝게 기도해 주시는 우리 성도님들의 사랑을 진심으로 감사 드리며 반드시 그 사랑을 보답하는 목사가 되도록 노력하겠습니다.

대장암 투병이 오히려 선한 기회입니다

많은 걱정을 끼쳐 드려서 너무나 죄송합니다. 사실 장에 이상이 있는 것을 느낀 것이 약 6개월쯤 된 것 같습니다. 그러나 저에게는 생명 주신 주님을 위한 일이 더 중요하기 때문에 문제가 생긴 것을 알면서도 잡혀 있는 분주한 일정으로 검사를 받지 못했습니다. 지난 주 처음으로 한 주 동안의 시간 여유가 생겼기 때문에 금요일 아침 7시에 내시경 검사를 받기 위하여 병원에 갔었습니다. 결과는 예상했던 대로 암이라는 진단이었습니다.

신동수 집사님과 연락이 되어 지난 토요일 아침 9시에 수술에 들어갔습니다. 3시간 30분에 걸친 수술로서 상당히 큰 수술이었다고 합니다. 나쁜 부분을 완전히 제거했지마는 앞으로 6개월 동안 키모데라피를 받기로 결정을 보았습니다.

그 동안 주님께서 세계 선교를 위하여 부족한 종을 써 주신 은혜를 생각하면 지금 당장 주님께서 데려 가셔도 주님께 영광을 돌릴 것밖에 없는 심정입니다. 하나님은 언제나 악을 선으로 돌려쓰시는 하나님이심을 또 한 번 깨달았습니다. 어차피 앞으로 6개월 동안은 밖으

로 나가지 못하게 되어 있습니다.

그렇기 때문에 그 동안에 하나님께서는 앞으로의 사역을 위하여 리타이어(Re-Tire) 하기를 원하시는 것입니다. 리타이어는 그야말로 문자 그대로 바퀴를 다시 갈아 끼우는 것입니다. 낡은 바퀴를 갈아 끼우고 다시 달린다는 뜻입니다.

하나님께서는 앞으로 6개월 동안 종의 완전치 못한 육체를 완전하게 하시기를 원하시는 것입니다. 이제 종도 주님의 뜻에 순종하여 마지막 사역을 위하여 건강에 힘쓸 예정입니다. 많은 기도를 부탁드립니다.

작은 성공을 디딤돌로 큰 성공을 이룬다

러시아 혁명사를 읽어보면 우리의 삶에 교훈을 주는 두 인물이 있습니다.

한 사람은 트로츠키라는 사람으로 그는 러시아 국내에서 혁명을 주도한 사람이었습니다. 그는 러시아 내에서 소위 소비에트(평의회)를 최초로 결성하고 그 의장이 된 사람입니다. 그는 어려운 격동기에 국내 현장에서 혁명을 이끌어간 주도적인 인물이었습니다.

또한 사람은 우리가 잘 아는 레닌으로서 그는 초기에 국내에서 혁명을 주도했지마는 경찰의 압박을 피하여 보다 자유스럽게 혁명을 이끌기 위하여 스위스 제네바로 망명하여 그 곳에서 혁명을 지휘한 사상가였습니다.

혁명이 일어난 1917년 4월에 러시아의 마지막 황제인 니콜라이 2세가 퇴위하면서 제정러시아가 붕괴되고 해외에 있던 많은 혁명가들이 속속 러시아로 귀국했습니다. 그 때 레닌도 제네바를 떠나 러시아로 돌아왔습니다. 그 당시 러시아의 정국을 이끌고 있던 임시정부가 1917년 10월 26일에 항복하고 그 당시 공산당은 비어 있는 의자에 앉는 것처럼 정권을 장악하게 되었습니다.

그런데 재미있는 사실은 국외에서 혁명을 주도하던 레닌이 권좌에 앉은 반면 국내에서 직접 혁명을 주도했던 트로츠키는 결국 세력권에서 물러나서 알마아티로 유배되었다가 국외로 추방되고 결국 멕시코의 망명지에서 스탈린의 지령에 의하여 암살되고 말았습니다. 똑같이 혁명을 주도했지만 레닌이 구 공산권의 영원한 영도자로 추앙받은 반면, 트로츠키는 망명지에서 이름 없이 죽어갔습니다. 그런데 두 사람의 운명을 갈라놓은 가장 기본적인 요인은 공산혁명이 성공했을 때 가졌던 두 사람의 마음가짐이었습니다. 레닌이 마치 높은 산을 정복하기 위하여 산을 올라가던 등산가가 한 봉우리에 올라간 다음, 다음 봉우리를 점령하기 위하여 준비하는 마음이었다면, 트로츠키는 마치 큰 수술을 마친 외과의사가 가운을 벗어 놓고 쉬려고하는 그런 마음가짐이었습니다.

성공가도는 원래 봉우리와 봉우리를 이어놓은 등산로와 같습니다. 작은 성공에 만족하고 안도하려는 사람은 결국 작은 봉우리도 차지하지 못한 채 산 밑으로 굴러 떨어지게 되어 있습니다. 참 성공자는 작은 성공을 한 다음 그것을 보다 큰 성공의 전초기지로 삼고 새로운 도약을 준비하고 시도하는 것입니다.

우리들에게는 2011년 우리가 정복해야 하는 큰 산 봉우리 세 개가 있습니다.

첫째가 전도요, 둘째가 제자화입니다. 셋째는 바로 세계 선교입니다.

저는 여러분을 인도하는 목회자로서 우리가 목표로 하는 산정에 이르기 위하여 또 한 번의 각오를 해 주시기를 주님의 이름으로 부탁드립니다.

4. 천국상급의 소망을 바라보라

너는 마음을 다하여 여호와를 의뢰하고 네 명철을 의지하지 말라 (잠언 3:5)

목회자에게는 성도를 향한 갈등과 고민이 있습니다.
"힘들지? 그러나 어떻게 해?
끝까지 승리해야지!"

1. 목회자의 최종 목표
2. 하늘 나라 동창회
3. 천국 상급을 바라보며 달려가는 성도
4. 우리에게는 아름다운 소망이 있습니다
5. 천국 관광 가이드가 되는 그 날을 기다립니다
6. 가장 중요한 자신의 영혼을 위한 투자
7. 오해를 넘어서는 헌신의 동기
8. 열심을 다하는 신앙생활의 이유 (1)
9. 열심을 다하는 신앙생활의 이유(2) 주님 말씀대로 산다는 것

LOVE IS EXTRAVAGANT

목회자의 최종 목표

English

흔히 성도님들의 말 가운데 "할 일 많은 은혜교회"라는 말을 듣게 됩니다. 그렇습니다. 은혜교회는 할 일이 끊어지지 않습니다. 웬만한 교회 성도는 주일 예배나 혹은 교회의 다른 집회에 참석함으로 교인으로서 책임을 다한 것 같습니다. 그러나 은혜교회 교인들은 교회 집회 뿐만 아니라 가정교회, G-7, 그레이스 인카운터 , 뜨레스 디아스 그 뿐만 아니라 디스카버리 세미나, 부목자 세미나 등 교육을 받아야 하고 오이코스 전도까지 하지 않으면 충실한 성도라는 자신감이 생기지 않습니다.

선교만 하더라도 웬만한 교회 성도님들은 그 교회에서 파송한 한두 명의 선교사님들이 어느 선교지에 세운 한두 개의 교회에 신경을 쓰면 되는데 은혜교회 성도님들은 구 소련, 중국, 월남, 방글라데쉬, 미얀마, 네팔, 인도, 유럽, 아프리카, 중남미, 일본, 북한 등 우리의 선교지를 외우기도 힘든 지경입니다.

헌금만 하더라도 각 선교지의 사역을 위한 헌금, 특별 이벤트를 위한 헌금, 십일조, 감사헌금, 선교 후원금, 거기다 건축헌금도 다른 교인 같으면 한두 번 내면 그만인데 은혜교회 성도님들은 해도 해도 끝이 없을 것 같습니다. 어떻게 생각하면 허리가 휘어질 지경입니다. 거기다가 김 목사의 생각이 땅에 묻힌 지뢰 같아서 언제 또 무슨 선교사역이 터질지 알 수가 없습니다.

사랑하는 우리 성도 여러분! 여러분의 목회자가 여러분의 그런 사정 혹은 심정에 둔감한 목사는 아닙니다. 여러분의 힘겨움을 못 느끼는 목사도 아닙니다. 그러나 목회자는 목회자가 가야하는 길이 있는 것입

니다. 누누이 드려온 말씀이지만 제가 목회를 시작할 때 참으로 성도님들을 위하여 최선의 목사가 되고 싶은 소원이 간절했습니다.

그래서 성도님들을 위한 최선의 목사가 어떤 목사인지 많이 기도도하고 생각도 했습니다. 성도가 이사를 할 때 이삿짐이라도 날라 드리는 목사? 언제나 성도님들과 함께 생활하면서 성도들이 외로울 때 친구가 되어주고, 아플 때 기도해 드리고, 어려움을 당할 때 위로가 될 수 있는 목사? 온갖 생각을 다해 보았습니다.

그러나 제가 내린 결론은 여러분이 "그리스도의 심판대" 앞에 섰을 때 가장 많은 상급을 받게 하는 목사. 그것이 제가 내린 결론이었고 약 21년 동안 여러분을 섬겨 오면서 이 생각은 조금도 변함이 없습니다. 왜냐하면 "그리스도의 심판대" 앞에서 여러분이 받을 상급은 영원한 하늘나라에서 여러분의 신분을 결정하기 때문입니다. 이것이 우리가 믿는 성경의 가르침입니다.

저는 이번에도 여러분에게 건축헌금을 부탁드리며 히딩크 감독과 우리 나라 월드컵 축구선수들을 생각해 봅니다. 선수들을 사랑하는 감독이라면 누구든지 선수들을 편안히 해주고 즐겁게 해주고 싶을 것입니다. 그러나 월드컵 4강이라는 목표가 있는 감독은 월드컵 4강 신화를 이룩한 뒤 선수들이 누릴 영광을 예상하기 때문에 여러 가지 훈련 계획을 세우고 훈련에 훈련을 거듭할 것입니다.

사랑하는 제가 여러분들을 위하여 가지고 있는 꿈이나 목표는 월드컵 4강 정도가 아닙니다. 이 세상의 모든 교회 가운데 금메달을 목에 거는 것. 바로 그것입니다. 사랑하는 우리 성도 여러분! 자녀가 공부를 열심히 하기를 바라는 부모의 마음을 상상해 보시기 바랍니다.

뿐만 아니라 주의 일에 힘을 쓰고 아낌없이, 끊임없이 물질을 드리는 것이 물질축복 받는 비결이요 성도가 마땅히 해야할 일인 것을 꼭 기억하시기 바랍니다.

하늘 나라 동창회

2주 전 금요일 저녁에 저로서는 참으로 가슴 뿌듯한 일이 있었습니다. 약 36년 전에 제가 가르친 제자들 40여 명이 미국을 방문하였고 그들과 함께 미국이나 또 해외에 나와있는 동기 동창들까지 모두 약 70여 명 모인 것 같습니다.

미국에 살고 있는 제자 중 한 사람이 저에게 연락을 했습니다. 제자들이 미국에 오면 꼭 김광신 선생님을 만나야 하기 때문에 자기들의 모임 장소에 와 달라는 것입니다. 그 학생들은 제가 젊을 때 온 힘과 정성을 다 쏟아부은 제자들입니다. 자식이 부모의 사랑을 알 수 없듯이 물론 우리 제자들도 제가 얼마나 많은 정성과 사랑을 자기네들에게 쏟았는지 짐작하지 못할 것입니다. 저는 남미로 이민을 갔을 때 제자들이 보고 싶어서 이민을 포기하려고 한 적까지 있었습니다. 사실 저는 교편생활을 하며 학생들에게 공부를 많이 시키는 교사였습니다. 그런데 어른이 된 제자들을 만나보면 이구동성으로 말합니다. 어른이 되어 보니까 학창시절에 학생들이 원하는 대로 대강, 대강 가르친 선생님들은 기억이 나지 아니하고 역시 공부를 많이 시킨 선생님들이 기억이 난답니다.

당신의 큰 사랑 잊지 않겠습니다.

약 36년만에 사랑하던 제자들을 만나 보면서 저는 문득 하늘나라의 동창회에 대한 생각이 떠올랐습니다. 물론 하늘나라에서는 따로 동창회가 필요 없겠지만 그래도 한 교회 출신 성도님들의 모임이 있지 않을까 생각해 봅니다.

이번에 제가 만난 제자들은 숙명여고 제63회 졸업생이었는데 아마도 천국에서는 졸업 연도가 따로 없으니 어떤 담임 목사와 함께 신앙생활을 했는지 그것이 졸업 연도 대신이 될 것 같습니다. 그 때에도 우리 성도님들은 신앙생활을 원하는 대로 편안하게 시킨 담임목사보다는 여러분이 하늘나라에서 상급을 많이 받을 수 있도록 강권하며 최선을 다한 담임목사가 기억될 것입니다. 저는 여러분의 천국 동창회에서 기억되는 목사가 되기를 원합니다.

저는 제자들을 만나고 돌아오는 차 안에서 천국에서 여러분의 동창회에 초대받은 나의 모습을 생각하며 흐뭇한 미소를 금할 길이 없었습니다.

천국 상급을 바라보며 달려가는 성도

우리가 예수를 믿을 때 구원을 받고 하나님의 자녀 되는 권세를 받았습니다. 우리가 구원을 받고 하나님의 자녀가 되었다는 말은 여러분이 지금 이 땅에서 눈을 감아도 천국에서 눈을 뜰 수 있는 자격을 받았다는 뜻입니다. 그런데 우리를 그토록 사랑하시는 우리 하나님께서 지금이라도 천국에 들어갈 수 있는 자격을 가진 우리들을 왜 그 좋은 천국에 데려 가지 아니 하시고 아직도 마귀가 왕 노릇하는 이 세상에서 살게 하실까요? 그 이유는 우리가 이 세상에 살아 있는 동안에 우리들의 믿음의 작품을 만들라는 것입니다.

우리의 믿음의 작품은 왜 필요할까요? 우리가 앞으로 천국에 가면 먼저 그리스도의 심판대 앞에서 상급 받는 일을 하는데 그 때 받는 상급은 영원한 하늘나라에서의 우리의 신분을 결정하는 것이라고 말씀을 드렸습니다. 우리가 성경을 믿는다고 하면서도 하늘나라에서의 상급을 믿지 않는 것은 굉장히 모순되는 일입니다.

왜냐하면 고후 5:9-10절에는 다음과 같이 기록이 되어 있기 때문입니다.

> **"그런즉 우리는 거하든지, 떠나든지 주를 기쁘시게 하는 자 되기를 힘쓰노라 이는 우리가 다 반드시 그리스도의 심판대 앞에 드러나 각각 선악 간에 그 몸으로 행한 것을 따라 받으려 함이라"**

또한 고전 9:24절에도 다음과 같이 기록되어 있습니다.

"운동장에서 달음질하는 자들이 다 달릴지라도 오직 상을 받는 사람은 한 사람인 줄을 너희가 알지 못하느냐 너희도 상을 받도록 이와 같이 달음질하라"

우리는 지금 영적으로는 사탄 마귀의 조직 속에서 살고 있습니다. 주님께서 제자들의 발을 씻기는 기사가 성경에 기록되어 있는데 그 사건은 우리들에게 많은 것을 가르쳐 주고 있습니다. 그 중의 한 가지가 바로 우리들이 사탄 마귀의 조직 가운데 살고 있음을 시사해 주고 있는 것입니다.

주님께서 제자들의 발을 씻기기 시작하여 베드로에게 오셨을 때 베드로는 외칩니다. "주여! 주님께서 제 발을 결코 씻기면 안 됩니다." 베드로가 그렇게 말 한데는 그만한 이유가 있었습니다. 원래 발을 씻긴다는 것은 노예 가운데서도 가장 천한 노예가 하는 일이었기 때문입니다. 그 때 예수님께서 베드로에게 말씀하십니다. "내가 너의 발을 씻기지 못하면 너와 내가 상관이 없느니라." 주님께서 그렇게 말씀 하신데는 그만한 이유가 있습니다. 이스라엘은 사막지대입니다. 그런데 그 당시에는 모두 샌달을 신고 다녔습니다. 그렇기 때문에 사람들의 발에는 흙이 묻게 되어 있었습니다.

사랑하는 우리 성도 여러분!

영적인 면에서도 마찬가지 현상이 일어나게 되어있습니다. 이 세상 임금이 바로 사탄 마귀이므로 영적으로는 바로 이 세상이 사탄 마귀의 조직인 것입니다. 그래서 우리가 사업을 하든지, 주님의 일을 하든지, 우리의 영은 더러워지게 되어 있고 그렇기 때문에 흙이 묻은 발을 물로 씻는 것처럼 우리의 영도 때때로 씻김을 받아야하는 것입니다.

여러분은 바로 나를 위하여 준비된 모든 집회에 열심히 참여하여 큰 은혜 받으시기를 주님의 이름으로 축원합니다.

우리에게는 아름다운 소망이 있습니다

저는 이번 주간에 선교사 훈련원에 머물고 있습니다. LA에서 한기홍 목사님께서 오셔서 함께 훈련생을 위해서 강의하면서 졸업 전에 훈련생들과 교제하는 귀한 시간을 보내고 있습니다.

참으로 감사한 것은 어려운 환경 가운데에서도 선교사 훈련원 제2기 졸업식이 11일 금요일 오전 11시에 서울 은혜교회에서 거행될 예정입니다.

누누이 말씀드린 대로 G.M.I.의 사역의 목표 중 한 가지는 바로 한국교회가 올바르게 선교하도록 도움으로 우리 한국에 하나님의 축복이 임하게 하는 것입니다.

한국 교회가 올바르게 선교하는 것을 돕기 위하여 열매 맺는 선교사를 양육하여 각 교회에 공급하는 것이 절대적으로 필요합니다. 아직은 한국 교회가 선교의 필요성을 느끼지 못하기 때문에 선교사를 공급해 달라는 교회가 별로 없습니다. 그러나 앞으로 많은 교회들이 앞 다투어 선교사를 배정해 달라는 요청이 있을 줄 믿습니다.

이번 제2기 졸업생은 19명으로 졸업 후에 인도, 중국, 네팔, 콜롬비아, 나이지리아, 시에라리온, 시리아 등의 사역지로 떠날 예정입니다. 열심히 훈련받고, 때가 되므로 사역지로 떠나는 모습들이 너무나 아름답고, 소망이 넘칩니다.

우리에게는 아름다운 소망이 있습니다.

지금은 매서운 바람이 불어오는 추운 겨울이지만, 겨울이 지나면 따뜻한 봄이 올 것을 고대하는 것처럼, 보이는 현실이 비록 힘들지라도 '마침내' '반드시' 이루시는 하나님의 약속을 붙잡고, 소망을 잃지 않으시기를 기도합니다.

육신이 힘들 때에도 지속적인 관리와 보충을 해 주는 것처럼, 아무리 힘들지라도 끊이지 않는 지속적인 기도가 필요합니다. 그러므로 우리들에게 맡겨진 거룩한 사역에 하나님의 약속을 붙잡고 반드시 승리하는 여러분 되시기를 축원합니다.

천국 관광 가이드가 되는 그 날을 기다립니다

English

지금 저는 부에노스 아리레스 은혜신학교에서 약 140여 명의 학생목사님들을 모시고 강의를 하고 있습니다. 학생들은 주로 아르헨티나와 칠레에서 목회를 하고 있는 현지인 목회자들입니다.

지난 주말에는 선교사님들의 권유에 못이겨 처음으로 리오 데 자네이로(Rio De Janeiro)와 이과수 폭포를 구경하러 갔습니다. 리오 데 자이네로는 세계 3대 미항 중의 제일이라는 명성 그대로 참으로 아름다운 곳이었습니다. 아름다운 굴곡을 이루고 있는 해안선과 바다에 점철되어 있는 섬들. 그리고 도시 여기 저기에 솟아 있는 바위산. 모든 것이 참으로 아름다웠습니다.

이과수폭포에 왔을 때 그 광경은 참으로 장관이었습니다. 이과수폭포는 세계에서 두 번째로 큰 폭포입니다. 제가 처음 이과수폭포에 가본 것은 1971년도였으니까 약 32년 전의 일이었습니다. 그런데 그 때는 건기여서 폭포가 약 70여 개 있다고 들었었습니다. 이번에는 우기가 되어서 폭포가 약 360 여 개가 넘는다고 했습니다. 브라질 쪽에서는 약 100여 개가 넘는 폭포들이 한 눈에 보이는 데 큰 바위

산에서 100여 개의 물줄기가 뿜어져 나오는 광경은 참으로 장관이라 할 수 있었습니다.

저는 아름다운 곳을 볼 때마다 문득 문득 생각나는 일이 있습니다. 우리 성도님들을 모시고 와서 다시 함께 보았으면 얼마나 좋을까? 이번에도 성도님들을 생각하다가 한 가지 아름다운 광경이 떠올랐습니다. 아무래도 제가 많은 성도님들 보다는 일찍 주님의 나라에 갈텐데... 아름다운 주님의 나라에서 뒤늦게 오시는 성도님들을 모시고 이곳 저곳 구경을 시키면서 설명을 해 주는 모습이었습니다. 얼마나 즐거운 시간일까? 잠시만의 생각으로도 마음 가득히 기쁨이 밀려왔습니다.

사랑하는 우리 성도 여러분! 우리는 하루라도 우리가 가서 살 영원한 하늘나라에서 눈길을 떼면 안됩니다. 우리는 언젠가 반드시 주님의 나라에 가게 되어 있는데 그렇기 때문에 우리들에게 가장 중요한 것은 믿음의 작품을 만드는 일이라는 것을 한 순간도 잊으면 안됩니다.

가장 중요한 자신의 영혼을 위한 투자

English

오늘은 우리 성도님들에게 자기 자신의 중요성에 대하여 말씀을 드리기 원합니다.

사람이 세상에 귀한 것이 아무리 많이 존재한다 할지라도 내가 존재하지 않는다면 세계는 아무런 소용이 없는 것입니다. 적어도 나에게는 나 자신보다 더 귀한 것이 아무것도 없는 것입니다. 그래서 주님께서도 다음과 같이 말씀하셨던 것입니다.

"사람이 천하를 얻고도 자기 생명을 잃으면 무슨 소용이 있으리요?"

우리는 우리 자신이 귀하기 때문에 열심히 신앙생활을 해야 합니다. 흔히 우리는 예수님을 위하여 우리가 믿어 드린다고 잘못 생각할 수가 있습니다. 그러나 그렇지 않습니다. 우리는 우리 자신을 위하여 예수를 믿어야 합니다. 하나님의 영광은 무한하십니다. 여러분의 무한 수에 100을 빼거나 1,000을 빼거나 무한 수는 여전히 무한수인 것입니다.

우리 하나님께서는 하나님 자신을 위하여 우리가 신앙생활 하기를 바라는 것이 아닙니다. 우리가 신앙생활을 하지 않는다 할지라도 "하나님의 영광"에는 아무런 손상도 있을 수 없을 것입니다. 오히려 하나님께서는 우리들을 위하여 독생자도 아끼지 아니하시고 십자가에

매다시며 우리의 영원한 생명을 위하여 우리들이 예수 믿기를 그렇기도 갈망하시는 것입니다. 하나님께서는 그 분의 영광을 위하여 우리들이 십자가를 지고 사명을 감당하기를 원하시는 것이 아닙니다. 오히려 그것이 우리들이 영원한 하늘나라에 상급을 쌓고 하나님으로부터 이 세상에서 필요한 축복을 받을 수 있는 길이기 때문에 그 귀한 사명을 감당시켜 주시는 것입니다. 그러므로 잠시 살다가 벗어버릴 육신이 아니라 진정한 "나"인 자기 자신의 영혼을 귀하게 여기며 사랑하는 사람만이 사명을 감당할 수 있는 것입니다.

마태복음 6장 19~20절에는 다음과 같이 말씀하고 계십니다.

"너희를 위하여 보물을 땅에 쌓아 두지 말라 거기는 좀과 동록이 해하며 도적이 구멍을 뚫고 도적질하느니라. 오직 너희를 위하여 보물을 하늘에 쌓아 두라 거기는 좀이나 동록이 해하지 못하며 도적이 구멍을 뚫지도 못하고 도적질도 못하느니라"

우리 믿는 성도나 믿지 않는 불신자들 모두 생명 다음으로 귀중한 것이 물질입니다. 그 물질을 헌금할 때도 주님을 위하여 헌금해 드리는 것이 아닙니다. 자신을 위하여 헌금하라고 말씀하시는 것입니다. 물질을 주님 앞에 드리는 것은 우리가 앞으로 가서 살 영원한 하늘나라에 그 아까운 물질을 쌓아두는 것과 같다는 뜻입니다.

또한 자기 자신을 귀하게 여기는 성도는 결코 다른 사람들의 말이나 혹은 다른 사람들이 나를 어떻게 취급하거나 결코 시험이 들지 않습니다. 왜냐하면 나 자신이 다른 사람들의 말이나 행동 때문에 시험에 들기는 너무나 귀중하기 때문입니다. 여러분에게는 여러분 자신이 너무나 귀중하기 때문에 열심히 전도도 하고 선교도 해야 하는 것입니다.

오해를 넘어서는 헌신의 동기

English

인간사회는 언제나 갈등과 알력으로 시달려 왔습니다. 그런데 그 가운데는 오해로 말미암은 것들이 꽤 있을 줄 압니다. 오해 가운데도 특별히 상대방의 의도나 동기를 잘못 이해하기 때문에 오는 오해도 상당수가 있을 줄 압니다.

목회를 하다 보면 목회자로서 안타까운 일들을 이따금 보게 됩니다. 그것은 성도님들 가운데는 목회자의 의도를 잘못 생각하기 때문에 교회가 하는 일이나 프로그램에 적극 참여하지 않는 성도님들을 보게되는 것입니다. 사람은 누구나 본성적으로 상대방에게 유리한 일은 하기 싫어하는 성향이 있는 것 같습니다. 교회에서 하는 일이나 프로그램이 목사 개인의 어떤 성취감 때문이라고 오해하게 되면 자연히 교회가 하는 일에 소극적이 될 수밖에 없는 것입니다.

왜 그러한 오해를 하게 될까요? 그것은 “나의 마음을 가지고 남의 마음을 판단하는” 잘못된 습관 때문입니다. 그러나 꼭 기억할 것은 “나의 마음”과 다른 마음도 있을 수 있다는 사실입니다.

목회자로서의 저의 심정은 한마디로 표현하면 “어떻게 하면 우리 성도님들에게 가장 좋은 목회자가 될 수 있을 것인가?”하는 것입니

다. 교회가 하는 모든 일이 바로 "나"를 위한 것이라는 새로운 안경을 쓰시고 교회가 하는 일이나 혹은 다양한 프로그램을 한 번 바라보시기 바랍니다. 그럴 때 비로소 우리 교회가 실시하는 모든 프로그램이 어떻게 "나"를 위한 것이 되며 또한 "나"에게 유익한 것인지 눈에 띄게 되고 또한 교회의 다양한 프로그램에 적극 참여하게 될 것입니다.

자신의 마음을 깊이 살펴보시기 바랍니다. 우리가 예수를 믿을 때도 마치 내가 예수를 믿는 것이 하나님에게 이익이 된다는 막연한 생각 때문에 믿음 생활에 열심을 내지 못할 때가 얼마나 많이 있습니까? 그러나 가만히 생각해 보시기 바랍니다. 나 한 사람이 예수를 믿는다고 하여 그것이 하나님께 무슨 이익이 되며 나 한 사람이 예수를 믿지 않는다고 하여 그것이 하나님께 무슨 손해가 되겠습니까?

하나님께서는 오히려 멸망할 수밖에 없는 우리를 구원하시기 위하여 십자가 죽음까지 경험하신 하나님이 아니십니까? 여러분의 목회자인 제가 자신의 성취욕을 만족시키기를 원한다면 처음부터 목회자가 되지 않았을 것입니다.

여러분의 목회자인 부족한 종이 원하는 한 가지가 있다면 바로 사랑하는 우리 성도님들이 영원한 하늘나라에서 보다 많은 상급을 받게 하는 것입니다. 언제나 이 한 가지 사실을 잊지 마시고 우리 교회와 또 우리 교회가 하는 모든 일을 바라보시기 바랍니다.

열심을 다하는 신앙생활의 이유(1)

저는 지금 알래스카 크루즈 배 위에서 이 "사랑의 편지"를 쓰고 있습니다. 어느 성도님이 너무나 열심히 원하고 저도 조금 휴양이 필요한 것 같아 승낙을 하고 따라 나섰습니다. 주님도 허락하시고 우리 성도님들도 이해해 주실 줄 믿고 떠난 길입니다. 저는 다음 수요일에 교회로 돌아갈 예정입니다.

지금은 금요일 새벽입니다. 아무도 없는 커피샵에 혼자 앉아 동터 오르는 여명 속에서 거울처럼 매끈하게 스쳐가는 바닷물을 내려다보며 사랑의 편지를 쓰고 있는 맛이 보통이 아닌 것 같습니다. 그러나 사업장이나 직장에서 수고하시며 오이코스 전도하랴, 가정교회 사역에 동참하랴 동분서주하시는 여러 성도님들을 생각하면 그렇게 마음이 가볍지만은 않습니다.

지난 주에는 이삼 일간 굉장히 피곤하고 토하기까지 해서 이제는 항암치료의 부작용이 일어나는구나 마음에 단단히 준비를 했는데 이번 주에는 아무렇지도 않습니다. 지난 주에는 아마 항암치료 때문이 아니라 다른 바이러스 때문에 일어난 현상인 것 같습니다.

사실 저는 여러분의 담임 목사직을 사임하기 약 2개월을 앞두고 마치 세상을 떠나는 부모가 자녀에게 마지막 부탁을 하는 심정으로 (괜히 슬퍼지려고 합니다) 몇 가지 말씀을 드리고 있습니다.

지난 주에는 하나님의 사랑에 대하여 말씀을 드렸습니다. 하나님께서는 여러분이 하나님께서 기뻐하실 일을 하고 하나님의 마음에 드는 성품을 가졌기 때문에 여러분을 사랑하시는 것이 아니라 하나님께서 여러분을 사랑의 대상으로 지으셨기 때문에 여러분을 사랑하고 계심을 말씀드렸습니다. 이것은 김 목사의 생각이 아니라 우리가 믿고 있는 성경이 말씀하고 있는 것입니다.

두 번째는 꼭 "나를 위하여" 즉 여러분 자신을 위하여 신앙생활을 하라고 부탁드리고 싶습니다.

우리는 모두 죄인들입니다. 그래서 이웃이 논을 사면 배가 아파지는 본성을 가지고 있습니다. 그렇기 때문에 여러분이 무의식적으로라도 하나님을 위하여 혹은 가정교회 목자나 그룹리더나 혹은 목사를 위하여 예수를 믿거나 혹은 주님을 위하여 믿어 드린다고 생각하면 절대로 신앙생활에 힘이 나지 않습니다.

여러분이 예수를 믿는 것은 여러분 자신이 영생을 얻고 하늘나라에 들어가기 위하여 예수를 믿는 것입니다. 또한 여러분이 몸 된 교회를 열심히 섬기는 것도 여러분이 하늘나라에 상급을 쌓기 위하여 하는 것입니다.

주님은 우리가 우리 자신을 위하여 신앙생활하기를 권고하고 있습니다. 예를 들어 불신자나 성도나 상관 없이 생명 다음으로 귀하게 여기는 것이 물질입니다. 주님께서는 그 물질을 하나님 앞에 드리는 것도 주님이나 다른 사람을 위하여 드리라고 말씀하지 않으시고 여러분 자신을 위하여 드리라고 말씀하고 계시는 것입니다.

열심을 다하는 신앙생활의 이유(2)

주님 말씀대로 산다는 것

이 세상에서 주님의 말씀대로 산다는 것, 더욱이 주님을 위한 사역을 감당한다는 것이 그렇게 쉬운 일만은 아닙니다. 주님께서도 "네 자신을 부인하고 자기 십자가를 지고 나를 좇으라"고 말씀하신 것입니다. 그러나 성도는 그 길만이 정말 복된 길임을 알기 때문에 찬송을 부르며 그 길을 가기를 원하는 사람입니다. 우리 그룹 지도자들과 가정교회 목자님들은 허리가 휘도록 힘겹게 느껴지기도 할 것입니다. 부족한 종이 여러분이 힘들게 느낄 것을 모르고 여러분에게 이 일들을 하도록 권고하는 것은 아닙니다. 오직 이 길만이 주님을 올바르게 섬기고 하늘나라에 상급을 쌓는 길이며 또한 이 세상에서 여러분이 축복받기를 원하기 때문에 한편으로 가슴 아프게 생각하면서도 여러분이 맡은 직분에 충성해 주시기를 부탁드리는 것입니다. 무거운 책가방을 짊어지고 힘겹게 학교에서 돌아오는 초등 학생인 아들을 맞이하는 어머니는 공부가 힘들다고, 숙제가 많다고 투덜거리는 어린아이의 사정을 마음 아파하면서도 "그래도 열심히 공부해야지" 하고 말할 수밖에 없는 것처럼 저도 여러분의 목자로서 "그래도 열심히 사역을 감당해야지!"하고 말할 수밖에 없는 것입니다. 그런데 누가 이 어려운 일을 끝까지 감당할 수 있겠습니까? 바로 "나"를 위하여 신앙생활을 할 줄 아는 사람이 끝까지 감당할 수 있는 것입니다.

여러분이 가만히 생각해 보시기 바랍니다. 우리 하나님께서는 하나님 자신을 위하여 우리가 신앙생활 하기를 바라는 것이 아닙니다. 우리가 신앙생활을 하지 않는다 할지라도 "하나님의 영광"에는 아무런 손상도 있을 수 없을 것입니다. 오히려 하나님께서는 우리들을 위하여 독생자도 아끼지 아니하시고 십자가에 매다시며 우리의 영원한 생명을 위하여 우리들이 예수 믿기를 그렇기도 갈망하시는 것입니다.

하나님께서는 그 분의 영광을 위하여 우리들이 십자가를 지고 사명을 감당하기를 원하시는 것이 아닙니다. 오히려 그것이 우리들이 영원한 하늘나라에 상급을 쌓고 하나님으로부터 이 세상에서 필요한 축복을 받을 수 있는 길이기 때문에 그 귀한 사명을 감당시켜 주시는 것입니다. 그렇기 때문에 잠시 살다가 벗어버릴 육신이 아니라 진정한 "나 자신"인 내 영혼을 귀하게 여기며 사랑하는 사람만이 사명을 감당할 수 있는 것입니다. 아무리 힘들어도 "나"를 위하여 끝까지 승리하시기 바랍니다.

힘드실 때마다 찬송가 〈잠시 세상에 내가 살면서〉를 불러 보시기 바랍니다.

> **"잠시 세상에 내가 살면서 항상 찬송 부르다가 / 날이 저물어 오라 하시면 영광중에 나아가리**
> **눈물 골짜기 더듬으면서 나의 갈길 다간 후에/ 주의 품안에 내가 안기어 영원토록 살리로다**
> **나의 가는 길 멀고 험하며 산은 높고 골은 깊어/ 곤한 나의 몸 쉴 곳 없어도 복된 날이 밝아오리**
> **한숨 가시고 죽음 없는 날 사모하며 기다리니 / 내가 그리던 주를 뵈올 때 나의 기쁨 넘치리라**
>
> **<후렴> 열린 천국 문 내가 들어가 세상 짐을 내려놓고/ 빛난 면류관 받아쓰고서 주와 함께 길이 살리"**

5. 떠나갔으나 사랑을 남긴 사람

내가 예수 그리스도의 심장으로 너희 무리를 어떻게 사모하는지
하나님이 내 증인이시니라 (빌립보서 1:8)

보이지 않아도 보임이 있음은
성도님들을 향한 가슴속 그리움입니다.

1. 잊을 수없는 하나님의 사랑과 그 평강을 유지하는 법
2. 사과속에 숨겨진 사과들
3. 북한 동족을 사랑하기 때문에
4. 사랑하는 사람에게 드리는 사랑의 편지
5. 성도님들의 얼굴을 그려보며
6. 사랑의 편지를 기다리며
7. 사랑으로 해야 할 일
8. 여러분은 제 일생의 투자 대상입니다
9. 더욱더 가까워지기 원하며

LOVE IS EXTRAVAGANT

잊을수 없는 하나님의 사랑과 그 평강을 유지하는 법

좁쌀 같은 내가 하나님을 믿는다고 그 분에게 큰 도움이 되는 것이 아니며, 내가 안 믿는다고 그 분의 영광에 손상이 되는 것도 아닌데,

아무것도 아닌 나를 사랑하셔서 죽으시고, 상하시고, 침 뱉음을 당하시고, 가시 면류관을 쓰신 주님...

또한 사랑하는 성도님들이 나 같은 존재를 목사라고 인정하며 따라와 준 일... 이 모든 것이 너무 죄송해서 설교를 하려고 애쓰다가 멈출 수 없는 눈물만 쏟아져서 설교를 마치지 못하고 강단에서 내려왔던 그 주일 예배를 잊을 수 없습니다.

잊을 수 없는 하나님의 사랑과 그 평강, 그 기쁨, 성령 충만함을 지니고 평생을 살고픈 생각은 T.D.(사랑의 불꽃)를 끝마치고 내려온 모든 빼스까도르들의 소원일 것입니다. 그러나 산에서 내려와 보면 언젠지 모르게 그 모든 것들이 사라지는 아쉬움을 어떻게 할 수 없습니다.

어떤 분은 그러한 모든 것이 사라지는 것을 당연지사로 여기고 무

감각하게 지나시는 분이 있는가 하면 또 어떤 분들은 그토록 확실하던 평안과 기쁨과 사랑이 사라질 때 당황하며 안타까워 하시는 분들도 계실 것입니다. 과연 우리가 산상에서 느꼈던 평강과 기쁨은 일시적인 것일까요? 그렇지 않습니다. 성경은 우리들에게 그런 것들을 영구히 지속할 수 있다고 말씀하시며 또 지속하기를 원하고 계십니다.

왜 우리가 체험했던 그 엄청난 기쁨과 평강을 잃어버리게 될까요? 그것은 우리들이 주님보다 세상을 더 사랑하기 때문입니다. 우리가 느꼈던 그 평강과 사랑과 기쁨은 성령님께서 우리 심령 가운데 충만하게 임재 했기 때문에 가능한 것이었습니다.

그러면 육신을 가진 우리가 어떻게 세상보다 주님을 더 사랑할 수 있을까요? 무엇보다도 먼저 확실한 가치관을 확립해야 합니다. 영원을 바라보는 우리들에게 무엇이 더 중요한 지 가치관을 확실하게 확립해야 합니다. 왜냐하면 "밭에 감추인 보화"를 발견한 자만이 기쁨으로 자기 소유를 팔 수 있기 때문입니다.

사과속에 숨겨진 사과들

English

언젠가도 말씀을 드렸지만 우리는 사과 안에 씨앗이 몇 개 들어있는지 세어볼 수 있지만 그 씨앗 속에 사과가 몇 개 들어 있는지는 모릅니다. 한 선교사 훈련생이 헌신했을 때 그를 통하여 얼마나 많은 영혼들이 구원받을지 모른다는 뜻입니다.

어젯밤에는 새벽에 깨어나 잠을 설치게 되어 조금 피곤한 가운데 오전 강의를 마쳤지만 우리가 주님을 기쁘시게 해드리고 하늘나라에 가서 상급을 받기 위하여 속력을 늦추면 안되겠습니다.

제가 고등학교 1학년에 입학한 직후 3학년 선배 한 분을 찾아갔습니다. 제가 존경하는 선배였습니다. 그 선배는 서가에 꽂혀 있는 두꺼운 책 한 권을 꺼내어 들고 다음과 같이 말했습니다.

"이 책은 메들리 삼위일체라는 영어 참고서인데 대한민국의 고등학생치고 이 책을 안 가진 학생이 없을 거야, 그런데 졸업할 때까지 이 책을 다 공부한 학생도 없을 걸"

저는 그 날 집으로 오면서 그 책 한 권을 샀습니다. 그리고 페이지

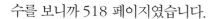

수를 보니까 518 페이지였습니다.

저는 생각했습니다. "하루에 100 페이지씩 공부하면 1주일이면 다 떼겠는데!"

그래서 그날부터 하루에 100 페이지씩 공부하기로 작정했습니다. 그 책은 어떤 문법적인 사실에 대하여 문법과 문장해석 그리고 영작문 세 부분으로 되어 있었습니다. 저는 단어를 다 외우고 문장을 다 외우면 공부한 것으로 여기기로 했습니다. 그날 밤을 꼬박 새워서 100 페이지를 공부했습니다. 엿새 동안 잠을 안 자다시피 공부를 하고 하루를 푹 쉬었습니다. 그리고 다시 시작했습니다. 지난 주에 다 외운 문장인데도 문장들이 전혀 처음 보는 문장 같았습니다. 그래서 이번에도 그 책을 공부하는데 꼬박 엿새가 걸렸습니다. 또 하루를 푹 쉬고 세 번째 그 책을 다시 공부했습니다. 이번에는 그 책에 나오는 문장들이 거의 생각이 났습니다. 나흘 동안에 끝마쳤습니다. 네 번째는 사흘 만에, 다섯 번째, 여섯 번째도 사흘 만에 끝마쳤습니다. 약 한 달 만에 6번을 공부했더니 영어 교과서에 어떤 문장이 있어도 메들리 삼위일체에서 외웠던 예문이 다 기억이 났습니다.

우리는 믿음의 작품을 만들기 위하여 살고 있습니다.

북한 동족을 사랑하기 때문에

북한의 사정에 대하여 말씀을 드리겠습니다. 그곳에서의 앞으로의 사역을 위해서도 모든 것을 있는 그대로 말씀을 드리지 못함을 양해해 주시기 바랍니다. 아직도 외국 여행객들의 활동이 정부의 전적인 통제를 받고 있습니다. 그러나 모든 것이 많이 이완된 분위기입니다.

물론 그들이 환영하는 것은 아니지마는 사리원으로 가는 차 안에서 두 명의 안내원과 한 명의 운전수에게 복음에 대하여 설명을 드리고 또한 공산주의의 맹점이나 모순에 대하여도 장시간 설명을 드렸는데 무표정한 얼굴로 제지하지 않고 다 들어주었습니다. 과거에는 상상할 수 없는 일이었습니다.

식당이나 호텔에서 접대원 동무들의 표정도 굉장히 밝아지고 묻는 말에 대꾸도 잘해주고 아주 친절해졌습니다. 3년 전에 그곳에 갔을 때는 구두를 신은 여성을 발견하기가 드물었는데 지금은 평양거리에 오가는 여성들의 약 3분의 2가 구두를 신고 있었습니다.

이곳에 오면 한 가지 눈에 띄는 것이 있는데 호텔이나 식당에서 일하는 자매들과 일반거리에서 만나는 자매들의 모습이 완전히 다르다

는 사실입니다. 호텔이나 식당에서 접대하는 종업원들은 피부도 희고 생김새도 잘 생긴 편입니다. 그만큼 외부 사람들에게 신경을 쓰고 있다는 증거입니다.

이번에 우리 일행은 평양에 장애자 재활 센타를 건립해 주는 것을 합의하고 돌아왔습니다. 지금 이북에는 장애자들을 위한 시설이 전무하다 시피 없습니다. 심지어 평양의 거리나 공공시설도 장애자들을 위한 편의시설은 전혀 설치되어 있지 않습니다.

그곳의 실무자들과 의논한 결과 먼저 금년 말까지 장애자를 위한 자동차 한 대를 보내어 정부 당국자들의 장애자들에 대한 관심을 불러일으키기 원합니다. 다행히 시내 한복판 편리한 곳에 대지를 허락받아서 설계를 시작하도록 했습니다. 모든 준비가 완료되면 내년 4월이나 10월경에 기공식을 가질 예정입니다.

물론 현재 북한에서 건물을 짓는 것이 쉬운 일은 아니지만 북한 동족들을 사랑하기 때문에 이 일을 꼭 이루어 나가려고 합니다.

사랑하는 사람에게 드리는 마지막 편지

English

오늘 사랑의 편지는 제가 여러분의 목회자로서 여러분에게 드리는 마지막 편지가 되겠습니다.

일반적으로 자식이 부모님의 사랑을 이해하지 못하는 것처럼 성도님들도 여러분을 향한 목사의 사랑을 이해하지 못하는 것 같습니다. 저의 목회 초기에 다음과 같은 일이 있었습니다.

우리 교회에 나오시는 중년 자매님의 사업장에 심방을 갔습니다. 그런데 그 자매님이 다음과 같은 말을 하는 것이었습니다.

"목사님! 저 같은 사람은 기억도 못하시겠지요?"

"자매님을 기억하지 못하면 오늘 왜 심방을 왔겠습니까?"

그래도 그 자매님은 여전히 고집을 피웁니다.

"교회에 그렇게 많은 성도들이 모이는데 목사님이 어떻게 저 같은 사람을 기억하시고 관심을 가질 수 있겠습니까?"

아무리 설득을 해도 안 되기 때문에 저는 그 자매님에게 다음과 같이 말했습니다.

"자매님! 자매님이 42세에 예수님을 영접하고 44세에 신학교에 입학하여 47세에 신학교를 졸업하고 교회를 개척했다면 자매님이 목회하는 교회에 나오시는 성도님 한 분 한 분이 얼마나 소중하고 사랑스럽겠습니까?"

여러분을 향하신 주님의 사랑을 믿으실 뿐만 아니라 담임목사의 사랑도 믿어야 합니다. 저도 여러분을 진심으로 사랑하고 한기홍 목사님도 여러분 한 분 한 분을 진심으로 사랑할 것입니다.

여러분이 여러분을 향한 목사의 사랑을 믿지 못하기 때문에 그 동안 제가 드린 "사랑의 편지"가 사실은 "짝사랑의 편지"가 되고만 것 같습니다. 왜냐하면 제가 매주 "사랑의 편지"를 썼지마는 오늘까지 저에게 답장을 보낸 성도님은 꼭 두 분이 있었습니다.

다음 주 부터는 한기홍 목사님께서 여러분에게 "사랑의 편지"를 써 보내실 것입니다. 우리 성도님들도 한 목사님께 자주 "사랑의 편지"를 써 보내시기 바랍니다. 그것이 목사에게는 얼마나 큰 힘이 되고 격려가 되는지 모릅니다.

저는 앞으로 G.M.I. 코너 난을 주보에 신설하여 G.M.I. 소식을 전할 뿐만 아니라 꺼지지 아니 하는 저의 "짝사랑의 편지"를 대신할 것입니다.

여러분을 진심으로 사랑합니다. 사랑하고 또 사랑할 것입니다.

성도님들의 얼굴을 그려보며

저는 아직도 일본 오사카 신학교에서 강의를 하고 있습니다. 이번에는 한국 T.D.와 오사카 은혜 신학교의 강의 때문에 주일 두 번을 사랑하는 성도님들과 함께 예배를 드리지 못했습니다.

두 주일을 여러분과 함께 예배를 드리지 못했지만 여러분을 보지 못하는 기간이 이번처럼 길게 느껴진 적이 없습니다. 교회를 비운 기간이 1년이나 된 것처럼 느껴집니다. 그렇게도 여러분 한 분 한 분이 보고 싶어집니다. 여러분을 만나면 몸이 으스러지게 꼭 껴안아드리고 싶은 마음뿐입니다. 여러분을 그토록 사랑하며 사모하는 것을 "예전엔 미처 몰랐던" 기분입니다.

사랑하는 우리 성도 여러분! 여러분 한 분 한 분을 정말, 정말 사랑합니다.

원래 오는 금요일 강의를 마치고 토요일 본 교회로 돌아갈 계획이었는데 금요일 강의를 마치자마자 돌아가기 위하여 비행기 스케줄을 하루 앞당겼습니다. 그리고 4월 달에 두 주간 이스라엘을 방문할 예정이었는데 그 스케줄도 취소를 했습니다. 이제 교회로 돌아가면 사랑하는 우리 성도님들을 위하여 더욱 더 열심히 섬길 작정입니다.

이곳 일본 신학교에는 학생이 8명밖에 안되지만 우리 학생들이 열심히 공부하고 있습니다. 오사카만 하더라도 전통 일본 신학교 네 군데

가 금년에 문을 닫았다고 합니다. 그 만큼 일본 선교는 힘든 것입니다.

그 가운데서도 우리 신학교에 8명의 신입생이 들어온 것은 기적과 같다고 합니다. 그런데 감사한 것은 제3기에 들어올 학생들은 이미 15명이 확보되어 있다는 것입니다.

우리 성도들에게 중요한 것은 일이 잘 되느냐 잘못되느냐가 문제가 아니라, 그 일이 힘이 드느냐 쉬우냐가 문제가 아니라, 주님의 뜻이면 그 길로 가야 한다는 사실입니다. 주님께서는 말씀하시기를 작은 일에 충성할 때 큰 것을 맡기 시겠다고 하셨습니다.

우리는 주님의 가장 큰 뜻이 주님의 지상명령인 것을 잘 알고 있습니다. 그렇기 때문에 그 일이 힘들거나 수월하냐에 관계없이, 열매를 많이 맺느냐 맺지 못하느냐에 관계없이 그 길로 가야만 하는 것입니다.

주님의 지상명령을 수행하는 구체적인 방편이 바구니 작전(Basket Operation)임을 기억하시고 오이코스 전도와 가정교회에 충실해 주시기 바랍니다.

사랑의 편지를 기다리며

English

선교지에 나가면 으레 생각나는 일이 있습니다. 기다려주는 사람이 있는 것과 기다려지는 사람이 있는 것 가운데 어떤 것이 더 가슴이 설레이며 즐거운 일일까?

저의 경우에는 기다려지는 사람이 있는 것이 훨씬 더 가슴 설레이며 즐거운 일입니다. 저는 선교지에 가서 사역하다가 본 교회로 돌아올 때 그 설레임, 그 기쁨을 맛보기 때문에 얼마나 가슴 설레여지는지 모릅니다. 그토록 여러분은 저에게 소중한 분들인 것입니다. 여러분을 생각할 때마다 저는 마치 첫 사랑할 때로 돌아가는 기분입니다. 결코 과장된 표현이 아닙니다.

그런데 여러분이 그 누구를 사랑하시게 되면 사랑하는 그 사람의 사랑을 받아보고자 하는 간절한 소망이 생깁니다. 저도 마찬가지입니다. 여러분의 사랑을 받아보는 것이 가장 바라는 일입니다. 여러분의 사랑을 받는 길은 바로 여러분의 사랑의 편지를 받아 보는 것입니다.

제가 앞으로 6월 말까지는 여러분을 개인적으로 심방하며 대화를 나누기가 힘들 것 같습니다. 왜냐하면 수술과 키모 테라피(약물치료) 때문에 작년 5월부터 선교지에서 제가 해야 할 일들이 많이 밀려있기 때문입니다. 그렇기 때문에 여러분과 대화할 수 있는 길이 바로

여러분의 “사랑의 편지”를 받아 보는 것이 유일한 길일 것 같습니다.

여러분의 성장 과정, 현재의 처지, 신앙 배경, 당면한 문제, 기도제목, 신앙상담 등 무엇이라도 좋습니다.

편지를 보내실 때는 꼭 사진을 동봉해 주시기 바랍니다. 어떤 성도님들은 생각합니다.

“나 같은 사람에게 목사님이 무슨 관심이 있으며 나 같은 사람이 편지하거나 찾아뵙는 것은 오히려 바쁘신 목사님에게 폐가 되지 아니할까?”

그렇지 않습니다. 여러분이 42세에 주님을 영접하고 44세에 신학교에 들어가서 47세에 교회를 개척하고 22년 목회 후에 은퇴를 하고 한국에 나와서 마지막 사역을 한다고 가정해 보십시오.

여러분이라면 다시 개척한 교회에 나오시는 성도님들이 얼마나 귀중하고 사랑스럽겠습니까?

성도님들이야말로 나의 기쁨의 원천이요 소망의 대상인 것입니다. 사랑합니다.

사랑으로 해야 할 일

English

현대를 살고 있는 많은 믿음의 사람들이 "내가 어떻게…"라는 위축과 위기에서 도전하기 보다는 편안한 삶에 안주하기를 원하고 있는 가운데에서 자신을 바라보지 아니하고, 주님의 약속을 의지하고, 선교사에 도전하려는 귀한 15명의 지망생들을 맞이할 수 있게 된 것에 감사를 드립니다.

제게 이 날이 참으로 뜻 깊은 이유는 제가 한국에 나온 목적 중 한 가지를 이루는 날이기 때문입니다. 다시 한번 제가 한국에 나와 있는 목적 두 가지를 말씀드리고 여러분의 간절한 기도와 후원을 부탁드리기 원합니다.

첫째, 어떻게 하면 우리나라에 하나님의 축복이 임하게 할 것인가?

둘째, 어떻게 하면 우리 민족을 하나님의 축복을 감당할 수 있는 백성으로 만들 것인가?

우리나라에 하나님의 축복이 임하시게 하는 길은 바로 우리 한국 교회가 올바르게 선교를 하게 하는 것입니다. 이 말세에 하나님께서는 우리 민족을 선교 대국으로 쓰시기를 원하시고, 이 민족을 선교의 선두주자로 쓰시기 위해서는 반드시 이 민족을 축복하셔야 하기 때문입니다. 이러한 사실은 교회사 2,000여 년을 통하여 이미 증명된 사실입니다. 또한 선교사 훈련원을 통하여 저는 한국교회에 선교에 대한 올바른 지식을 가르치고, 열매 맺는 선교사를 양육하는 일에 힘써 왔습니다.

이 활동들은 활동 자체를 이해한다고 하여 올바르게 실시할 수 있는 것이 아닙니다. 이에 대한 철저한 이해와 그것을 수행하고자 하는 강렬한 동기부여가 있어야 하고, 또한 이를 추진할 수 있는 영감과 영력, 또한 따를 수 있는 신앙인격이 갖추어져야 하며, 깊은 기도와 성령 충만, 올바르고도 강력한 하나님의 말씀선포가 있어야만 합니다.

뿐만 아니라 이상과 같은 많은 요인보다 더욱더 중요한 것은 먼저 사랑을 베푸는 것입니다. 사람을 키우기 위하여는 지식을 가르치는 것으로는 부족합니다. 사랑은 배우는 말씀을 잘 듣게 하는 확성기와도 같습니다. 사람을 가르치는 자가 자기들을 사랑하고 있다는 것을 알고 그들도 가르치는 사람을 사랑할 때만이 가르치는 말을 100% 알아듣기 때문입니다.

이 모든 것은 하루아침에 갖추어지는 것도 아니며 몇 년 만에 달성될 수 있는 것도 아닙니다. 평생을 투자하는 사역이 되어야하는 것입니다. 더더욱 값진 일은 그 모든 일을 사랑으로 하는 것입니다.

여러분은 제 일생의 투자 대상입니다

"우리가 너희 믿음을 주관하려는 것이 아니요 오직 너희 기쁨을 돕는 자가 되려 함이니 이는 너희가 믿음에 섰음이라"(고후 1: 24)

저는 목회를 하며 여러분의 믿음을 주관하려는 생각을 해 본적이 없습니다. 왜냐하면 제가 여러분을 주관하면 주님께서 여러분을 주관하지 못하시기 때문입니다. 그렇기 때문에 제가 세우는 모든 목회 계획은 여러분의 믿음을 주관하기 위한 것이 아니라 여러분이 참으로 기뻐하시는 것을 돕기 위한 것입니다.

똑같이 여러분에게 기도를 강요해도 여러분의 믿음을 주관하기 위하여 하는 말과 기도를 열심히 하는 것이 여러분이 진정한 기쁨을 느낄 수 있는 길이기 때문에 강조하고 권면하는 말은 전혀 다른 것입니다.

목회자는 크게 두 가지 유형으로 나눌 수 있는 것입니다.

첫째는 자신의 사역을 위하여 성도들을 이용하려는 목회자요,

둘째는 성도님들을 위하여 자신의 사역을 이용하려는 목회자입니다.

저도 부족한 것이 많은 목회자이지만 한 번도 나의 사역의 성공을 위하여 여러분을 이용한다는 생각은 해 본적이 없습니다. 왜냐하면

저에게는 사역의 성공보다는 여러분이 더욱 귀하기 때문입니다.

우리 교회가 개척초기에 세계 선교를 시작할 때 저는 여러 번 우리 성도님들에게 다음과 같이 호소한 적이 있습니다.

"제가 아프리카에서 죽어 가는 영혼들이 불쌍해서 선교를 하자고 할까요? 혹은 여러분을 사랑하기 때문에 선교를 하자고 할까요? 제가 아프리카에서 죽어 가는 영혼들이 더 귀하게 여겨지면 저는 당장 보따리를 싸서 아프리카로 떠날 것입니다. 저는 목회자입니다. 저에게는 여러 성도님들이 더 귀하게 여겨지기 때문에 선교를 하자는 것입니다."

여러분에게 오이코스 전도를 강권하는 이유도 그것이 바로 여러분을 위하는 길이기 때문임을 기억하시기 바랍니다. 여러분에게 "온전한 성결과 전적인 헌신"을 강조하는 것은 여러분을 사랑하기 때문임을 꼭 기억하시기 바랍니다. 저에게는 여러분이 저의 삶과 동일함을 꼭 기억하시기 바랍니다.

저는 주님을 만나기 전의 저의 삶을 삶으로 취급하지 않고 있습니다. 그렇기 때문에 여러분은 제가 저의 일생을 투자한 사랑의 대상임을 꼭 기억하시기 바랍니다.

더욱더 가까워지기 원하며

오래 전에 우리 집 사람은 자주 저에게 말했습니다. "가까이 하기에는 너무나 먼 당신." 저는 처음에 이 말을 들을 때 우리 집사람이 저를 존경해서 하는 말인 줄 알고 꽤 우쭐하게 여겼습니다. 그런데 그 이유를 알고 보았더니 제가 배가 너무 나와서 아무리 안아 보려고 해도 안아지지 않고, 또한 안아도 얼굴을 맞대기가 너무 힘들어서 하는 말이었습니다.

사랑하는 성도 여러분!

"가까이 하기에는 너무나 먼 목사님" 이것은 아마도 여러분들이 공통적으로 느끼는 부족한 종에 대한 인상인 것 같습니다. 저는 원래 사람을 굉장히 좋아한다기 보다는 뼈저리게 그리워하는 그런 사람이요, 목회자였습니다. 아마도 이것은 어린 시절부터 가정을 떠나 혼자 자라오면서 제가 가지게 된 하나의 강박관념인지도 모릅니다. 저는 원래 사람들을 만나 이야기를 하며 교제를 하게 되면 밤새는 줄을 모르는 그런 사람이었습니다. 그래서 아마도 교편생활을 할 때 학생들을 그렇게도 가까이하며 함께 뒤섞일 수 있었던 것 같습니다.

저는 목회를 처음 시작할 때 교인들에 대하여도 동일한 꿈을 가졌고 또한 실제로 그렇게 목회생활을 한 것 같습니다. 그런데 주님은 몸 된 교회가 자라기를 원하시고 또한 교회를 통하여 그 복음이 세계만방에 전파되기를 바라심을 깨닫고, 또한 우리 성도님들에게 가장

좋은 목회자는 우리 성도님들이 주님의 심판대 앞에 설 때 가장 많은 상급을 받게 하는 목회자임을 깨닫고 저는 사실상 교인들과 개인적인 사귐을 갈망하는 나의 마음을 희생시킬 수밖에 없었던 것입니다.

그러나 결과적으로 우리 성도님들에게는 "가까이 하기에는 너무나 먼 목사님"이 되어버려 성도님들 개개인과의 만남이 끊어져 있는 상태가 되어 버리고 만 것입니다. 물론 목회학에서는 담임목사가 성도 개개인과 만남을 갖는 것이 아니라 그룹지도자, 가정교회 목자, 전도사님, 부목사님, 장로님들을 통하여 성도님들과 개인적인 관계를 맺도록 되어 있습니다. 그렇지 않고는 주님께서 원하시는 교회 성장이 한계가 있기 때문입니다.

부족한 종은 항상 우리 성도님들과의 보다 친근한 관계 맺기를 원했고, 또 원하고 있습니다. 사랑의 불꽃 또는 단기선교로, 교회의 많은 프로그램을 통하여 성도님들을 만날 수 있지만 개인적으로 만날 수 없는 교우들도 많이 있습니다.

가능한 시간이 있을 때 편지를 보내주시면 좋겠습니다. 쓰셔서 우송하셔도 좋고, 사역자 등 인편에 보내주셔도 좋습니다. 제 사무실에 가져다주셔도 좋습니다. 내용은 가족소개, 지나온 과거, 믿음생활에 대한 이야기, 또한 저에게 개인적으로 하고 싶은 이야기, 꼭 필요한 기도제목 등등을 재미있게 쓰실 수 있으리라 생각됩니다. (간단하게)

여러분을 개인적으로 더 잘 알게 되며 여러분의 아픔에 함께 동참하며, 여러분의 기쁨에도 함께 동참할 수 있으리라 믿습니다.

그런데 한 가지 더 부탁할 것은 여러분의 가족사진을 (얼굴을 잘 식별할 수 있을 정도의 크기) 꼭 동봉해 주시면 누가 누군지를 보다 잘 알 수 있을 것 같습니다. 그리고 사진은 제가 보관하겠습니다.

부족한 종이 여러 성도님들과 함께 더욱더 가까워질 수 있기를 원합니다.

6. 항상 기도하는 삶이 되기 위해

너희가 내 안에 거하고 내 말이 너희 안에 거하면 무엇이든지
원하는 대로 구하라 그리하면 이루리라 (요한복음15:7)

기도는 하나님과의 긴밀한 대화입니다
기도는 하나님의 보고를 여는 열쇠입니다.

1. 회막으로 나아가자
2. 새벽기도에 대하여
3. 하나님 앞의 기도는 겸손함의 표시입니다
4. 철저한 기도 생활을 부탁드리며
5. 성도를 향한 목회자의 기도 목록
6. 하나님께로 더 가까이 나아가는 기회 (제33회 산상기도회)
7. 목요 종일 기도회
8. 영적 무기력을 벗어나는 길
9. 영적 무기력을 경계하며…
10. TV 금식을 끝내며
11. 교회와 목회자를 위한 중보기도를 부탁하며...
12. 우리의 묵은 땅을 기경하는 기도회 (제 32회 산상기도회)

LOVE IS EXTRAVAGANT

회막으로 나아가자

우리 교회가 "기초가 튼튼한 교회"가 되기 위한 첫 단추는 바로 기도입니다. 여러번 말씀드렸듯이 기도가 앞서지 않는 부흥은 참된 부흥이 될 수 없고 기도가 선행하지 않는 변화는 참된 변화가 될 수 없기 때문입니다. 기도가 없는 성도가 참된 성도가 되지 못하며 기도가 없는 교회도 참된 교회가 될 수 없습니다. 지난 주에는 주중에도 오전에 교회에 나아와 주님 앞에 무릎꿇고 애통하며 기도하는 성도님들을 만날 수 있었습니다. 인원은 많지 않았지만 그들의 뜨거운 기도가 전 교인의 기도운동의 씨앗이 될 것을 믿어 의심치 않습니다.

주님은 우리들에게 적어도 한 시간 이상 기도하기를 바라십니다.

마태복음 26장 40절 말씀을 읽어보겠습니다.

"제자들에게 오사 그 자는 것을 보시고 베드로에게 말씀하시되 너희가 나와 함께 한 시간도 이렇게 깨어 있을 수 없더냐"

여기서 한 시간은 60분을 뜻합니다. 주님께서 한 시간 이상의 기도를 요구하시는 데는 그 이유가 있습니다. 기도는 비단 우리들에게 필요한 것을 얻기 위하여 할 뿐만 아니라 그 이외도 많은 이유가 있기 때문입니다.

첫째는 영감을 키우기 위하여 집중적인 장시간의 기도가 필요합니다. 우리는 영감이 있어야 성령님의 인도하심을 받을 수 있는데 영감은 장시간의 집중적인 기도에 의해 길러질 수 있습니다.

둘째는 영력을 기르기 위하여 장시간의 집중적인 기도가 필요한 것입니다. 능력이 곧 기독교 신앙은 아니지만 기독교는 능력입니다. 능력 있는 신앙생활을 위하여 영력이 필요한데 그 영력도 역시 장시간의 집중적인 기도로 가능한 것입니다.

셋째는 하나님의 음성을 듣기 위하여 필요합니다. 우리 인간이 외부로부터 듣는 음성이 세 가지입니다. 첫째, 육체적인 소리, 귀로 듣는 소음뿐만 아니라 육체로 느끼는 모든 감각도 여기 포함이 됩니다. 둘째, 정신적인 소리 대화할 때 듣는 말 책을 읽거나 하면서 느끼는 것도 여기에 포함이 됩니다. 셋째, 영의 소리인데 즉 성령을 통한 하나님의 음성입니다.

일상생활 가운데 우리는 육체적인 소리, 정신적인 소리가 우리가 청취할 수 있는 용량의 100%를 채워버리기 때문에 하나님의 음성을 듣는다는 것이 거의 불가능합니다. 그런데 우리가 장시간의 집중적인 기도를 드릴 때 점차적으로 육체적인 소리, 정신적인 소리가 차단이 되면서 영의 소리를 듣는 용량이 생기는 것입니다. 기도를 많이 하는 성도님들이 하나님의 음성을 듣는 이유가 여기 있습니다.

여러분은 교회에서 마련한 기도의 자리로, "회막"으로 나오시며 동시에 자신의 삶 속에 "자신의 회막"을 만드시기를 부탁드립니다.

새벽기도에 대하여

시편 23편은 다윗이 쓴 시입니다. 다윗은 목동으로 자란 사람입니다. 그는 목자와 양의 관계를 너무나 잘 아는 사람이었습니다. 하나님과 자신의 관계를 목자와 양의 관계로 읊은 시가 시편 23편입니다.

시편 23편 1절에서 다윗은 다음과 같이 선포합니다.

"여호와는 나의 목자시니 내가 부족함이 없으리로다."

다시 말하면 하나님이 목자가 되시기 때문에 나에게는 어떤 다른 것도 필요하지 않다는 뜻입니다. 2절과 3절에서 여호와가 나의 목자이시기 때문에 다른 어떤 것도 필요 없는 이유 네 가지를 들고 있습니다.

그 첫 번째 이유가 "그가 나를 쉴만한 물 가로 인도하신다." 라고 고백하고 있습니다. 주님이 나를 잔잔한 물가로 인도하시기 때문에 내게는 다른 어떤 것도 필요하지 않다고 고백하는 이유가 있습니다. 원래 양의 몸은 70% 이상이 수분으로 되어있다고 합니다. 그런데 양은 그 털을 써야 하기 때문에 주로 건조한 곳에서 기르게 됩니다. 그렇기 때문에 양에게는 수분 공급이 너무나 필요합니다.

선한 목자가 양떼에게 수분을 공급하는 방법이 세 가지가 있습니다.

목장에 풀을 잘 키워서 이른 새벽이슬이 맺힌 풀을 뜯게 하므로 수분을 취하게 하는 것입니다. 이것은 우리 주님께서 새벽기도를 통하여 은혜 주시는 것을 뜻합니다.

두 번째는 목자가 양떼를 위하여 일부러 판 우물에서 물을 길어 양떼들에게 먹입니다. 일부러 판 우물이란 주님의 십자가 사건을 말합니다.

세 번째로 선한 목자는 양떼를 잔잔하게 흐르는 물 가로 인도하여 물을 마시게 하는 것입니다. 잔잔한 물가란 깨달음 속에 역사하시는 성령님의 역사를 뜻합니다.

우리 사람들도 양떼와 마찬가지로 언제나 영적인 갈급함 때문에 고통을 당합니다. 그러나 우리가 새벽 일찍 일어나서 기도할 때 우리 영혼이 만족을 얻게 됩니다. 새벽을 깨우며 교회에 와서 부르짖고 기도하는 것이 결코 쉬운 일은 아닙니다. 그러나 우리 성도님들이 기억할 것은 갈라디아서 5:17 말씀입니다.

> **"육체의 소욕은 성령을 거스르고 성령의 소욕은 육체를 거스르나니 이 둘이 서로 대적함으로 너희의 원하는 것을 하지 못하게 하려 함이니라."**

우리 육신은 끊임없이 쉬기를 원하고 성령님은 우리가 아침 일찍 일어나서 기도하기를 원하십니다. 그런데 우리가 성령님의 소욕을 따라 일찍 일어나는 것은 육체적으로는 힘들게 되어 있습니다. 비록 육체적으로는 힘들지만 새벽 일찍 일어나서 기도를 쌓을 때 성령님께서 우리 속에 충만하게 거하시며 그 분이 우리의 삶을 형통케 하시는 것입니다.

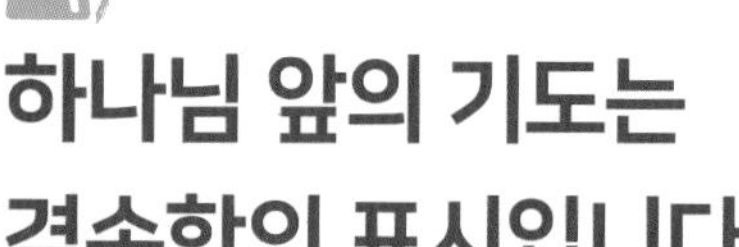

하나님 앞의 기도는 겸손함의 표시입니다

English

오늘도 저의 마음속에는 내일의 우리 은혜교회에 대한 영롱한 꿈이 무르익어 가고 있습니다. 정말 주님이 기뻐하시는 교회, 주님의 뜻을 따라 열매 맺는 교회, 많은 영혼들이 구원을 받고 양육되는 교회, 성도님들의 삶이 행복해지는 교회, 이러한 꿈과 비전을 주신 주님께 감사드립니다. 이 꿈들이 열매 맺기 위하여 꼭 선행되어야 할 조건들이 몇 가지 있습니다. 그 중에 가장 중요한 두 가지가 기도운동과 전도운동입니다. 그 중에서도 먼저는 기도운동입니다. LA은혜교회에서는 100일 작정 기도회를 시작하여 매일 저녁 많은 성도님들이 참여하고 있다는 기쁜 소식을 들었습니다.

우리는 기도가 모든 것의 열쇠요, 모든 것의 해답이라는 것을 잘 알고 있습니다. 기도는 우리의 삶이 되어야 하며, 우리의 삶이 기도가 되어야 합니다. 성경은 우리들에게 "쉬지 말고 기도하라" "무시로 기도하라"고 말씀하고 계시며 그것은 기도야말로 하나님 앞에 겸손한 사람의 자세이기 때문입니다. 기도야말로 주님과의 교제의 시작이요 축복의 첫 걸음입니다. 기도야말로 성령 충만을 유지하기 위하여 없어서는 안 될 필요조건입니다. 기도는 나의 삶 속에 주님의 기적을 불러들이는 통로이기도 합니다. 기도는 주님의 보고를 여는 열쇠와도 같은 것입니다. 기도야말로 성도의 성결 생활을 유지하는 첩경이 되기도 합니다. 기도야말로 우리 영이 주님 계신 천국을 향하여 뻗쳐 있는 안테나와 같습니다. 우리 성도님들의 삶 가운데 기도를 위하여

일생을 바치리라는 각오가 있기까지는 주님이 약속하신 참다운 기쁨과 평강을 맛 볼 수가 없는 것입니다.

동시에 기도는 힘든 것입니다. 그래서 어떤 사람은 기도는 노동이라고도 말했습니다. 기도는 왜 그렇게 힘든 것일까요? 그것은 그만큼 값진 것을 받기 위하여 치르는 대가와도 같은 것이기 때문입니다. 우리가 귀중한 것을 손에 넣기 위하여 많은 돈을 지불해야 하는 것처럼 값지고 영원한 것을 얻기 위하여 우리는 힘든 기도를 지불해야하는 것입니다.

우리 성도의 삶에 기도가 이처럼 중요한 것을 알면서도 우리는 기도에 너무 인색한 것 같습니다. 저도 신앙초기에 성령을 받은 다음 온 마음과 힘을 다하여 하루에 몇 시간씩 기도했기 때문에 그것이 타성처럼 몸에 배어 있습니다. 지금도 기도는 하고 있지만 기도 속에 주님을 사모하는 마음, 주님의 은혜를 갈망하는 마음, 주님 앞으로 가까이 나아가려는 열망이 빠져 버린 기도생활을 하고 있는 것은 아닌지 자신을 돌아보게 됩니다. 주님을 사모하는 뜨거운 마음이 없이 하는 기도는 아무리 오래하더라도 그것은 또 다른 자기의 의가 될 뿐이지 참된 경건 생활에는 아무런 도움이 되지 않을 것입니다.

기도하는 가운데 자신의 영적상태가 현저하게 달라지는 것을 느낄 수 있을 것입니다. 은혜교회의 모든 성도님들은 현재 기도의 필요성을 머리로 알 뿐만 아니라 심장으로 느끼고 있습니다. 역시 기도는 기도로 뚫는다는 말씀이 맞는 것 같습니다. 여러분의 기도생활을 돕기 위하여 100일 기도회가 시작되었습니다. 자신의 영적 상태를 돌이키고 또 물질로 주님을 섬기기 위하여 힘쓰고 계신 우리 은혜 성도님들, 100일 기도회에 적극 참여하시기 바랍니다. 자신의 영이 살아 움직임을 금방 느끼게 될 것입니다. 우리가 영적으로 사는 것만이 하고 있는 사업이 번창하고 육체도 강건하게 되는 비결입니다. 올바른 신앙을 가지고 기도생활에 시간을 투자하는 우리 성도님들 되시기를 주님의 이름으로 축원합니다.

철저한 기도 생활을 부탁드리며

기도의 첫 번째 목적은 우리가 필요로 하는 것을 하나님으로부터 얻기 위함입니다. 즉 우리의 기도는 하나님의 보고를 여는 열쇠이기 때문입니다.

둘째는 우리의 영감을 키우기 위함입니다. 우리 신앙생활은 영감으로 충만해야 합니다. 왜냐하면 우리는 영감으로 주님의 음성을 듣고 성령님의 도우심을 받아야 하기 때문입니다.

셋째는 우리들의 영력을 키우기 위하여 장시간의 기도가 필요합니다. 우리 성도님들은 능력이 있어야 하는데 우리의 영력은 장시간의 기도를 통하여 길러집니다.

넷째는 주님의 음성을 듣기 위하여 장시간의 기도가 필요합니다.

다섯째는 나 자신을 알기 위하여 역시 장시간의 기도가 필요한 것입니다. 장시간의 기도가 없이는 우리는 우리 자신을 정확하게 알 수 없는 것입니다.

한 시간 이상의 장시간 기도를 어떻게 할 수 있을까요?

주님께서는 우리들에게 "주님의 기도"를 모형으로 보여주신 것입니다. 주님께서 가르치신 기도는 여섯 단계로 나누어집니다.

첫 단계는 “하늘에 계신 우리 아버지”로부터 “이름이 거룩히 여김을 받으시오며”인데 이 부분은 경배의 단계입니다.

두 번째는 “나라이 임하옵시며”로부터 “하늘에서 이루어지이다”까지인데 이 단계는 헌신의 단계라고 부릅니다.

셋째는 “일용할 양식을 주옵시며”인데 이 단계는 간구의 단계라고 부릅니다.

넷째는 “우리가 우리에게 죄 지은 자를”로부터 “우리의 죄를 사하여 주옵시고”인데 이 단계는 교제의 단계입니다.

다섯째는 “시험에 들게 하지 마옵시고”로부터 “악에서 구하옵소서”인데 이 부분은 영적전투의 단계입니다.

여섯째는 “대개 나라와 권세”에서 “영원히 있사옵나이다”입니다. 이 부분은 다시 경배의 단계입니다.

하나님으로부터 필요한 것을 받으려면 먼저 하나님과 정상 관계가 되어야 하는데 정상관계를 이루려면 먼저 우리 하나님을 온전히 경배하며 또한 하나님 앞에 헌신이 될 때 가능한 것입니다. 하나님으로부터 용서를 받으려면 우리가 먼저 우리들에게 잘못한 이웃을 용서하는 것이 선결 조건입니다.

이 세상은 사탄마귀의 조직인데 이러한 세상에서 우리가 삶을 살기 위해서는 반드시 우리가 하나님의 전신갑주(진리의 띠, 의의 흉배, 평안의 신발, 믿음의 방패, 구원의 투구, 성령의 검)를 입어야 합니다.

성도를 향한 목회자의 기도 목록

인간사회는 언제나 갈등과 알력으로 시달려 왔습니다. 그런데 갈등과 알력 가운데는 오해로 말미암은 경우가 꽤 있을 줄 압니다. 그러한 오해를 하게 되는 이유는 "나의 마음을 가지고 남의 마음을 판단하는" 잘못된 습관 때문입니다. 그러나 꼭 기억할 것은 "나의 마음"과 다른 마음도 있을 수 있다는 사실입니다. 목회자의 심정은 언제나 "어떻게 하면 우리 성도님들에게 가장 좋은 목회자가 될 수 있을 것인가"하는 것입니다. 저는 처음 목회를 시작할 때를 회상해 봅니다. 저는 참으로 성도님들을 위해 가장 좋은 목회자가 되기를 원했습니다. 그 당시 제가 내린 결론은 우리 성도님들이 그리스도의 심판대 앞에서 상급을 많이 받게 하는 목사가 되는 것이었습니다.

교회가 하는 모든 일이 바로 "나"를 위한 것이라는 새로운 안경을 쓰시고 교회가 하는 일이나 혹은 다양한 프로그램을 한번 바라보시기 바랍니다. 그럴 때 비로소 우리 교회가 실시하는 모든 프로그램이 어떻게 "나"를 위한 것이 되며, 또한 "나"에게 유익한 프로그램인지 눈에 뜨이게 되고 또한 교회의 다양한 프로그램에 적극 참여하게 될 것입니다.

제가 매일 기도할 때 우리 성도님들을 위한 기도제목이 있습니다.

첫째, 주님께서 우리 성도님들에게 신령한 축복을 주셔서 우리 성도님들 마음속에 신령한 기쁨과 평강이 충만하도록.

둘째, 우리 성도님들의 육체도 강건하게 붙들어 주셔서 한 사람도 병약하지 않도록.

셋째, 우리 성도님들의 가정에 주님의 평강과 사랑이 충만하여 가정에 알력이 없도록.

넷째, 우리 자녀들이 오늘도 악한 세상에 발을 딛지 아니하고 믿음과 말씀과 기도 가운데 자라서 하늘나라를 위해서나 이 땅을 위해서나 없어서는 안 될 큰 인물이 되도록.

다섯째, 우리 성도님들의 사업이나 직장에 주님의 축복이 임하셔서 물질적으로 어려움을 당하는 성도가 한 사람도 없도록.

여섯째, 세상물질을 성도들에게 넘겨주시겠다는 주님의 약속의 말씀이 우리 성도님들에게 이루어져서 우리 성도님들 가운데서 세계적인 기업가, 국제적인 재벌들이 나올 수 있도록.

일곱째, 우리 성도님들이 주님의 뜻을 깨닫고 오이코스 전도에 발을 떼고 가정교회에 충실하도록.

오늘 제가 이러한 글을 쓰고 있는 이유는 여러분 가운데서도 같은 것을 구함으로 부족한 종의 기도가 여러분들 가운데서 이루어지기를 간절히 바라는 마음 때문입니다. 저는 오늘도 저 천국에서 여러분의 머리에 씌워질 면류관을 생각하며 기도합니다.

진심으로 성도 여러분을 사랑합니다.

하나님께로 더 가까이 나아가는 기회 (제 33회 산상기도회)

우리 은혜교회 산상 기도회는 5월 달 메모리얼 데이 연휴와 9월 달의 레이버 데이 연휴에 은혜 기도원에서 열렸습니다. 기도원에 대형 천막을 치고 3,000여 명 이상이 모이는 천국 잔치였습니다. 날씨는 덥고 집회 장소나 잠자리는 열악하지만 성령님의 역사가 뜨겁게 일어나는 집회였습니다. 많은 성도님들이 은혜교회 산상기도회를 통하여 성령을 받고 은사도 받으며 병 고침도 받았습니다. 그런데 카운티에서 산불의 위험성 때문에 허가를 해 주지 않아서 요즈음은 부득불 본교회에서 산상 기도회를 진행하고 있습니다.

산상집회는 성도님들의 부흥을 위하여 계획되고 또 진행되고 있습니다. 그런데 "부흥"의 참 뜻이 무엇일까요? 저는 부흥을 "하나님 앞에 나아가는 것"이라고 정의하고 싶습니다. 우리는 은혜를 뜨겁게 받은 다음에도 우리의 심정이 하나님으로부터 멀어지게 되어 있습니다. 그것은 우리들이 마귀가 왕 노릇 하는 세상 조직 가운데 발을 딛고 살고 있기 때문입니다.

그렇기 때문에 이스라엘 백성들이 먼지 투성이의 길을 다니다가. 그것도 샌달을 신고 다니다가 집에 돌아오면 발을 씻는 것처럼 우리

성도님들도 때때로 영적인 발씻음을 위하여 부흥회가 필요한 것입니다. 기도를 더 열심히 하는 것. 성경말씀을 보다 열심히 읽는 것. 혹은 전도를 열심히 하는 것 등등은 바로 우리의 심령 가운데 부흥이 일어났을 때, 다시 말하면 우리의 심령이 주님 앞에 나아갔을 때 자연히 일어나는 결과인 것입니다.

우리 성도님들이 이번 산상 집회를 자신을 위하여 가장 보람있게 이용하는 길은 바로 여러분들이 하나님께로 더 가까이 나아가기 위하여 힘을 쓰고 애를 쓰는 것입니다. 하나님 앞에 더 가까이 나아가기 위한 열망을 품고 집회에 참여하며 하나님 앞으로 더 가까이 나아가기 위하여 찬양도 드리며 기도하며 말씀도 듣고 헌금도 하시기 바랍니다.

우리 한 사람, 한 사람의 심령이 부흥되며 이로 말미암아 우리 교회의 참된 부흥이 일어나기를 소원하고 있습니다. 또 우리가 그렇게 하므로 새 성전에 들어갈 준비가 다 갖추어지게 될 것입니다. 이번 기회가 우리 개인이나 가정교회 또한 교회 전체의 부흥을 위한 절호의 기회로 아시고 함께 하나님 앞으로 나아가기를 주님의 이름으로 축원합니다.

목요 종일 기도회

우리를 사랑하시는 하나님의 심정을 깨닫지 못하면 하나님의 말씀을 아무리 읽어도 그 뜻을 깨달을 수가 없는 것입니다. 마찬가지로 여러분들을 향한 목회자의 사랑을 이해하지 못하시면 여러분의 목사가 하는 일도 깨달을 수가 없는 것입니다.

목회자는 여러분들을 섬기기 위하여 존재합니다. 목회자에게는 여러 성도님들이 너무나 귀중합니다. 목회자는 시공을 초월하지 못하기 때문에 그 사랑을 여러분들에게 다 표현하지 못하지만 여러분 한 분 한 분을 진심으로 사랑합니다. 그러나 성도님들 가운데에 이 많은 성도님들 중에 목사님이 나를 얼마나 귀하게 여길 것인지 의문을 갖는 분을 만납니다. 목회자 곁에 가까이 오지 못하는 성도님을 볼 때마다 얼마나 안타까운지 모르겠습니다. 우리 성도님들은 여러분의 목회자에게 여러분 한 분 한 분이 얼마나 귀중한 분들인지 목회자의 심정을 이해할 수 있기를 바랍니다. 그런 안목으로 교회에서 하는 일을 볼 때 왜 교회에서 그러한 일을 계획하는지 깨달아지는 것입니다.

우리 개인의 신앙생활이나 교회생활에서 기도의 중요성은 아무리 강조하더라도 지나친 강조가 될 수 없습니다. 충분한 기도가 없이는 하나님과 나 사이의 관계가 정상화 될 수 없고 충분한 기도가 없이는 하나님의 축복을 받을 길도 없는 것입니다.

물론 우리 성도님들 가운데는 홀로 버려 두어도 기도를 많이 하는 성도님들이 있습니다. 그러나 모든 성도님들이 그런 것은 아닙니다. 여러분들에게 기도할 수 있는 기회를 만들어 드려야만 기도가 가능한 분들도 많이 있습니다. 뿐만 아니라 똑 같은 기도를 하더라도 우리는 모두 기도하는 그 곳의 분위기에 영향을 받습니다. 또한 성도님들이 함께 모여 기도하는 것을 하나님께서는 기뻐하십니다. 사실 교회의 힘은 우리가 함께 모여 기도할 때 생깁니다. 교회 안에 성령님의 역사도 우리가 함께 모여 기도할 때 더 쉽게 일어납니다.

이러한 이유 때문에 본 교회에서는 목요 종일 기도회를 마련했습니다. 목요 종일 기도회를 만든 목적은 여러분이 교회에 나와서 종일 기도하시거나 혹은 1시간 15분 동안 기도하게 만드는 것이 목적이 아닙니다. 목요 종일 기도회를 만든 목적은 여러분들이 목요일에는 한 시간이 나든, 30분이 나든, 아니 15분이 나더라도 교회에 가면 기도할 수 있게 하기 위한 것입니다.

우리가 목요일 하루 동안 단 10분이나 15분의 시간이 나더라도 그 시간을 아무 하는 일 없이 낭비하는 것보다는 교회에 와서 기도할 수 있다면 그것이 얼마나 여러분들에게 축복이 되겠습니까? 목요일은 아침 10시부터 오후 5시 30분 사이에 언제나 교회에 가도 교회에는 기도하는 성도님들이 있는 것을 기억하시고 많이 참여해 주시기 바랍니다.

영적 무기력을 벗어나는 길

저는 원래 잘 생기거나 큰 체구를 가지고 태어나지는 못했지만 굉장히 건강한 체질을 타고 난 것 같습니다. 우선 소화 기관이 굉장히 튼튼한 것 같습니다. 어릴 때 어른들이 흔히 말씀하시는 것을 들었습니다. "저 놈은 돌을 삼켜도 소화시키는 놈이야!" 그래서 아주 어릴 때 저의 별명이 "대마도 고구마"였습니다. 자기 직전에 아무리 많이 먹어도 자고 일어나면 다 소화 되어 있었습니다.

재미있는 사건이 있었습니다. 제가 대학생 시절에 한 번은 알레르기가 생겼습니다. 갑자기 피부가 가렵고 부분적으로 악어 가죽처럼 변하는 것이었습니다. 약국에 가서 물어 보았더니 아마도 식중독이 된 것 같다고 하면서 설사하는 약을 주었습니다. 집에 와서 먹었는데 아무 소식이 없었습니다. 약방에 가서 이야기를 했더니 약을 두 배를 주었습니다. 집에 가서 그 약을 다 먹었는데도 역시 아무 소식이 없었습니다. 약방에 가서 다시 말했더니 이번에는 피마자유 한 병을 주면서 그것을 한꺼번에 다 마시고 냉수를 한 그릇 마신 다음 휴지를 쥐고 기다리라고 했습니다. 저는 집에 가서 시키는 대로 다 하고 휴지를 쥐고 기다리다가 잠이 들어버렸습니다. 한 잠 자고 일어났는데도 아무 일도 일어나지 않았습니다. 다시 약방에 가서 말했더니 약사가 말했습니다. "피마자유까지 소화시키는 사람에게는 달리 약이 없다"고 말했습니다.

저는 젊을 때 하루 종일 달려도 피곤한 줄 몰랐고 하루 종일 쉬지 않고 바다에서 수영을 해도 지칠 줄을 몰랐습니다. 그런데 요즈음은 방바닥에 앉았다가 일어나려고 하면 너무 힘이 들고 차에서 내릴 때도 팔 힘을 빌려야합니다. 제가 육체적으로 이렇게 약하게 된 것이 전적으로 운동부족 때문임을 제 스스로 느낍니다. 지금도 관절 같은 것은 전혀 이상이 없는데 너무 운동을 안 해서 근육이 무기력해진 것 같습니다. 근육이 한번 무기력해지니까 운동해야 되는 것을 번연히 알면서도 운동하기가 싫어져서 악순환이 계속되는 것 같습니다.

이러한 현상은 영적 세계에서도 마찬가지인 것입니다. 건강한 체력을 위하여 운동이 필요한 것처럼 건강한 영적 상태를 유지하기 위하여 기도가 절대적으로 필요한 것 같습니다. 기도를 쉬면 자신도 모르는 가운데 영이 허약해져서 영적 활동이 약화되는 것 같습니다.

주님의 은혜를 사모하는 마음도 약해지고, 하나님의 말씀에 대한 열정도 약해지고, 주님을 사랑하는 마음도 약해지고, 주님의 일을 하고자 하는 열정도 사라지게 됩니다. 양심도 둔감해져서 죄도 쉽게 짓게되며 죄를 지은 다음에 안타까운 마음도 없어집니다. 점차적으로 주님으로부터 멀어지게 됩니다.

육체적인 무기력을 이기기 위하여 싫어도 운동을 해야되는 것처럼 영적인 무기력을 이기기 위해서도 싫어도 기도를 해야 합니다. 지난주부터 새벽기도회 시간에 우리 성도님들에게 약 50분 이상의 기도시간을 드리는 이유가 여기에 있습니다. 육체적인 무기력도 문제지만 영적인 무기력이야말로 우리 삶 속의 문제 가운데 문제인 것 같습니다. 우리가 살기 위해서도 다시 한번 기도에 힘쓰시는 여러분 되시기를 부탁드립니다.

영적 무기력을 경계하며…

지난 주 사랑의 편지에서도 말씀드렸듯이 저는 아주 건강한 체질을 타고났으면서도 운동 부족으로 몸이 무기력하게 된 것을 느낍니다. 물론 나이 탓도 있겠지만 운동부족으로 인한 다음과 같은 증상을 느낍니다.

첫째, 앉았다가 일어서려면 힘이 든다.

둘째, 가만히 앉아 있어도 다리 근육에 통증을 느낀다. (약하지만)]

셋째, 서 있는 자세가 불안정하다. (땅이 흔들리는 것처럼 느낄 때가 있음)

넷째, 움직이는 것이 싫어진다.

마찬가지로 기도를 쉬면 영적 무기력 상태가 오게 됩니다. 영적 무기력 상태에 들어가면 역시 다음과 같은 증상이 옵니다.

첫째, 주님을 위한 사역의 발을 떼기가 힘들어진다.

둘째, 영혼 속에 평강과 기쁨이 없고 무엇인가 고통스럽니다.

셋째, 신앙이 흔들린다.

넷째, 신앙활동이 싫어진다.

근육의 무기력을 치료하는 길은 역시 운동밖에 없는 것 같습니다. 저는 근육 무기력증에 시달리기에는 나의 시간이 너무 귀중하기 때

문에 다시 운동할 결단을 내리고 지금은 새벽 기도 후에 40분 동안 걷기를 시작하고 있습니다. 며칠 지나면 좀 더 격렬한 운동도 하려고 합니다.

그런데 영적인 무기력은 육체적인 무기력보다 더 위험합니다. 왜냐하면 우리들에게는 앞으로 살아야 할 영원한 하늘나라가 있고 또한 이 세상에서도 우리의 영혼이 잘 되어야 범사가 잘되고 육신적으로 강건하게 되는 것을 알기 때문입니다. 영적인 무기력증을 자각하는 성도님들은 바로 오늘부터 영적인 운동을 시작하시기 부탁드립니다.

우선 교회의 새벽 기도회에 참여하시기를 부탁드립니다. 우리 성도님들이 영적인 무기력증에 빠져 있는 것 같아서 새벽 기도회에서는 여러분들이 약 50여 분 동안은 기도할 수 있도록 진행을 시키고 있습니다. 그리고 목요 종일 기도회에 많이 참여하시기 바랍니다. 시간관계로 교회의 새벽기도회에 참여할 수 없는 성도님들은 개인적으로 지금보다 한 시간 더 일찍 일어나서 개인 새벽기도 시간을 가지시기를 부탁드립니다. 영적 무기력증을 방치해 두면 큰 질병이 되는 것을 꼭 기억하시기 바랍니다.

TV 금식을 끝내며

이번 주일로 3개월간의 T.V. 금식이 끝이 납니다. 잘 협조해주신 성도님들께 감사를 드립니다.

T.V. 금식을 통하여 여러분이 깨닫기를 원하는 것이 있었습니다. T.V는 세상 음성입니다. T.V.에 지나치게 탐닉하면 우리의 생각이 세상쪽으로 쏠릴 수밖에 없습니다. T.V.가 우리들에게 많은 정보를 제공하는 것도 사실입니다. 뿐만 아니라 우리 자신은 연약한 피조물입니다. 그렇기 때문에 이따금 T.V.를 본다든지 하면서 휴식을 취하는 것도 사실입니다. 또한 T.V.는 대화가 필요한 우리들에게 공통 화제를 제공해 주는 것도 사실입니다.

그런데도 T.V.금식을 선포한 이유가 무엇이겠습니까? 사실 T.V.는 보아도 되고 안 보아도 되는 것입니다. T.V.를 전혀 안보니까 의외로 시간이 남는 것을 깨달은 성도님들도 많이 계실 줄 믿습니다.

우리교회의 비전은 "주님의 지상명령을 수행하는 교회가 되는 것"입니다. 우리가 이 일을 감당하게 하기 위하여 주님께서는 우리들에게 너무나 아름다운 성전 터와 성전을 허락해 주셨습니다. 또한 주님께서는 우리 교회가 주님의 지상명령을 수행할 수 있도록 그 구체적

인 방안, 즉 바구니 작전을 허락해 주셨습니다.

그럼에도 불구하고 우리가 발을 떼지 아니하여 주님의 지상명령을 이루어 드리지 못한다면 얼마나 어리석고 책망받을 일이겠습니까? 그런데 바구니 작전의 첫 걸음이 바로 오이코스전도입니다. 우리 성도님들이 열심을 품고 오이코스전도를 하지 않으시면 마치 거대한 기계 설비를 갖춘 공장을 지어놓고 재료를 수급하지 않는 것과 같은 것입니다. 사실 오이코스전도는 누구나 할 수 있고 또한 해야 되는 일입니다. 그러나 대부분의 성도님들은 시간관계로 엄두를 내지 못하는 실정입니다.

그러나 T.V.를 보는 것과 같은 해도 좋고 안 해도 좋은 일들 때문에 오이코스 전도나 가정교회 등등에 시간을 드리지 못하고 있는 어리석음을 일깨우는 것이 이번 T.V.금식의 목적이었습니다.

영원한 삶이 눈에 보이지 않는다 하더라도 우리들에게는 분명히 있는 것입니다. 그렇기 때문에 여러분의 삶 가운데 불필요한 것을 제거하고 필요한 일을 하는 지혜로운 성도님들이 되시기를 바랍니다. T.V.금식이 해제된 후에도 T.V.를 보시되 하루에 1시간 내지 1시간 반 정도 보는 것으로 절제해 주시기 바랍니다.

이번 T.V.금식이 여러분의 신앙생활에 큰 도움이 되시기를 축원합니다

교회와 목회자를 위한 중보기도를 부탁하며...

우리는 아무도 없는 우주 속에서 우리끼리 성령님과 더불어 신앙생활하고 있는 것이 아닙니다. 사탄 마귀는 아직도 엄연히 이 세상의 왕 노릇을 하고 있습니다. 이 사실은 우리 주님께서 친히 요한복음 12:31, 14:30, 16:11에서 말씀해 주고 계십니다.

사탄 마귀의 목적이 무엇이겠습니까? 그것은 바로 하나님의 일이 이 땅 위에서 이루어지지 못하게 방해하는 것입니다. 그렇기 때문에 마귀의 공격목표는 교회가 되며 또한 교회를 이끌어 가는 목회자가 되는 것입니다. 우리가 아는 대로 얼마나 많은 교회들이 분쟁에 휘말리고 있습니까? 어떤 교회에서는 교회문제를 법정까지 가져가는가 하면, 목회자가 당회와, 당회가 제직회와 서로 다투는 일을 얼마든지 볼 수 있는 것입니다.

주님을 믿고 따르며 교회가 잘되기를 그토록 바라는 성도들이 왜 그렇게 분쟁에 휘말리게 될까요? 그것은 바로 그 배후에 사탄 마귀의 음모가 있기 때문입니다. 사탄 마귀는 피조물입니다. 그렇기 때문에

홀로 이 세상임금 노릇을 할 수 없는 것입니다. 왕의 밑에는 많은 신하들이 있어 함께 나라를 다스리는 것처럼 영계에서도 사탄 마귀는 자기의 조직을 가지고 이 세상을 다스리고 있는 것입니다. 엡 6:12에서는 그 악한 세력들에 대하여 "정사와 권세와 이 어두움의 세상주관자들과 하늘에 있는 악한 영들"이라고 표현하고 있는 것입니다.

우리 주님께서는 우리들에게 대단히 중요한 말씀을 해 주셨습니다.

> **"사람이 먼저 강한 자를 결박하지 않고서야 어떻게 그 강한 자의 집에 들어가 그 세간을 강탈 하겠느냐 결박한 후에야 그 집을 강탈하리라" (마 12:29)**

매일 매일의 기도 가운데 몸된 교회와 담임목사, 가정교회와 목자님들을 위하여 열심히 중보 기도를 해 주시고 믿음으로 교회 성장과 전도를 가로막고 있는 사탄 마귀의 세력을 예수의 이름으로 묶어 주시기 바랍니다. 우리가 몸 된 교회에 맡겨주신 사명에 전심전력 한다는 것은 얼마나 중요한지 모릅니다.

첫째로 우리 사랑하는 주님의 뜻을 이루어 드리기 때문입니다.

둘째로 우리가 주님의 축복을 받을 수 있는 지름길이 되기 때문입니다.

셋째는 천국에서 우리의 상급이 되기 때문입니다.

그렇지만 주님 앞에 사명을 감당한다는 것이 그렇게 쉬운 일은 아닙니다. 우리가 지식으로는 번연히 알고 있으면서도 몸이 움직이지 않기 때문입니다. 우리의 몸이 움직이기 위하여는 또한 뜨거운 기도의 뒷받침이 있어야만 합니다. 과거에 우리 교회가 기도에 열심일 때 우리 교회 가운데서 많은 좋은 선교사님들이 파송되었고, 선교지에서도 열매맺는 역사가 일어났던 것입니다.

우리의 묵은 땅을 기경하는 기도회
(제 32회 산상기도회)

호세아서 10장 12절에는 다음과 같은 말씀이 기록되어 있습니다.

"너희가 자기를 위하여 공의를 심고 인애를 거두라 너희 묵은 땅을 기경하라 지금이 곧 여호와를 찾을 때니마침내 여호와께서 오사 공의를 비처럼 너희에게 내리시리라"(호 10:12)

무슨 뜻일까요? 봄철에 씨앗을 심기 전에 농부는 밭을 잘 가꿉니다. 연약한 새싹이 어려움 없이 돋아 날 수 있도록 땅을 고운 가루가 되기까지 부드럽게 갈게 됩니다. 잘 갈아진 땅에 발을 디디면 움푹 움푹 들어가며 두꺼운 쿠션 위를 걸어가듯이 부드럽게 느껴집니다. 이런 땅에는 비가 내려도 금방 금방 땅 속으로 잘 스며듭니다. 이런 땅을 옥토라고도 부릅니다. 그러나 어떤 땅이든지 이러한 상태가 오래 지속되지는 못합니다. 사람들이 지나 다니지 않는다 할지라도 땅은 시간이 지남에 따라 굳어지게 되어 있습니다. 땅 속에 있는 기름기가 땅 위를 덮게 되기 때문입니다. 땅이 굳어지면 비가 내려도 금방 땅에 스며들지 않습니다.

성경에서는 흔히 우리 인간의 마음을 밭에 비유하고 있습니다. 우리가 아무리 은혜를 받고 하나님 앞에 옥토처럼 되었다 할지라도 언젠가 알지 못하게 우리의 마음은 또 굳은 상태로 돌아가게 되어 있습니다.

우리의 마음이 굳은 땅과 같이 된 증거가 무엇일까요? 우선 마음 속에 불이 꺼집니다. 외형적으로는 똑같이 신앙생활을 하고 있지만 심령 가운데 열기가 사라집니다. 똑같이 기도를 하여도 은혜를 갈망하는 마음이 사라집니다. 직분도 감당하고 봉사의 일도 하지만 주님을 뜨겁게 사랑하는 마음이 사라집니다. 전도도 여전히 하지만 잃어버린 영혼들을 위하여 안타깝게 울부짖는 기도가 사라집니다. 이러한 마음 상태가 되면 주님께서 아무리 은혜를 주시려고 해도 우리의 심령이 그 은혜를 더 이상 흡수할 수 없게 됩니다. 이런 마음은 성령님의 역사를 더 이상 받아 들이지 못하게 됩니다. 이러한 마음은 마치 성령님께서 더 이상 역사 하시지 않는 것처럼 느껴집니다.

이같은 현상은 그 누구에게나 오게 되어 있는 것입니다. 우리가 태만해서 그런 것도 아니요 노력하지 않기 때문에 그런 것도 아닙니다. 마귀가 왕 노릇 하는 이 세상에 살고 있기 때문에 그런 것입니다. 그래서 성경은 묵은 땅을 기경하라고 말씀하고 계십니다. 묵은 땅을 기경 하지 아니하면 우리의 심령은 날로 날로 더 굳어져서 "성령으로 시작한"우리가 육체로 끝마치는 결과를 가져오게 됩니다.

우리는 우리 자신이 기경이 필요한 묵은 땅임을 자인해야 되겠습니다. 우리 교회가 기경이 필요한 묵은 땅임을 인정해야 되겠습니다. 목회자인 저의 문제도 바로 주님 앞에 나의 심령이 묵은 땅이 되어 있다는 사실입니다. 묵은 땅을 기경한다는 말은 바로 주님에 대한 사랑을 일깨운다는 말입니다. 주님에 대한 사랑이 어떻게 일깨워질까요? 성령 충만함으로만 가능합니다. 성령 충만의 회복은 어떻게 가능하겠습니까? 철저한 회개로만 가능합니다. 왜냐하면 성령님은 거룩한 영이시기 때문입니다. 철저한 회개가 어떻게 가능하겠습니까? 울부짖는 기도로만 가능합니다. 울부짖는 기도가 어떻게 가능하겠습니까? 자기의 생명에 애착을 느낄 때만 가능하게 됩니다. 우리의 생명은 얼마나 귀한 것인지 모릅니다. 우리의 생명을 묵은 땅처럼 내버려두면 안되겠습니다. 내가 살기 위해서라도 이번 산상 기도회에서 우리의 묵은 땅을 기경 하도록 함께 힘쓰시기 바랍니다.

7. 신앙의 본질 예배와 찬양

아버지께 예배하는 자들은 신령과 진정으로 예배할 때가 오나니 곧 이때라.
아버지께서는 자기에게 이렇게 예배하는 자들을 찾으시느니라. (요한복음 4:23)

예배 받기에 합당하신 하나님은
우리의 주인이십니다.
예배는 우리의 주인이신 하나님과의 만남입니다.

1. 성도의 삶속에서 가장 중요한 것
2. 참다운 예배를 찾아서
3. 예배에서 찬양의 위치
4. 성가제 이후의 남은 과제들
5. 연말 성가제의 목표들

LOVE IS EXTRAVAGANT

성도의 삶에서 가장 중요한 것

English

성도의 삶 속에 가장 중요한 것이 한 가지 있다면 그것은 예배입니다. 왜냐하면 예배는 성도의 삶의 시작이요 끝이기 때문입니다. 어떤 사람이 성도가 되기를 원하거나 혹은 성도가 되면 가장 먼저 하는 일이 예배에 참석하는 일이요, 신앙을 버릴 때 마지막으로 하는 일이 예배 참석하기를 그만 두는 일이기 때문입니다.

뿐만 아니라 하나님은 예배를 통하여 그 분 자신을 우리들에게 주시기를 원하십니다. 그래서 우리는 예배를 "하나님과의 만남"이라고 정의하고 있습니다. 예배를 진지하게 다루지 않는 교회가 참된 교회가 될 수 없고, 예배를 무엇보다도 소중하게 여기지 않는 성도가 건전한 성도가 될 수 없습니다.

이토록 중요한 예배에 성공하려면 예배 속의 찬양의 위치를 잘 이해하셔야만 합니다. 우리 개신교에서는 말씀 선포, 즉 설교를 예배의 중심으로 생각합니다. 말씀자체가 주님이시며 또한 말씀은 우리의 영이 되며 생명이 되시기 때문입니다. 그래서 목사님들은 말씀준비에 많은 시간을 투자하게 되는 것입니다.

한 가지 주의할 것은 주님은 말씀을 씨앗에 비유하고 있습니다. 그 이유는 아무리 좋은 씨앗이라도 알맞은 토양에 뿌리지 않으면 아무런 열매를 맺지 못하기 때문입니다. 주님께서는 아무리 좋은 씨앗이라도 길 가나 돌 자갈밭이나 가시덤불에 떨어지면 열매를 맺지 못하고, 옥토에 떨어져야만 많은 열매를 맺는다고 말씀하셨습니다. (마

13:3-9)

우리 성도님들이 예배를 드리기 위하여 교회에 오실 때 옥토와 같은 마음을 가지고 오시는 분이 누가 있겠습니까? 우리 성도님들이 일주일 동안 세상에서 생활하다보면 자연히 그 마음이 길 가나 돌밭이나 혹은 가시덩굴과 같은 마음이 되고 마는 것입니다. 그러한 마음밭에 아무리 좋은 하나님의 말씀을 뿌려도 열매를 맺지 못하는 것입니다. 즉 그 말씀을 통하여 여러분의 삶에 변화가 오지 않는 것입니다. 다시 말하면 설교가 여러분의 삶에 아무런 유익이 없게 되는 것입니다. 여기에 목사의 이중적인 책임이 있습니다.

첫째는 하나님의 말씀을 잘 준비하여 뿌리는 것입니다.

둘째는 예배드리러 오신 성도님들의 마음을 옥토와 같이 변화시키는 것입니다. 여러분의 심령이 옥토와 같이 변한다는 말은 순전히 정서적인, 감정적인 말입니다. 그런데 감정과 가장 밀접한 관계가 있는 것이 음악이요, 예배에서는 찬양이 되는 것입니다.

우리 은혜교회에서 설교 전에 찬양을 많이 부르는 이유가 여기에 있습니다. 우리 은혜교회의 예배 시간에 부르는 찬양들은 아무렇게나 선택하는 것이 아닙니다. 여러분들이 적극적으로 찬양에 참여할 때 여러분의 심령이 옥토가 되도록 기도하며 선택하고 있습니다.

예배시간에 왜 저런 찬송을 부르며, 또 왜 그런 식으로 부르는지 비판하시거나 구경만 하고 계시는 성도님이 있다면 그 성도님은 전혀 심령의 준비가 안 된 상태에서 예배를 드리기 때문에 예배를 통하여 아무런 은혜를 못 받게 되는 것입니다.

사랑하는 우리 은혜 성도님들은 가급적으로 예배 20분 전까지는 예배에 참석하셔서 여러분들에게 유익한 예배를 드릴 수 있기를 부탁드립니다.

참다운 예배를 찾아서

English

예배는 모든 사람들의 존재목적이 됩니다. 왜냐하면 영광이신 하나님께서는 예배를 받으시기 위하여 모든 인류를 창조하셨기 때문입니다. 그러나 인간이 타락함으로 말미암아 자기 속에 예배를 드려야 하는 본능적인 욕구는 있지만 어느 분이 참 예배의 대상이 되는지를 알지 못하기 때문에 우상을 숭배합니다. 돈이나 권력이나 지식을 우상화 하는가 하면 또한 정치가나 학자나 인기가수, 운동선수 등을 우상화하기도 하는 것입니다. 이렇게 타락한 우리들을 주님께서 일방적으로 피 흘려 주심으로 우리들을 구속하시고 하나님의 자녀로 삼으시며 영생도 허락해 주셨습니다. 그 목적은 바로 우리들로부터 예배를 받기 위함이었습니다.

에베소서 1장 6절에는 다음과 같이 기록이 되어 있습니다.

"이는 그의 사랑하시는 자 안에서 우리에게 거저 주시는 바 그의 은혜의 영광을 찬미하게 하려는 것이라"

뿐만 아니라 예배는 교회가 존재하는 일차적인 목적이기도 한 것입

니다. 이렇게 중요한 것이 예배입니다. 그래서 우리는 일주일에도 몇 차례씩 모여서 예배를 드리고 또 가정에서 혹은 개인적으로도 예배를 드리게 되는 것입니다.

우리가 그토록 자주 드리는 예배가 과연 올바르게 드리는 예배인지 스스로 살펴보지 않으면 안됩니다. 왜냐하면 예배 순서를 따라 1시간 내지 2시간을 보내었다고 하여 그것이 곧 예배는 아니기 때문입니다. 예배는 반드시 하나님께서 기뻐 받으실 수 있는 예배가 되지 아니하면 참다운 예배라고 할 수 없는 것입니다. 그런데 오늘 우리가 드리고 있는 예배를 돌이켜 볼 때 하나님께서 과연 우리의 예배를 기뻐 받으실 것인지 의심스럽기 짝이 없습니다. 왜냐하면 하나님께서는 우리의 심령을 원하시는 데 예배시간에 몸은 교회에 나와있지만 우리의 심령을 얼마나 하나님께 드리고 있는지 자신이 없기 때문입니다.

사랑하는 우리 성도 여러분! 성령님께서는 우리의 예배 속에 임재하시며 구체적으로 우리를 도우시기 위하여 역사 하시기를 원하고 계십니다. 우리 성도님들이 예배 가운데 우리의 중심을 주님께 드리려고 노력할 때 성령님께서는 크게 역사 해 주시고 우리가 드리는 예배가 하나님께서 기뻐 받으시는 예배가 될 것입니다.

여러분은 더 이상 예배를 구경하는 사람들이 되지 아니하고 예배에 참예 하는 성도님들이 되어 함께 참다운 예배를 지향하는 우리 교회가 되기 바랍니다.

예배에서 찬양의 위치

English

찬양은 그 자체가 예배입니다. 동시에 찬양은 예배를 돕는 귀중한 방편이기도 합니다. 찬양을 통하여 우리의 심정이 하나님께로 향할 수 있습니다. 그래서 흔히 다음과 같이 말합니다. "기도는 하늘 문을 열고 찬양은 우리의 마음 문을 연다."

그런데 우리의 마음이 옥토와 같이 변화된다는 말은 감성적인 이야기입니다. 지성이나 의지와는 관계가 없습니다. 찬양은 음악이기 때문에 감성을 통해서 우리의 마음을 옥토로 바꾸는데 가장 좋은 도구가 되는 것입니다.

우리들이 부르는 찬양은 아무렇게나 선택되지 않습니다. 오랜 기도를 통하여 그 주일에 모이는 성도님들의 집단 정서 (Group Feeling)를 느끼고 그것에 맞는 찬양부터 시작하거나 그렇지 않으면 아주 재미있고 발랄한 찬양으로 시작하게 됩니다. 왜냐하면 대중찬양은 반드시 네 단계를 거쳐야 하기 때문입니다.

첫째 단계는 초청입니다.
둘째 단계는 몰입입니다.
셋째 단계는 주님과의 친근감입니다.
넷째 단계는 헌신의 단계입니다.

우리가 아무리 찬양을 오래 불러도 여러분이 그 찬양에 참여하지 않으면 안됩니다. 찬양의 처음 단계에서는 여러분이 쉽게 찬양에 참여할 수 있는 찬양들을 택하게 됩니다. 찬양에 참여한 여러분들은 점차적으로 찬양에 몰입해야 합니다.

둘째 단계에서는 찬양에 초대된 여러분들이 몰입할 수 있는 찬양을 택하게 됩니다. 그러나 여러분이 아무리 찬양에 몰입하더라도 그 열린 마음으로 주님의 임재를 가까이 느끼지 못한다면 그것은 한갓 감정적인 흥분에 불과합니다.

셋째 단계에서는 주님과의 친밀감(Intimacy)를 가질 수 있는 찬양을 택하게 됩니다. 주님과의 친밀감은 그 분 앞에 몸과 마음과 삶을 드리고자 하는 헌신으로 연결되지 아니하면 참다운 친밀감이라고 할 수 없습니다.

네 번째 단계로는 여러분이 주님 앞에 헌신할 수 있는 찬양을 드리고 우리는 기도에 들어가며 말씀을 선포하게 되는 것입니다.

찬양은 우리의 신앙고백이기 때문에 여러분이 그 찬양들에 숙달되지 아니하면 그 찬양을 통하여 여러분의 신앙고백이 이루어질 수 없습니다. 때문에 우리 교회에서는 같은 찬양들을 되풀이하여 부르게 되는 것입니다.

예배는 우리의 성도의 삶에 가장 중요하기 때문에 찬양에 이토록 신경을 쓰는 것입니다. 그러나 우리 성도님들이 예배시간에 늦게 참석하시면 이러한 혜택을 전혀 받지 못하고 예배를 드리기 때문에 예배가 여러분의 삶에 크게 도움이 되지 못하는 것입니다. 여러분은 여러분 자신을 위해서라도 예배시간에 일찍 참석하시는 습관을 들이시기를 바랍니다.

성가제 이후의 남은 과제

지난 주일 저녁 성가제는 참으로 감격적인 행사였고 은혜 교회 성도님들만이 펼쳐 낼수 있는 축제였습니다. 아마도 주님께서도 흐뭇하게 보셨으리라 믿습니다. 우리 성도님들은 모두 음악가가 아닙니다. 또한 성가대원들도 아닙니다. 그렇기 때문에 음악적으로 얼마나 완벽했느냐는 별로 문제가 되지 않습니다. 때문에 입상을 하지 못한 것이 하등 섭섭한 일이 될 수가 없는 것입니다.

문제는 "열심"입니다. 모든 멤버들이 얼마나 열심히 준비했느냐 하는 것이 중요합니다. 왜냐하면 건강한 기독교 신앙에는 몇 가지 요인들이 있기 마련인데 그 중의 한 가지가 "열심"이기 때문입니다.

예수님은 열두 제자 가운데 베드로를 수제자로 삼으셨습니다. 베드로가 가진 가장 두드러진 특질이 무엇이겠습니까? 그것이 바로 "열심"이었습니다. 주님은 열두 사도가 있는데도 바울을 친히 사도로 부르셨습니다. 바울의 성격 가운데 주님의 관심을 끈 특질이 무엇이었겠습니까? 그것이 바로 "열심"이었습니다.

왜 그럴까요? 우리 하나님이 바로 열심이신 하나님이시기 때문입니다. 우리 하나님은 우리 인간이 타락했을 때 웬만한 열심이 없으셨

으면 타락한 인간이 멸망하게 내버려 두셨을 것입니다. 그러나 우리 하나님은 열심이신 하나님이시기 때문에 육신을 입으시고 이 땅에 오셔서라도 우리를 구원하시기를 원하셨던 것입니다.

모든 멤버들이 찬양연습, 동원, 의상 할 것 없이 열심히 해 주셨습니다. 그래서 주님께서도 기뻐하셨을 것이라고 말씀을 드렸던 것입니다. 그런데 열심은 원래 올바른 목표나 일에 집중이 될 때 큰 열매를 맺습니다. 우리는 우리가 가진 열심을 어디에다가 쏟아야 하겠습니까? 바로 오이코스 전도와 가정 교회입니다.

이제 축제는 지났습니다. 우리에게는 일터가 남아있습니다. 당신 한 사람이 오이코스 전도에 열심을 낼 때 우리 교회가 어떻게 될 것인지 또한 이 지상에 하늘나라 확장이 어떻게 이루어질 것인지 생각해 보시기 바랍니다.

당신 한 사람이 오이코스 전도에 열심을 낼 때 우리가 그리스도의 심판대 앞에 설 때 우리 교회가 어떤 상급을 받을 것인지 상상해 보시기 바랍니다.

새해에는 여러분의 가정과 사역과 하시는 모든 사업이나 직장에 하나님의 크신 축복이 임하시기를 주님의 이름으로 축원합니다.

연말 성가제의 목표들

성탄절날 각 교구별로 찬양 드리는 여러 성도님들의 모습을 보며, 얼마나 감사하고 자랑스러웠는지 모릅니다. 주님도 크게 영광 받으신 줄 믿습니다. 우리가 서로 열심히 준비하고 찬양을 드렸지마 입상하지 못한 교구도 절대로 낙심을 하시면 안됩니다. 주님 기쁘시게 하기 위하여 드린 찬양이 무효가 되어 버리니까요.

우리가 매해 성가제를 여는 이유가 있습니다.

첫째는 이 땅에 오셨던 주님을 마음껏 기뻐하며 영광을 돌리기 위함이요,

둘째는 하늘나라에 가면 반드시 그리스도의 심판대 앞에서 상급 받을 날이 있음을 기억하게 하기 위함이요,

셋째는 감사절부터 성탄절까지 축제와 같은 분위기를 만들므로 우리의 삶의 종국에도 반드시 주님과 더불어 사는 즐거운 날이 올 것을 기억하게 하기 위함이며,

넷째는 각 교구가 주님의 간절한 소원대로 하나가 되게 하기 위함입니다.

그래서 부득이 등수를 정하고 트로피를 드리게 됩니다. 그러나 성가제에서 트로피를 받는 것은 예행 연습에 불과하고 이제 중요한 것은 앞으로 그리스도의 심판대 앞에서 상급 받는 그 날이 본선임을 기억하시기 바랍니다. 특별히 사과 말씀을 드릴 것은 부족한 종이 심사결과를 발표하면서 부주의로 22교구를 빠뜨린 사실입니다. 22 교구 식구들께서 꼭 양해해 주시기 바랍니다.

아름다운 우리 성도님들의 모습을 볼 때마다 부족한 종의 마음속에는 언제나 자책감을 금할 수가 없습니다. 나 한 사람이 주님 앞에 올바로 서면 모든 우리 성도님들이 축복을 받을텐데.

나 한 사람이 주님 앞에 올바로 서면 우리 노회 산하 모든 교회가 복을 받을텐데.

나 한 사람이 주님 앞에 올바로 서면 선교지에 세워진 수많은 교회들이, 또한 그 성도들이 복을 받을텐데.

이러한 자책감과 아쉬움은 언제나 강박관념처럼 저의 마음을 짓누르고 있는 안타까움입니다. 이 일을 위하여 부족한 종은 1월 1일부터 3일까지 기도원에서 기도 하기를 원합니다. 우리 성도님들도 부족한 종을 기억하고 꼭 중보기도 해 주시기를 부탁드립니다.

특별히 오늘 12월 31일(수) 밤 10시부터 있는 송구영신 예배와 내년 1월 5일(월)부터 17일(토)까지 있는 신년 축복 특별기도회에 함께 모여 기도해 주시기 바랍니다.

다가오는 새해에는 우리 성도님들을 위해서라도 주님 앞에 보다 올바르게 서기를 기도하며....

8. 주님이 가장 기뻐하시는 전도

자기 때에 자기의 말씀을 전도로 나타내셨으니
이 전도는 우리 구주 하나님의 명대로 내게 맡기신 것이라 (디도서1:3)

전도는 하나님의 심정입니다.
전도는 교회의 존재 목적입니다.
전도는 하나님의 사랑을 전하는 것입니다.

1. 은혜와 자유 (Grace Freedom)에 대하여
2. 전도의 5단계 전략
3. 프로 어부가 되자
4. 은혜의 만남 Grace Encounter
5. 가장 값진 성탄 선물
6. 우리들의 소원을 이루는 길, 전도
7. 사람에게 투자하자
8. 주님을 진실로 사랑함에 대하여

LOVE IS EXTRAVAGANT

은혜와 자유 (Grace Freedom)에 대하여

오늘은 우리 은혜교회에서 실시하고 있는 '은혜와 자유' 프로그램의 의의에 대해서 잠시 말씀드리기 원합니다. '은혜와 자유'(Grace Freedom)는 주님의 지상명령을 수행하기 위한 우리 은혜교회의 전략인 바구니 작전 (Basket Operation)의 완결고리라고 할 수 있습니다. 우리 은혜교회가 주님의 지상명령을 수행하기 위하여 전력투구하고 있는 바구니 작전의 입장에서 볼 때 그 의의를 다음과 같이 세 가지로 말씀드릴 수 있습니다.

첫째로 거듭난 성도님들이 모든 속박을 벗어버림으로 자유롭고, 열매 맺는 성도가 되는 프로그램입니다.

우리가 은혜의 만남을 통하여 성령을 받고 T.D.를 통하여 하나님의 사랑을 체험하지만 여전히 주님을 위하여 마음껏 활동하지 못하며, 열매를 맺지 못하는 이유가 무엇일까요? 그것은 우리가 많은 것에 의하여 묶여 있기 때문입니다.

은혜와 자유는 습관적인 나쁜 성격이나 행동, 혹은 중독되어 있는 어떤 것, 내적인 상처나 쓴 뿌리의 결박에서 풀림을 받고, 알게 모르게 성도들을 억압하고 있는 악의 영으로부터 성도들을 자유 하게 합니다. 그래서 은혜와 자유를 경험한 성도님들은 적극적인 성도가 될 수 있는 것입니다.

둘째는 그룹모임을 활성화시켜줍니다.

그룹모임에서는 사랑과 신뢰 가운데 각자가 모든 문제를 스스럼없이 내어놓고 기도하는 분위기가 되어야 하는데 때로는 그러한 분위기가 잘 조성되지 않고 있습니다. 그러나 은혜와 자유를 경험하게 되면 그룹이 완전히 하나가 되어 허심탄회하게 기도제목을 내어놓고 기도하는 친밀한 관계가 됨으로 그룹활동이 활성화되는 것입니다.

세 번째는 가정교회 개척이 활발해집니다.

가정교회 분가가 되어질 때까지 기다리지 않고 보다 적극적으로 가정교회 분가에 임하므로 분가가 활성화될 것입니다. 왜냐하면 가정교회 목자는 자신의 가정교회에서 자신이 일생동안 양육해 나갈 그룹멤버들을 선정하여 함께 은혜와 자유에 참여함으로 그들을 자유케 하며 그 멤버들로 하여금 적극적으로 전도하며 자신의 가정교회를 개척하도록 도울 수 있기 때문입니다.

은혜와 자유에 적극 참여하시므로 우리 성도님들이 성도로서 자유롭고, 많은 열매를 거둘 수 있기를 축원합니다.

전도의 5단계 전략

사랑하는 우리 성도 여러분!

전도는 성도가 지상에 살고 있는 궁극적인 목적입니다.

전도는 교회가 지상에 존재하는 궁극적인 목적입니다.

전도는 하늘나라에 상급을 쌓는 구체적인 방법입니다.

전도는 우리가 이 지상에서 복을 받고 살 수 있는 열쇠와도 같습니다.

"우리의 소망이나 기쁨이나 자랑의 면류관이 무엇이냐 그의 강림하실 때 우리 주 예수 앞에 너희가 아니냐 너희는 우리의 영광이요 기쁨이니라" (살전 2:19-20)

빌립보서 4장 1절에도 다음과 같은 말씀이 나옵니다.

"그러므로 나의 사랑하고 사모하는 형제들, 나의 기쁨이요 면류관인 사랑하는 자들아 이와 같이 주 안에 서라"(빌 4:1)

우리 성도에게 가장 중요한 일은 우리가 주님 나라에 갔을 때 어떤 상급을 받느냐 하는 일입니다. 구원받은 성도가 이 땅에 살고 있는 목적이 바로 주님 나라에서 상급 받을 믿음의 작품을 만드는 것이요, 우리 교회의 목회의 최종목표도 우리 성도님들이 주님 나라에 가서 많은 상급을 받게 하는 것입니다. 이처럼 전도는 중요합니다.

더욱이 전도는 복음을 전달하는 데에 그쳐서는 안 됩니다. 물론 그것도 중요한 일입니다. 그러나 하나님께서는 언제나 열매에 관심을 갖고 계십니다. 우리는 한 영혼에게 복음을 전할 뿐 아니라 거듭난 영혼이 자랄 수 있는 토양과, 또한 그가 제자로 자라서 제자의 사역을 감당하기까지의 모든 여건을 만들어 주지 않으면 안 됩니다. 이러한 토양이나 여건이 형성되어 있지 못할 때는 성도님들이 열심히 노력하여 한 영혼을 교회에까지 모시고 와도 그 분이 교회에 정착이 되지 않기 때문에 전도한 성도들이 힘을 잃게 되는 것입니다.

교회는 이러한 여건을 갖추기 위하여 가정교회를 정착시키고 우리 성도님들이 전도에 관심을 기울이도록 준비하고 있습니다. 여러분의 전도대상자가 여러분과 함께 교회에 나와서 교회에 정착하며, 복음을 받아들이며 또한 제자로 양육 받는 가장 좋은 토양이 바로 가정교회이기 때문입니다.

우리 성도님들이 전도하는 절차에 대하여 잠시 말씀드리겠습니다.

첫째: 진정으로 그 분의 영혼을 사랑하는 마음으로 그 분을 위하여 기도하십시오.

둘째: 나의 청을 거절하지 못할 정도의 가까운 인간관계를 맺으십시오. 전도를 전제로 하지 마시고 순수하게 그 분을 사랑하며, 호의를 베푸시기 바랍니다.

셋째: 인간관계가 형성되었다고 믿으시면 가정교회 모임에 자연스럽게 초청하십시오.

넷째: 전도대상자가 가정교회의 모임에 호감을 갖기 시작하면 전도폭발 등을 통하여 복음을 제시하시기 바랍니다.

다섯째: 그 후에 본 교회 주일 예배에 인도하시기 바랍니다.]

우리 모두 전도에 힘을 합쳐 주님을 기쁘시게 하는 교회를 만드시기 바랍니다.

프로 어부가 되자

교회의 참된 사역을 위하여 저는 오랫동안 기도하며 몸부림쳐 왔습니다. 목회자에게는 이 지상에서 다른꿈이 있을 수 없습니다. 목회자가 이세상에서 갖는 꿈과 소망이 한 가지 있다고 하면 “어떻게 하면 우리 성도님들이 하늘나라에 가서 많은 상급을 받게하고 또한 세상에서도 주님의 축복 가운데 성도님들이 하시는 모든 일들이 형통하며 육신도 강건하게 할것인가?“ 하는 것입니다. 이 꿈과 소망은 제가 은혜교회를 처음 개척할 때 부터의 기도 제목이였고 오늘도 여전히 저의 기도 제목입니다. 우리 성도님들이 이런 축복을 받게하기 위하여는 먼저 우리교회가 주님께서 원하시는 참된 사역을 감당할 때만이 가능한 것은 두말할 필요가 없을 것입니다.

약 5년 여의 기도 끝에 주님께서는 저에게 바구니 전도Basket Operation이라고 하는 꿈을 주셨고 또 그꿈을 이루어 나갈 수 있는 방법도 알게 해 주셨습니다. 지금 우리교회는 이 바구니 전도를 정착시키기 위하여 전력투구하고 있습니다. G-7 이 이미 시작되어고 9월 중으로 알파코스를 시작하기 위하여 준비 중에 있습니다. 그런데 바구니 전도의 출발점이 바로 전도입니다. 전도를 하더라도 전도

대상자가 Home In하여 하여 제자로서의 사역을 감당할수 있기까지는 오랜시간이 걸리며 그때까지 그를 돌보아 주는 후원자가 없으면 안 되는 것입니다. 그래서 저는 지난 주일에 오이코스 전도 설명을 드렸습니다. 오이코스 전도를 다시 한번 설명드리면 다음과 같습니다.

첫째 불신자를 찾아가야 합니다.

둘째 그와 더불어 나의 청을 거절하지 못할 인간 관계를 맺기 위하여 노력하십시오.

셋째 가정교회로 인도하십시오.

넷째 본교회 예배로 인도하십시오.

다섯째 알파 코스로 인도하십시오.

여기까지가 오이코스 전도의 단계인 것입니다. 오이코스 전도란 그 어떤 분에게 복음을 전하기 전에 먼저 나의 청을 거절할 수 없는 인관관계를 맺게하는 것입니다. 이 방법 이외에는 우리가 주님의 지상명령을 수행할 길이 없는것입니다. 이제 문제는 우리 성도님들이 얼마나 적극적으로 오이코스 전도에 참여 하느냐 하는 것입니다.

여러분이 오이코스 전도에 적극 참여 하는 것이 이 땅에서 모든 일이 형통하며 강건하게 되는 비결임을 기억하시기 바랍니다. 왜냐하면 요삼서 1장 2절에는 다음과 같이 기록되어 있기 때문입니다.

"사랑하는 자여 네 영혼이 잘됨 같이 네가 범사에 잘되고 강건하기를 내가 간구하노라"

은혜의 만남
Grace Encounter

그 동안도 주안에서 승리하고 계시리라 믿습니다. 이 새벽에 여러 분의 얼굴을 하나 하나 마음속으로 떠올려 봅니다. 얼마나 귀하고 아름다운 얼굴들인지!

기독교 신앙은 법적인 측면과 경험적인 측면이 있습니다. 예를 들어 "예수를 믿으면 하나님의 자녀가 된다"는 것은 법적인 측면인 것입니다. 그런데 법적인 측면이 이루어진 것을 무엇으로 알 수 있겠습니까? 그것은 오직 경험적인 측면을 통해서 알 수 있게 되는 것입니다. 그 뿐만 아니라 우리가 예수를 믿고 교회에 다닐 때 우리는 매일 매일 주님을 닮아가야 하는 것입니다.

"은혜의 만남"Grace Encounter의 주된 목적은 사랑하는 우리 새 가족들이 성령을 받고 거듭나게 하는 것입니다. 다시 말하면 기독교 신앙생활의 초기에 새 가족들에게 성경말씀으로 법적인 측면이 이루어지며 아울러 경험적인 측면이 이루어지게 하는 귀한 프로그램인 것입니다. 아마도 우리 교회가 자랑스럽게 여기는 프로그램 중의 하나인 것입니다.

"은혜의 만남" 프로그램이 성공적으로 운영되기 위한 세 가지 조

건을 다음과 같습니다.

첫째가 오이코스 전도입니다.

여러분이 "은혜의 만남"을 진행하며 관찰해보면 오이코스 전도가 철저하게 이루어진 캔디는 거의 100% 은혜를 받고 변화가 되는데 오이코스 전도를 하지 않고 그냥 모시고 온 캔디들의 성공률은 50% 정도 되는 것을 볼 수 있습니다.

둘째는 팀멤버들의 철저하고 헌신적인 준비와 봉사입니다.

우리가 사랑하는 마음으로 철저하게 준비하고 섬길 때 캔디들은 거의 다 은혜를 받게 됩니다.

셋째는 그레이스 인카운터를 마친 후 바스켓 오프레이션의 남은 프로그램에 참여하는 것입니다. 그렇지 아니하면 재생산이 되지 않기 때문입니다.

이 세 가지는 이미 그레이스 인카운터를 경험한 여러분의 할 일인 것입니다. 우리 교회는 "주님의 지상 명령을 수행한다"는 비전을 가지고 세워진 교회입니다. 하늘나라에서 상급 받는 그 날을 상상하며 여러분 한 분 한 분이 오이코스 전도의 발걸음을 떼시기 바랍니다.

가장 값진 성탄 선물

English

저는 지난 월요일 L.A.로 와서 G.T.D. 제128기를 인도하고 있습니다. 이번 기에는 108명의 캔디데이트들이 참가하여 많은 은혜를 받고 있습니다. 오늘은 마지막 날입니다. 아마 오후 7시경에 프로그램이 끝이 나면 바로 L.A. 공항으로 가서 서울로 가는 비행기를 탈 예정입니다. 그러면 토요일 아침에 서울에 도착할 것입니다.

지난 주에 있었던 제1회 선교세미나는 여러 성도님들의 기도와 헌신으로 성공적으로 끝마칠 수 있었습니다. 여러 성도님들의 참여로 은혜스럽게 마칠 수 있었습니다. 교회의 행사에 적극적으로 참여해 주시는 우리 성도님들에게 이 사랑의 편지를 통해 심심한 감사를 드립니다. 이제 성탄절도 얼마 안남았습니다. 성탄절이 되면 우리는 서로 서로 정성스러운 선물을 주고받습니다. 그런데 정작 성탄절의 주인공되신 주님에게는 정성껏 선물을 준비하지 않는 것 같습니다. 금년 성탄절에는 우리 주님께서 가장 기뻐하시는 선물을 정성껏 장만하시기 바랍니다.

누가복음 15장에는 세 가지 비유가 나와 있습니다. 첫째는 잃어버린 양의 비유, 둘째는 잃어버린 드라크마 비유, 셋째는 탕자의 비유입니다. 세 비유의 공통점 중 한 가지는 주인이 잃어버린 것을 찾았을 때 무척 기뻐한다는 사실입니다.

주님께서는 이 비유를 통하여 우리 하나님께서는 한 영혼이 회개하고 돌아오는 것을 그 무엇보다도 기뻐하심을 우리들에게 가르쳐 주고 계신 것입니다. 그렇기 때문에 우리 성도님들은 금년 성탄절에 주님께 드릴 가장 값진 선물로 한 영혼을 전도하여 주님 앞에 드리시기를 바랍니다. 우리 성도님들은 누구나 오늘부터 바로 오이코스 전도의 발걸음을 떼시기 바랍니다.

다시 한번 오이코스 전도에 대하여 여러분이 기억해야 할 요점에 대하여 말씀드리겠습니다.

첫째는 전도 대상자가 나타날때까지 기다리는 것이 아니라 여러분이 불신이웃을 적극적으로 찾아가야 합니다. 왜냐하면 주님께서 "너희는 가서" 즉 "가라"고 명령하셨기 때문입니다.

둘째는 조건없는 사랑과 친절을 베푸는 것입니다. 우리는 불신이웃을 전도하기 위하여 사랑하는 것이 아니라, 사랑하기 때문에 전도를 해야 합니다.

셋째는 한번 찾아가서 사랑과 친절을 베푼 후 그 불신자가 나의 오이코스 즉 가까운 식구관계가 되기를 기다리는 것이 아니라 적극적으로 그런 관계가 이루어지도록 매일 기도하며 보다 큰 사랑을 계속 적극적으로 베풀어야 합니다.

넷째는 그가 필요로 하는 것이 무엇인지 살펴보고 여러분이 가능한 한도 내에서 그 필요를 충족시켜 드리기 위하여 노력하셔야합니다.

다섯째 친근한 관계가 이루어지면 자연스럽게 가정교회로 인도하는 것입니다.

우리들의 소원을 이루는 길, 전도

주님께서 가장 기뻐하시는 선물이란 무엇일까요? 잃어버린 한 영혼을 주님께로 모셔오는 것입니다.

전도는 사실 우리의 삶의 목표요 삶의 형식이 되어야 합니다. 주님의 지상명령을 수행하는 것이 성도의 임무입니다.

주님의 지상명령을 수행하는 첫 걸음이 바로 오이코스 전도인 것입니다. 그렇기 때문에 오이코스 전도는 우리 성도님들의 생활이 되어야 합니다. 우리는 좀 더 합리적으로 신앙생활을 해야 합니다. 여러분이 바라는 것이 무엇입니까? 바로 기도하는 것마다 응답받고 주님의 축복 가운데 거하는 것이 아닙니까?

그런데 주님은 도깨비 방망이가 아닙니다. 우리가 무엇을 원한다고 하여 내어주시는 그런 분이 아닙니다. 그 분은 인격체이시기 때문에 우리가 먼저 그 분을 기쁘시게 하지 않고는 기도의 응답을 기대할 수도 없고 그 분의 축복 가운데 살 수도 없는 것입니다.

"선교는 기도, 선교는 전쟁, 선교는 순교"
가라꼬!!

그 분을 가장 기쁘게 하는 길이 바로 전도가 아닙니까. 그렇기 때문에 전도는 부담스러운 것이 아니라 우리가 우리들의 소원을 이루어 갈 수 있는 유일한 길인 것입니다. 주님 앞에 주님이 가장 기뻐하시는 선물을 드리기 위하여 오이코스 전도에 최선을 다하시기 바랍니다.

사람에게 투자하자

여러분의 얼굴을 하나 하나를 마음속으로 떠올려 봅니다. 얼마나 귀하고 아름다운 얼굴들인지요!

사람을 돌보고, 키우는 일은 참으로 중요합니다. 올바른 신앙 활동은 사람에게 나의 모든 것을 투자하는 것입니다. 사람에게 모든 것을 투자하는 것처럼 지혜로운 일이 없는 것입니다. 왜냐하면 한 영혼이 천하보다 귀하기 때문입니다.

기독교 신앙은 법적인 측면과 경험적인 측면이 있습니다.

예를 들어 "예수를 믿으면 하나님의 자녀가 된다"는 것은 법적인 측면인 것입니다. 그런데 법적인 측면이 이루어진 것을 무엇으로 알 수 있겠습니까? 그것은 오직 경험적인 측면을 통해서 알 수 있게 되는 것입니다. 새 가족들이 우리 은혜교회에 와서 첫 번째로 이루어지는 경험적인 측면이 바로 Grace Encounter 즉 은혜의 만남인 것입니다.

은혜의 만남의 주된 목적은 사랑하는 우리 새 가족들이 성령을 받

고 거듭나는 것입니다. 나아가서 그들이 말씀의 토대 위에 굳건히 서서 성령세례를 받은 후에 성도의 삶에 필요한 것들을 깨닫게 하는 것입니다.

"은혜의 만남" 프로그램이 성공적으로 운영되기 위해서는 무엇보다 오이코스 전도가 이루어져야합니다.

Grace Encounter, 은혜의 만남을 진행하며 관찰해 보면 오이코스 전도가 철저하게 이루어진 캔디는 거의 100% 은혜를 받고 변화가 되는데 오이코스 전도를 하지 않고 그냥 모시고 온 캔디들의 변화는 50%정도에 그치는 것을 볼 수 있습니다. 우리는 오이코스 전도에 우리의 많은 시간과 물질을 투자하고 있습니다.

가정교회 목자로서, 그룹 리더로서, 모든 것을 투자하고 있고 또한 그것이 얼마나 값진 일인지 모릅니다. 그러나 더더욱 값진 일은 그 모든 일을 사랑으로 하는 것입니다. 값진 일을 계속하셔서 주님이 부르시는 그 날 많은 상급 받는 여러분 되시기를 축원합니다.

주님을 진실로 사랑함에 대하여

우리들의 신앙생활에서 진실은 얼마나 중요한 지 모릅니다. 진실이 없이는 하나님과 올바른 관계를 맺을 수도 없고 하나님의 축복 가운데 살 수도 없습니다. 왜냐하면 하나님이 진실하시기 때문입니다. 그런데 우리는 죄인이기 때문에 그 진실을 모르는 경우가 참 많은 것 같습니다.

입으로는 한 가지 말을 하면서 생각은 다른 생각을 할 때가 참으로 많은 것 같습니다. 더욱 더 위험한 것은 자신이 진실하지 못하면서 진실되다고 스스로 속고 있는 경우입니다. 몇 번 말씀을 드렸지만 스스로 거짓말을 하는 사람은 스스로 거짓말 하는 것을 알기 때문에 언젠가 회개할 기회가 있지만 스스로 속고 있는 사람은 평생 가도 회개를 할 수 없습니다.

우리 기독교 신앙의 근본은 우리를 사랑하시는 하나님의 사랑을 깨닫고 그 하나님의 사랑에 우리도 사랑의 반응을 보여드리는 것입니다. 성경은 우리가 어떤 신앙활동을 하든지 하나님을 사랑하고 이웃을 사랑하는 마음 때문에 하기를 원하고 계십니다. 그래서 우리는

찬양을 드리면서 "I love You, Lord!" 하고 기도를 할 때 "주님 사랑합니다" 고백을 하는 것입니다.

그런데 중요한 것은 우리가 찬양이나 기도를 통하여 주님을 사랑한다고 고백하는 것이 아니라 그 고백 속에 진실이 있어야하는 것입니다. 주님을 사랑한다고 고백하는 우리의 고백이 진실한 것을 어떻게 알 수 있겠습니까? 우리가 그 누구를 사랑하면 반드시 사랑하는 그 분의 뜻을 이루어 드리려는 마음이 생기기 마련입니다.

그런데 우리가 사랑하는 주님의 가장 높으신 뜻이 주님의 지상명령임을 잘 알고 있습니다. 주님의 지상명령을 수행할 수 있는 구체적인 방안이 바로 바구니 전도(Basket Operation)인 것입니다. 우리 성도님들은 누구나 바스켓 오프레이션 이라는 비전을 허락하신 주님께 감사를 드려야합니다.

그 첫 걸음이 바로 오이코스 전도와 가정교회입니다. 여러분이 진정으로 주님을 사랑하신다면 오이코스 전도의 발걸음을 떼시고 가정교회에 충실하시기를 부탁드립니다.

9. 하나님의 손길을 움직이는 열쇠, 감사

그러므로 우리는 긍휼하심을 받고 때를 따라 돕는 은혜를 얻기 위하여
은혜의 보좌 앞에 담대히 나아갈 것이니라 (히브리서4:16)

감사위에 은혜를..
은혜가 없으면 감사를 모릅니다.
감사가 없는 욕심은 상채기를 내고 맙니다.

I

1. 이해할 수 없는 일에도 감사하며
2. 하나님 사랑의 기초는 감사입니다
3. "성령님의 역사에 감사드리며...."
4. 감사함으로 얻은 승리
5. 작은 일에도 하나님의 손길을 인정하자
6. 교회로 인하여 감사하라
7. 작은 감사, 크신 축복
8. 하나님의 손길을 움직이는 열쇠
9. 여러분들을 위하여 나의 남은 삶을 불태우길 원합니다

LOVE IS EXTRAVAGANT

이해할 수 없는 일에도 감사하며

지금 저는 한국 대전에서 70여 명의 캔디데이트들을 모시고 T.D.를 인도하고 있습니다. 계속되는 집회로 말미암아 몸도 피곤하고 본 교회를 비우는 아쉬움도 있지만 이 한 가지 한 가지가 우리 은혜교회 성도님들을 위한 믿음의 작품이라고 생각하면 큰 보람을 느끼기도 합니다.

지난 11월 13일 목요일에는 우리교회 성전 허가를 위한 첫 공청회가 열릴 예정이었는데 교육국에서 이의를 제기해서 공청회가 2주 후로 연기되었다는 연락을 받았습니다. 교육국에서 우리들의 환경조사 보고가 미흡하다는 이의를 제기했기 때문입니다. 그런데 시 당국에서 우리가 제출한 환경 조사 보고를 흡족하게 생각하고 승인을 해주었기 때문에 시에서 교육국에 그 자료를 보내주고 다음 공청회에서는 꼭 다루겠다고 약속했다고 합니다.

인간적으로 볼 때 그토록 고대하던 공청회가 또 2주간 연기가 된다고 할 때 한편으로 실망스러운 것은 말할 것도 없습니다. 그러나 다른 한편으로는 하나님께서 뜻이 계셔서 2주간 연기시켜 주시는 것으로 믿기 때문에 우리는 범사에 감사해야하는 것입니다.

이스라엘 백성들은 가나안 복지를 목표로 삼고 애굽에서 나온 지 40년 어려운 광야생활 끝에 겨우 요단강 가에 이르렀습니다. 이제 요단강만 거너면 꿈에 그리던 가나안 복지에 들어갈 수 있는데 하나님께서는 그들을 사흘 동안 요단강 가에 머물게 하십니다. 성경을 보면 이스라엘 백성들이 바로 가나안으로 진격해 들어가지 아니하고 요단강 가에서 사흘을 머물렀기 때문에 라합과 그 가족들이 구원을 받습니다.

이스라엘 백성들은 미쳐 깨닫지 못했지만 하나님께서는 라합과 그 집안을 구원하신다는 선하신 계획 때문에 이스라엘 백성들을 사흘 동안 요단강 가에 머무르게 하셨던 것입니다. 우리 성도는 범사에 감사할 줄 알아야하는 것입니다.

우리 생각에는 공청회가 빨리 열리는 것이 좋겠지만 하나님께서는 분명히 어떤 선하신 계획이 있기 때문에 우리는 이번에 공청회가 2주 동안 연기된 것을 감사해야 합니다. 사실 1차 공청회가 끝나면 시의회가 주관하는 최종 공청회가 열려야 하는데 그 공청회가 12월에 잡혀 있기 때문에 제1차 공청회가 2주 동안 연기되는 것이 전체적인 계획에는 아무런 차질이 없습니다.

특별히 감사주일을 앞두고 성도님들이 범사에 감사하는 믿음을 가지시기를 부탁드립니다.

하나님 사랑의 기초는 감사입니다

English

우리 성도의 삶 속에서 감사는 얼마나 중요한지 모릅니다.

첫째 하나님과 정상관계를 가지기 위하여 인간이 가져야 되는 심적 태도가 바로 감사이기 때문입니다. 하나님께서 우리를 사랑하시는 사랑의 기초는 긍휼입니다. 그러나 우리 인간이 하나님을 사랑하는 기초는 바로 감사입니다. 감사는 하나님과 정상관계를 유지하기 위하여 필요 불가결한 조건인 것입니다.

둘째 감사는 보다 큰 축복을 받기 위하여 반드시 필요한 조건이기 때문입니다. 하나님께서는 별빛에 감사하는 자에게 달빛을 주시고 달빛에 감사하는 자에게 햇빛을 주십니다. 받은 은혜에 감사하지 않는 사람에게 하나님은 관심을 두지 않으십니다.

셋째 감사는 우리의 삶을 천국생활로 만들어 주는 요인이기 때문입니다. 자원하여 수도원에 들어간 수도사라도 감사가 없으면 수도원은 감옥이 되고 맙니다. 할 수 없이 들어간 감옥이라도 그 속에서 감사가 있으면 감옥도 천국으로 변하는 것입니다. 우리 성도의 삶에 감사는 이처럼 중요하지만 우리가 가장 잘 못하는 것이 감사인 것 같

습니다. 그래서 일 년에 한 번이라도 감사 주일을 정해서 일부러라도 감사하는 마음을 일깨워 보려는 것이 감사 주일을 정하게 된 이유인 것 같습니다.

감사가 이처럼 중요하기 때문에 우리 교회에서는 모든 성도님들이 감사주일에는 감사의 예물을 미리 준비하여 가정에서 자녀들과 함께 감사를 드리고, 주일 예배시간에 온 가족이 함께 제단에 나와 감사를 드리고, 직접 주님 앞에 예물을 드리게 합니다.

금년 감사주일에는 우리 성도님들이 특별히 감사드려야 하는 이유가 있습니다. 바로 우리 자체 성전을 허락받았기 때문입니다. 주님 앞에 진실된 마음으로 정성껏 예물을 준비하여 주님께 드리시기 바랍니다.

성령님의 역사에 감사드리며

English

주말 수양회에서 성령님은 참으로 뜨겁게 역사해 주셨습니다. 많은 기사와 이적도 보여 주셨습니다.

어떤 집사님은 수년 동안 심한 치질 때문에 고생을 해 오셨는데 간에 문제가 있어서 수술도 못하고 고통을 받고 있었답니다. 주말 수양회에 오시면서도 과연 바닥에 앉아서 긴 시간을 보낼 수 있을 것인지 걱정이었다고 했습니다. 그 집사님은 성령세례를 받기 위하여 기도하는 순간에 치질이 고침 받고 전혀 고통을 느끼지 못한다고 하면서 자신이 생각해도 신기하다면서 간증을 해 주셨습니다.

어느 집사님은 교회를 오래 다니면서 구체적인 주님과의 만남을 간절히 사모해 왔는데 이번 수양회에서 안수 기도를 받을 때 그룹 리더가 등을 두드리면서 뒤에서 기도를 해 주셨는데 등에 손을 댈 때마다 불이 들어와서 온 마음과 몸이 뜨거워졌다고 했습니다. 제가 지난 화요일 심방을 했는데 그 때까지도 몸이 뜨겁다고 했습니다.

디스크를 고침 받고 또한 다른 질병이 떠나가고 귀신이 쫓겨나간 많은 간증을 들었습니다. 뿐만 아니라 교회에 처음 나오는 날 예배실에 들어서자마자 뜨거움을 느꼈다거나 마음에 평안을 경험했다거나 오랫동안 고통 받아온 질병이 떠나갔다거나 하는 간증은 참으로 많이 들었습니다.

이 모든 일들은 성령님께서 우리 교회 가운데 임재해 주시기 때문에 가능한 일인 것입니다. 마틴 루터가 종교개혁을 일으킨 이유 중의 하나가, 아무리 교회 건물이 있고, 목사가 있고, 성도가 모인다 할지라도 그 속에 성령이 안 계시면 교회가 되지 않는다는 뜻입니다. 성령님은 성령님을 인정하고 성령님을 환영하는 곳에 임재하시고 역사해 주십니다.

그렇기 때문에 우리 성도님들은 주일 대예배나 각종 예배와 가정교회 예배에서 성령님의 임재하심을 믿으시고, 성령님을 사모하시며, 또한 성령님의 역사를 고대하시고, 갈망하시며, 또한 성령님의 능력을 제한하지 마시고 모든 것을 그 분에게 맡기시기 바랍니다. 그러면 성령님께서는 우리들의 모든 모임 가운데 함께 하시고 또한 역사해 주실 것입니다.

작은 일에도 하나님의 손길을 인정하자

주님 앞에 물질을 심으며, 주님의 일을 하리라고 작정한 다음, 여러분의 주변 환경이 어떻게 변했는지 생각해 보시기 바랍니다. 그러나 많은 경우, 여러분들이 이미 받은 축복에 감사하지 않고 아직 받지 못한 축복을 아쉬워하며 섭섭하게 생각할 때가 얼마나 많습니까. 원인은 범사에 하나님을 인정하지 않기 때문입니다.

이스라엘 백성들은 가나안 복지를 목표로 삼고 애굽을 나온 지 40년 어려운 광야생활 끝에 겨우 요단강가까지 이르렀습니다. 이제 요단강 가만 건너면 꿈에 그리던 가나안 복지에 들어갈 수 있는데 하나님께서는 그들을 사흘 동안 요단강 가에 머물게 하십니다. 성경을 보면 이스라엘 백성들이 바로 가나안으로 진격해 들어가지 아니하고 요단강 가에서 사흘을 머물렀기 때문에 라합과 그 가족들이 구원을 받습니다. 이스라엘 백성들은 미처 깨닫지 못했지만 하나님께서는 라합과 그 집안을 구원하신다는 선하신 계획 때문에 이스라엘 백성들을 사흘 동안 요단강가에 머무르게 하셨던 것입니다.

하나님이 살아 계시면 아무리 작은 일도 하나님의 뜻이 아니면 이

오직 너 하나님의 사람아
의와 경건과 믿음과 사랑과 인내와 온유를 따르며
믿음의 선한 싸움을 싸우라
(딤전6:11-12)

루어지지 않을 것입니다. 여러분의 환경이 조금 나아졌다고 할지라도 그것을 우연한 일이나, 자신의 노력의 결과라고 생각하지 마시기 바랍니다. 그렇게 생각할 때는 하나님의 손길이 여러분의 삶 속에서 더 이상 역사를 못하시게 됩니다. 왜냐하면 잠 3장 7절에 다음과 같이 기록이 되어 있기 때문입니다.

> **"스스로 지혜롭게 여기지 말지어다 여호와를 경외하며 악을 떠날지어다"**

작은 일에도 주님의 손길을 인정하시므로 우리를 향하신 하나님의 크신 축복을 경험하는 여러분 되시기를 주님의 이름으로 축원합니다.

교회로 인하여 감사하라

이번 주는 6월의 마지막 주입니다. 2011년 전반전 6개월을 돌아보면서 많은 감사의 조건들을 찾으실 수 있을 것입니다. 여러분이 연초에 가졌던 많은 꿈들이 이루어진 것에 대해서 감사의 기도를 드리고 계시겠지요. 그러나 우리들이 정말 감사해야 하는 것은 우리 교회로 말미암아 감사해야 할 줄 압니다.

우리 성도님들은 엄연히 세상 사람들과는 구분이 됩니다. 세상 사람들은 먹을 것과 입을 것과 마실 것이 넉넉하면 그럭저럭 만족하며 살수 있다고 생각합니다. 그러나 성도님들은 다릅니다. 아무리 먹을 것, 마실 것, 입을 것이 넉넉해도 자기 교회가 잘 자라지 못하고 평안하지 못하면 결코 만족이 없는 것입니다.

비록 건강이 좋지 않고 사업이 잘 안 되어도 교회가 평안하고 잘 자라면 마음에 평안이 있고, 그 결과로 건강하지 못하던 육신이 건강하게 되기도 하며, 여의치 못하던 사업이 잘 되기도 하는 것입니다. 우리 성도님들은 우리 은혜교회 같은 교회를 세상에서 찾아볼 수 없다는 사실을 꼭 기억해야 합니다.

교회는 비행기에 비유할 수가 있습니다. 자동차나 전차나 배는 가다가 설 수도 있고 뒤로 갈 수도 있습니다. 그러나 비행기는 결코 설 수도 없고 뒤로 갈 수도 없는 것입니다. 여러분은 참으로 우리 은혜교회 때문에 감사해야 됩니다. 물론 은혜교회도 약점이 있고 여러분의 마음에 들지 않은 점이 있을지도 모릅니다.

그러나 여러분이 Tres Dias (사랑의 불꽃)에서 배운 대로 교회는 나와 같은 부족한 사람들이 모여서 이루고 있기 때문에 결코 하나님의 이상에 이를 수도 없고 여러분의 이상에 이를 수도 없는 것입니다. 그런데 하나님께서는 왜 여러분을 그런 교회에 배치하셨을까요?

하나님께서는 여러분을 통하여 여러분이 몸담고 있는 교회가 하나님의 이상에 한 걸음이라도 더 나아가기를 원하시는 것입니다. 여러분은 여러분이 속한 교회의 약점을 찾아 불평하는 성도보다는 감사할 것을 찾아 감사하며 교회를 위하여 열심히 기도하며 헌신하는 성도가 되어야 합니다.

우리들에게는 2011년도에 우리가 정복해야하는 큰 산 봉우리 가 있습니다. "오직 예수, 한 방향 인생이 되자" 입니다. 우리가 목표로 하는 산정에 이르기 위하여 또 한 번의 각오를 해 주시기를 주님의 이름으로 부탁드립니다. 이제 2011년도 후반전이 시작됩니다. 여러분의 5병2어를 드리시고 오이코스 전도에 더욱 박차를 가해 주시기를 부탁드립니다.

작은 감사, 크신 축복

우리는 삶 가운데 물질로, 또한 봉사와 섬김의 시간으로, 기도로, 힘껏 주님 앞에 우리의5병2어를 드렸고, 또 드리고 있습니다. 씨앗을 심고 말씀대로 추수의 법칙만 지키면 추수는 반드시 하게 되어 있습니다. 그런데 우리가 한 가지 더 꼭 기억해야 할 것은 반드시 작은 축복에도 감사하는 마음을 품어야 하는 것입니다.

나병환자 열 명이 주님 앞에 구할 때 주님께서는 그들의 나병을 고쳐 주셨습니다. (눅 17:11~19) 그들이 길을 가다가 자신들의 나병이 다 나은 것을 발견하지만 그 중의 사마리아 한 사람만 주님께로 돌아와서 주님께 경배합니다. 그때 예수님께서는 감사하기 위하여 주님께로 돌아오지 아니한 다른 아홉 명에 대하여 한탄하시며 사마리아 사람의 구원까지 약속해 주십니다.

우리들도 감사하는 마음이 부족하기 때문에 하나님의 은총을 받고도 이를 깨닫지 못하며, 받은 은총에 대하여 감사하지 못할 때가 많은 것 같습니다. 저는 그동안 선교를 위하여 부족한 종과 우리 은혜

교회를 사용해 주신 주님의 은혜가 얼마나 감사한 지 모릅니다. 사실 목사로 선교에 쓰임 받기를 원하지 않는 목사님이 어디 있겠습니까? 그러나 주님께서 모든 목사, 모든 교회에 선교를 맡겨 주신 것 같지는 않습니다.

하나님이 살아 계시므로 아무리 작은 일도 하나님의 뜻이 아니면 이루어지지 않을 것입니다. 여러분의 환경이 조금 나아졌다고 할지라도 그것은 우연한 일이나, 자신의 노력의 결과라고 생각하지 마시기 바랍니다. 그렇게 생각할 때는 하나님의 손길이 여러분의 삶속에서 더이상 역사를 못하시게 됩니다. 왜냐하면 잠 3장 7절에 다음과 같이 기록이 되어 있기 때문입니다.

"스스로 지혜롭게 여기지 말지어다 여호와를 경외하며 악을 떠날지어다"

작은 일에도 주님의 손길을 인정하시므로 우리를 향하신 하나님의 크신 축복을 경험하는 여러분이 되시기를 주님의 이름으로 축원합니다

믿음은 변화를 동반합니다.
변화는 새로움을 동반합니다.
새로움은 밝은 세상을 만들어갑니다.

하나님의 손길을 움직이는 열쇠

English

여러분의 기도로 저는 신장이식 후에 잘 회복되고 있습니다. 크리스마스 즈음에는 한국으로 갈 수 있을 것입니다. 사랑하는 성도님들의 모습을 하나 하나 그려봅니다. 사랑합니다! 그리고 감사합니다!

나를 지으신 이가 하나님/ 나를 부르신 이가 하나님/
나를 보내신 이도 하나님/ 나의 나 된 것은 다 하나님 은혜라

우리의 모든 존재가치는 모두 하나님의 은혜일 뿐입니다. 손가락 하나도 주님의 은혜가 없이는 존재할 수 없는 것입니다. 모든 것에 대한 감사가 있지만, 특별히 은혜교회와 같은 좋은 교회와 좋은 목사님들, 좋은 성도님들을 만나서 함께 예배드릴 수 있는 것에 감사를 드립니다. 우리는 우리의 감사의 생활을 통해서 하나님에 대한 우리의 사랑을 고백할 수 있는 것입니다. 그 사랑의 고백을 받으신 주님은 또한 범사에 잘됨과 강건하심을 허락하신다고 약속하고 계십니다.

감사는 하나님의 손길을 움직이게 하는 열쇠와도 같은 것입니다. 왜 그럴까요?

보통 일반적으로 믿는 자들이 병이 들거나 사업이 잘 안 되거나 문제가 생길 때에는 대부분 하나님의 사랑의 징계의 손길로 말미암았을 때가 많습니다. 우리가 하나님 앞에 올바른 성도의 생활을 못할 때 하나님은 우리를 사랑하시기 때문에 그냥 방관하시지 않습니다. 사랑하는 자녀가 잘못을 계속할 때 부모가 그 자녀를 사랑하기 때문에 채찍을 드는 것과 똑 같습니다.

그런데 하나님께서 징계하시는 목적은 우리의 잘못을 책벌하는 것이 아니라 우리가 하나님의 축복을 받을 수 있는 자녀로 만드는 것입니다.

요한 삼서 1장 2절에는 "네 영혼이 잘 됨같이 네가 범사에 잘되고 강건하기를 내가 간구하노라"고 기록되어 있는 것입니다. 그런데 나의 영혼이 잘된다는 뜻이 무엇이겠습니까? 그것은 하나님 앞에 범사에 감사한 마음을 품는 것입니다.

그 이유를 잠시 설명해 드리겠습니다. 하나님께서 가장 바라시는 것은 우리들과 더불어 사랑의 관계를 맺는 것입니다. 그런데 사랑에는 근거가 있는 법입니다. 하나님께서 우리들을 사랑하시는 근거에는 그 분의 긍휼히 여기시는 마음, 자비가 깔려 있습니다. 그런데 우리가 하나님을 사랑하는 것은 무엇이 근거가 되어야하겠습니까? 그것이 바로 감사인 것입니다. 때문에 우리가 감사할 줄 알 때 하나님의 징계의 손길이 그치며 이것이 바로 하나님의 기적의 손길이 우리들에게 임하시는 순간이기도 한 것입니다.

나의 달려 갈길 다가도록/ 나의 마지막 호흡 다하도록/
나를 그 십자가 품게 하시니/ 나의 나 된 것은 다- 하나님 은혜라.

하나님의 한량없는 은혜를 감사로 대답하심으로 하나님의 축복의 손길을 경험하는 여러분 되시기를 간구합니다.

여러분들을 위하여 남은 삶을 불태우길 원합니다

English

우리가 세상을 살아가면서 가장 잊기 쉬운 것이 감사하는 마음입니다. 우리는 하나님께 그 무엇으로도 갚을 수 없는 큰 빚을 지고 있습니다. 우리는 하나님께서 마련해 주신 자연 속에서 삶을 이어가고 있습니다. 하나님께서 지어주신 공기가 아니라면, 하나님께서 예비해 두신 햇빛이 아니라면, 하나님께서 저장해 주신 지하자원이 아니라면, 우리는 무엇으로 삶을 이어갈 수 있겠습니까?

더구나 하나님의 기뻐하시는 뜻을 따라 우리가 택정함을 받았고, 예수님께서 흘려 주신 보혈로 구속함을 받았고, 성령님께서 말할 수 없는 탄식으로 기도해 주심으로 십자가 앞까지 인도된 것을 생각할 때 어찌 우리가 하나님께 감사드리지 않을 수가 있겠습니까?

그러나 이번 감사절에 기도원 산정에서 기도 드리는 저의 마음에 알알이 부닥쳐오는 감사는 바로 우리 사랑하는 성도님들을 향한 것이었습니다. 우리 은혜교회 교인들보다 더 아름다운 성도님들을 세상 어느 곳에서 찾아볼 수 있겠습니까? 언제나 은혜를 사모하는 뜨거운 마음, 부족한 목회자를 이해하고 따라주는 순종의 마음, 그리고 자신의 생활을 희생해 가며 드리는 섬김의 자세는 이 세상 어느 교회에서도 찾아보기 힘든 것들입니다.

주일 날 아침 6시 30분이면 어김없이 교회에 나와 1부 예배를 준비하는 예배부원의 모습, 교회 일을 나의 집안 일보다 앞서 돌보는 관리국원들, 짧은 시간의 통고에도 불구하고 불평 한 마디 없이 음식을 장만하는 연합 여전도회 회원들과 권사님들, 모이기에 힘쓰는 교회 지도자들, 생활을 제쳐두고 헌신하는 T.D.국원들, 어려운 가운데서도 물건을 아낌없이 드리는 청지기 선교회원들..

그러나 무엇보다도 감사한 것은 바로 우리 교회의 장로님들과 교구장님들, 구역장님들이라 할 수 있겠습니다. 우리교회 장로님들처럼 겸손하시고, 순종해 주시는 장로님들을 어느 교회에서 찾아볼 수 있겠습니까? 스스로도 연약할 수밖에 없는 믿음을 가진 평신도 양무리를 맡아서 혼신의 힘을 다하여 충성하시는 교구장, 구역장님들, 또한 부족한 사례에도 불구하고 목숨을 다하여 사역을 감당하는 우리 교역자들.

저는 이번 감사절에 귀한 우리 성도님들의 모습을 그려보며 할 수 있었다면 큰 절이라도 드리고, 감사드리고 싶은 마음이 가슴 가득히 스며옴을 어쩔 수 없었습니다. 저는 감사절날 기도원 산정에서 주님께 간절히 기도했습니다. "우리 귀한 성도님들을 위하여 나의 남은 삶을 불 태우게 도와 주소서"

부족한 종이 유한한 인간이기 때문에 목회자로서의 정을 여러분들께 구체적으로 표현할 길은 없지만 여러분께 이 말만은 꼭 들려주고 싶습니다.

"여러분 정말 감사합니다. 여러분을 진심으로 사랑합니다. 여러분을 위하여 몸과 마음을 불태우기를 원합니다."

10. 성탄절기와 부활의 새벽

여호와께서 너희 땅에 이른비, 늦은비를 적당한 때에 내리시리니
너희가 곡식과 포도주와 기름을 얻을 것이요 (신명기 11:14)

절기마다 돕는 은혜는 오래도록 참으시는 하나님의 사랑입니다.
복주시기를 원하시는 하나님의 기다림 입니다.

1. 성탄절의 화해, 용서, 기쁨
2. 참다운 크리스마스 정신을 실천하기
3. 지혜 가운데 지혜는....
4. 고난 주간의 묵상 주제
5. 순교에 대한 올바른 개념
6. 그리스도의 고난에 동참하자
7. 죽음을 초월하는 부활의 수준
8. 자연에서 배우는 생명의 신비
9. 부활의 영광은 우리의 상상 이상입니다
10. 부활의 최고 수준을 실감하십니까?

LOVE IS EXTRAVAGANT

성탄절의 화해, 용서, 기쁨

기다리던 성탄절 예배를 드리고, 이어서 성가 축제를 아름답게 마칠 수 있었습니다. 매년 크리스마스가 되면 성가축제로 가슴이 설레이곤 합니다.

어떤 그룹은 연락이 안 되던 교우들을 방문하고 성가제를 통해서 다시 한번 하나가 되기를 소원하며 열심히 연습하기도하고, 어떤 그룹은 멋진 모습과 아름다운 찬양의 깜짝 공연을 준비하기 위해 비밀리에 연습하기도 하면서 모두들 설레이는 축제를 준비하는 모습이 너무나 아름다웠습니다.

성탄의 정신은 용서와 화해와 기쁨입니다. 하나님과 원수 되었던 우리들에게 하나님과 화해할 수 있는 길을 열어 주시기 위하여 몸소 형상을 입고 이 땅까지 오셨습니다. 죄 지은 우리들을 용서하시기 위하여 하나님께서 취하신 방법이 바로 예수 그리스도인 것입니다. 그렇기 때문에 크리스마스의 가장 대표적인 정신이 바로 용서인 것입니다. 성탄절을 가장 뜻있게 보내는 법은 바로 우리도 서로 서로를 용서하는 것입니다. 혹시 부모님에게 많은 상처가 있더라도 성탄절을 올바르게 보내기 위하여 용서하시기 바랍니다. 성도 간에 조금 섭

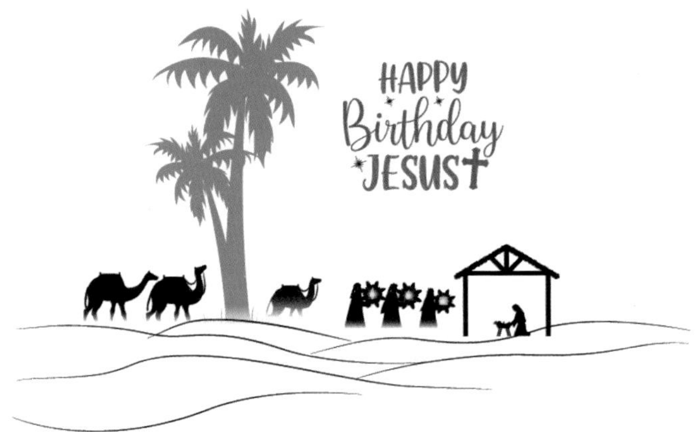

섭한 일이 있었다 할지라도 예수의 이름으로 용서하시기 바랍니다.

성탄절의 두 번째 정신은 바로 화해입니다. 주님께서 이 땅에 오셔서 십자가를 지심으로 하나님으로부터 등을 돌리고 있던 우리들이 하나님과 더불어 화해가 이루어졌습니다. 주님이 태어나신 날 천사들이 다음과 같이 노래했던 것입니다.

> **"지극히 높은 곳에서는 하나님께 영광이요 땅에서는 기뻐하심을 입은 사람들 중에 평화로다 하니라" (눅 2:14)**

성탄절을 올바르게 지키기 위해서라도 모든 사람들과 화해하시기 바랍니다.

성탄절의 세 번째 정신은 바로 기쁨입니다. 이 기쁨은 바로 하나님과 더불어 불화 가운데 있던 하나님과 더불어 화해가 이루어졌기 때문에 누리는 기쁨인 것입니다. 사랑하는 우리 주님의 십자가 지심으로 이제는 하나님과 화해가 된 것을 믿으시고 기쁨을 충만하게 누리시기를 축원합니다.

우리들 사이에도 용서와 화해로 말미암은 기쁨이 충만하시기를 주님의 이름으로 축원합니다.

참다운 크리스마스 정신을 실천하기

English

크리스마스가 5일 앞으로 다가왔습니다. 하나님께서는 사랑하는 우리들을 위하여 그분이 가장 아끼는 아들을 내어 놓으셨습니다. 진주 장사가 값진 진주를 사기 위해 자신의 모든 소유를 팔아 그 진주를 사는 것처럼 그분이 가장 아끼시는 아들을 이 땅에 보내시고, 십자가에서 죽으심으로 죄값을 치루시고 여러분을 사셨던 것입니다. (마 13:45)

이 크신 사랑을 여러분의 마음속에 간직하고 있습니까? 주님께서 지금 이시간도 여러분과 얼마나 사랑의 교제를 원하시는지 그 분의 심정이 이해되고 믿어질 때 그 분을 향한 나의 사랑도 시작될 수 있는 것입니다.

예수님은 결코 우리를 구원하시는 것으로 만족하지 않으십니다. 예수님은 우리가 예수님을 위하여 헌신하고 열심히 일하는 것만을 원하시지 않습니다. 주님께서는 우리 한 사람, 한 사람과 깊은 사랑의 교제를 원하고 계십니다.

때문에 여러분도 구원받은 것으로 만족하면 안 됩니다. 주님을 위하여 또한 몸 된 교회를 위하여 일을 많이 하는 데에 그쳐서도 안 됩니다. 주님께서 기뻐하시는 성도가 되기 위해서는 주님과 깊은 사랑의 교제가 이루어져야만 합니다.

목사가 하는 일차적인 사명은 바로 여러분에게 예수님을 소개하는 데 있습니다. 제가 목회를 하면서 여러분에게 가장 알려드리고 싶었던 사실을 한 가지 말하라 한다면, 여러분을 향하신 예수님의 사랑입니다. 바로 이시간도 예수님께서 얼마나 여러분을 사랑하시고 있는지 그 사실을 깨달을 때에만 비로소 주님과 참다운 사랑의 교제가 이루어질 수 있기 때문입니다.

내게 입맞추기를 원하니 네 사랑이 포도주보다 나음이로구나 (아 1:2)

예수님을 표상하고 있는 솔로몬 왕에 대한 술람미 여인의 사랑은 솔로몬 왕이 자기에게 입 맞추기를 원한다는 사실을 깨달을 때에 비로소 사랑의 밀접한 관계가 싹트기 시작합니다. 우리가 감히 상상해 볼 수 없을 정도로 큰 주님의 사랑을 깨달을 때만이 주님과의 밀접한 사랑의 시간이 시작될 수 있는 것입니다.

이번 크리스마스에는 하나님께서 우리들을 위하여 그분이 가장 아끼는 아들을 보내주신 것을 기억하시기 바랍니다. 그 사랑을 기억하시기 바랍니다. 그리고 우리의 사랑을 시작하시기 바랍니다. 우리 성도님들도 계산과 이치를 초월한 사랑을 그 분께 드리시기 바랍니다. 또한 서로 서로에게도 이러한 사랑을 베푸시기를 바랍니다. 그것이야말로 참다운 크리스마스 정신이기 때문입니다.

지혜 가운데 지혜는....

기원 전 1세기 하반기는 로마 제국의 일대 격동기였습니다. 당시 로마의 제 1인자였던 폼페이우스에 대항하여 시이저가 이태리 북부에 흐르는 루비콘 강을 건넌 것이 기원전 49년 1월 10일. 폼페이우스를 축출하고 로마의 제1인자가 됩니다. 그는 유례 없는 시민의 지지를 받았지만 그 유명한 클레오파트라와 사랑에 빠져 시민들의 신임을 잃기 시작했고 드디어 브루투스에 의하여 암살됩니다.

시민의 영웅 시이저를 암살한 브루투스 일파를 숙청한 공로로 안토니우스가 로마의 제1인자의 자리에 오릅니다. 그러나 그도 클레오파트라의 미모에 빠져 클레오파트라의 품에서 세월을 보내며 로마 시민이 부여한 책임을 게을리합니다. 이 때 정적인 옥타비아누스가 군사를 일으켜 안토니우스와 일전을 벌이고 안타니우스와 클레오파트라는 악티움 해전에서 패배하고 클레오파트라가 죽었다는 잘못된 정보를 듣고 안토니우스도 클레오파트라를 뒤따르기 위하여 칼로 스스로 배를 찔러 자살을 하고 클레오파트라도 이 소식을 듣고 스스로 독사에게 물려 생을 끝마칩니다.

안토니우스를 물리친 옥타비아누스가 로마의 제 1인자의 위치에 오르며 그는 스스로 겸손한 척하는 처세로 원로원과 시민의 신망을 얻고 드디어 신이나 인간에게 주어지는 최고의 칭호인 아구스도라는 칭호를 받고 또한 로마 역사상 최초로 황제라는 칭호를 받습니다. 그가 바로 예수님의 탄생 당시에 로마제국에 거주하는 모든 사람에게 호적을 명령한 가이사 아구스도 (눅 2:1)인 것입니다.

사람들은 자기네들끼리 전쟁과 권력다툼으로 복잡한 역사를 엮어 가지만 그 배후에는 예수님이 베들레헴에서 태어나리라는 하나님의 경륜을 이루시기 위한 하나님의 손길이 있는 것입니다.

이 땅에서 이루어지는 모든 사건의 배후에 하나님의 뜻을 이루시겠다는 하나님의 섭리가 역사하고 계심을 언제나 기억하며 그 하나님의 섭리에 순응하는 것이 바로 지혜 가운데 지혜인 것입니다.

"주님의 지상명령을 수행하는 교회"가 되는데 여러 성도님들이 주인공이 되어 주시기를 다시 한번 부탁 드립니다.

고난 주간의 두 가지의 묵상

여러분 가운데 많은 분들이 “The Passion of Christ”라는 영화를 보신 줄 압니다. 저도 지난 수요일 아침에 몇 분 선교사님들과 함께 그 영화를 보았습니다. 우리 주님께서 이 세상에 오셔서 죄인들의 손에 뺨을 맞으시고 얼굴에 침 뱉음을 당하시며, 여러 사람들이 달려들어 주먹질을 하며 발길질을 했습니다.

주님께서 채찍을 맞으시는 장면이나 십자가를 지고 골고다 언덕길을 올라가는 모습. 또한 십자가에 눕혀 놓고 못을 박는 장면. 십자가에 매달려 고통받으시는 모습은 참으로 끔찍했습니다. 그러나 실제로는 그보다 더 끔찍했을지도 모릅니다. 왜냐하면 주님은 죄가 없으시고, 고통을 경험한 적이 없으시고, 죽음과는 반대편에 계시던 분이시기 때문입니다.

또한 주님께서 제자들에게 “나의 심령이 고민하여 죽게 되었으니 나를 위하여 기도해 달라”고 부탁하신 이유는 따로 있습니다. 그것은 내면적 고통이기 때문에 영화로는 도무지 나타낼 수 없는 고통인 것입니다. 우리 주님은 거룩하신 주님이십니다. 주님이 “거룩하시다”라는 말 가운데는 주님은 “죄와 더불어 공존할 수 없다”라는 뜻이 들어 있는 것입니다. 그것은 마치 빛이 어두움과 함께 공존할 수 없는 이치와도 같은 것입니다.

"The Passion"의 첫 장면에서 우리 주님께서 겟세마네 동산에서 고민하시는 장면이 나옵니다. 우리 주님께서 그토록 고민하신 이유가 단순히 십자가를 지시는 육체적인 고통 때문만은 아니었습니다. 그 분이 그토록 고민하신 이유는 바로 "죄와 공존할 수 없는" 우리 주님께서 우리의 모든 죄를 마셔야 했기 때문입니다. 고통은 비단 육체적인 고통만은 아닙니다.

여러분이 무슨 사정 때문에 사람들이 뱉어 놓은 가래침 한 통을 마셔야 한다고 가정해 보십시오. 우리 주님은 바로 그 고통 때문에 고민을 하셨던 것입니다. 주님께서 당하신 고통은 바로 죄 때문에 우리가 당하게 된 고통을 대신 당하신 것입니다.

이번 고난 주간을 통하여 두 가지 사실을 묵상하시기 바랍니다.

첫째는 그 무서운 죄의 결과 즉 형벌을 주님께서 2천 년 전에 다 담당해 주신 사실.

둘째는 우리가 지금도 작은 죄라도 지을 때 그것이 주님에게는 어떤 고통이 되는지 묵상해 주시기 바랍니다.

순교에 대한 올바른 개념

이번 주에도 대만 신학교에 머물고 있습니다. 율법과 복음 강의를 마치고 17일에는 서울로 향발할 예정입니다. 이곳에서 잠깐씩 보는 세계 소식에는 '탈레반'이라는 단어가 자주 보입니다. 여러분 아직도 기억하실지 모르겠습니다. 한국에서는 탈레반 인질사건 때문에 온 나라가 시끌벅적했던 시간이 있었습니다.

인질로 잡혀있던 분들의 불안과 공포를, 인질로 잡혀있는 분들의 가족들이 느끼던 불안과 공포를 어찌 말로 다 표현할 수 있었겠습니까? 또한 교회의 담임목사와 성도들의 안타까움을 어떻게 다 이해할 수 있었겠습니까? 더구나 이때 처형당한 목사님이나 형제에 대한 가족들의 안타까움을 어떻게 다른 사람들이 짐작이나 하겠습니까?

우리도 선교하는 교회로서 언제 이런 일을 직접 당하게 될 지 모릅니다. 그렇기 때문에 우리 성도님들은 순교에 대하여 올바른 개념을 가져야 합니다. 사실 알고 보면 사람이 누릴 수 있는 축복 가운데 순교보다 더 큰 축복이 없습니다.

로마서 8장 17절에는 다음과 같이 기록되어 있습니다.

"자녀이면 또 후사 곧 하나님의 후사요 그리스도와 함께한 후사니 우리가 그와 함께 영광을 받기 위하여 고난도 함께 받아야 될 것이니라."

그렇기 때문에 주님의 이름을 위하여 죽을 수 있는 것은 인간이 받을 수 있는 가장 큰 축복입니다. 사도 바울은 3차 선교여행 중에 각 성에서 예루살렘에 가면 순교하게 되리라는 계시를 받았습니다. 특별히 사도행전 21장 10-14절 사이에 보면 사도 바울이 가이사랴에 이르렀을

때 선지자 아가보가 바울의 띠로 자신의 손발을 묶고 예언을 합니다.

"이 띠 임자가 예루살렘에 가면 유대인들이 이 띠 임자를 잡아서 로마 군대에 넘겨주리라."

이런 것을 행위예언이라고 부릅니다. 이 예언의 말씀을 들은 제자들의 반응과 사도 바울의 반응은 정반대로 나타났습니다. 제자들은 울면서 사도 바울에게 말합니다.

"성령께서 예루살렘에 가면 순교당하리라고 말씀해 주시니 가지 마십시오."

그러나 사도 바울의 반응은 정반대였습니다.

"어찌하여 울어 내 마음을 상하게 하느냐, 나는 주 예수의 이름을 위하여 결박 받을 뿐 아니라 예루살렘에서 죽을 것도 각오하였노라."

사실 성령님은 사도 바울이 예루살렘에 가면 순교당하리라고만 말씀하셨기 때문에 가라든지, 가지 말라든지 하는 것은 인간의 해석이었습니다. 제자들은 아직도 육체의 생명에 대한 애착을 버리지 못했기 때문에 성령님의 계시에 대하여 가지 말라는 뜻으로 들었고, 사도 바울은 육신의 생명에 대한 애착을 버렸기 때문에 가라는 음성으로 들었던 것입니다.

주님께서 사랑하시던 12제자 가운데 사도 요한을 제외하고는 모두 순교의 제물로 죽었습니다. 주님께서 순교를 막으실 능력이 없기 때문에 그들이 순교하도록 내버려 두신 것이 아닙니다. 그것이 인간이 누릴 수 있는 가장 큰 축복이기에 사랑하는 제자들에게 순교의 축복을 내려 주셨던 것입니다.

사랑하는 우리 성도 여러분! 여러분들은 순교할 만한 믿음의 각오를 하시기를 축원합니다.

그리스도의 고난에 동참하자

사랑하는 우리 성도 여러분! 저는 지금 중국의 최남단에 있는 해남에서 이 글을 쓰고 있습니다. 지난 주일 예배 후에 중국 대륙에 와서 여러 곳을 다니다가 어제 밤늦게 이곳에 도착했습니다. 이번 여행길에 귀한 믿음의 동역자들을 만났습니다. 이곳의 수출중심지라고 할 수 있는 어느 도시에 갔을 때 한 교회를 방문하게 되었습니다. 물론 저희와 관계가 있는 교회입니다.

그곳의 사업하는 몇몇 성도님들이 수양관 및 호텔을 짓기 원하여 설계를 도와주게 되었습니다. 그 중의 한 분은 가정교회 목자와 같은 분인데 다음과 같은 간증을 눈물을 흘리면서 했습니다.

그분의 아버지는 원래 목사였답니다. 문화혁명 때 붙들려 들어가서 예수를 믿으면 죽이겠다고 하는 데도 아버지는 끝까지 신앙을 고수했답니다. 수시로 아버지가 끌려가서 수없이 매를 맞은 광경을 매일 보면서 자랐답니다. 많은 성도들이 핍박에 못 이겨 예수를 버리고 세 성도만이 믿음을 지켰답니다. 결국 살 곳이 없어 밭에 있는 남의 화장실 같은 곳에 살며 믿음을 지킨 성도가 남몰래 가져다주는 음식으로 연명을 했답니다.

얼마 후에 아버지는 순교하시고 어려운 가운데 살면서 그는 어린 마음에 예수를 믿는 것이 무슨 죄인 것처럼 느껴져서 자신도 예수를 버릴까 했는데 그래도 주님께서는 자기를 버리지 아니하시고 오늘까지 사업도 잘하게 하시고 주님의 사역도 감당하게 해 주셨다고 눈물을 흘리며 간증을 했습니다. 이 지역에 있는 한 목사님은 문화혁명 때 붙들려서 철사줄로 손발을 얼마나 조여서 묶었는지 철사가 살 속으로 파고 들어가서 손목과 발목에 팔찌처럼 흉터가 나 있었습니다. 이곳에서나 소련지역에는 과거에 신앙 때문에 말할 수 없이 핍박을 받고 고통당한 많은 성도들이 있습니다. 사실 그들은 너무나 큰 축복을 받은 성도들입니다. 왜냐하면 인간은 육신을 가지고 태어나서 그리스도의 고난에 동참할 수 있는 것이 최고의 축복이기 때문입니다.

우리는 아무런 방해를 받지 않고 자유스럽게 신앙활동을 하고 있습니다. 그런데 주님 앞에 사명 감당하는 것이 힘들다고 불평하거나 사역을 내려놓으면 너무나 어리석은 성도가 되고 맙니다. 오이코스 전도가 아무리 힘들어도 핍박받는 성도들을 기억하며 감사함으로 오이코스 전도를 해야 합니다. 가정교회 목자나 그룹 리더의 사명이 아무리 힘들더라도 감사함으로 감당해야 합니다. 왜냐하면 우리가 하늘나라에 갔을 때 반드시 주님께서 보답해 주시고 많은 상급을 주실 것이기 때문입니다.

죽음을 초월하는 부활의 수준

English

신앙은 고백입니다. 그러나 그 고백이 입술만의 고백인지, 심중의 고백인지, 생활의 고백인지는 큰 차이가 있습니다.

오늘은 부활주일입니다. 우리 주님의 부활을 기념하는 주일입니다. 우리 성도님들은 주님의 부활을 믿을 뿐만 아니라 앞으로 우리들 자신의 부활도 믿고 있습니다. 그런데 많은 성도님들은 부활의 정확한 뜻을 잘 모르시는 것 같습니다. 부활을 우리의 수중에 가지고 있다는 뜻을 잘 모르시는 것 같습니다. 그렇기 때문에 많은 성도님들이 어줍잖은 세상 일에 삶의 희비를 걸고 있는 경우를 많이 보게 됩니다. 장사가 잘 되면 기뻐하고 장사가 잘 안되면 의기 소침해집니다. 사회나 회사에서 높은 자리에 올라가면 기뻐하고 낮은 자리로 내려가면 슬퍼합니다.

그러나 이 모든 일들은 이 세상에 속한 일들입니다. 언제나 제가 말씀드리지만 이 세상 사람들이 알고 있는 가장 높은 수준은 바로 죽음입니다. 무엇을 보고 알 수 있습니까? 우리는 세상을 살아 가며 나

보다 높은 수준에 있는 사람을 만나면 마음이 겸허해지고 기를 펼 수가 없습니다. 그런데 세상사람이면 누구나, 세계 제일의 갑부나 대통령이라 할지라도 마음이 겸허해지며 기를 펴지 못하는 경우가 있습니다.

그것이 무엇일까요? 바로 장례식인 것입니다. 왜 그럴까요? 그것은 그곳에는 죽음이 있고, 죽음은 바로 이 세상에 있는 모든 것 중에 가장 높은 수준이기 때문입니다. 아무리 부자가 되어도 죽음은 초월하지 못합니다. 노벨상을 받은 학자도 죽음만은 초월하지 못합니다. 미국의 대통령이라 할지라도 죽음만은 초월하지 못하는 것입니다.

그런데 죽음보다 더 높은 수준이 꼭 한 가지 있습니다. 그것이 부활인 것입니다. 그렇기 때문에 사도 바울이 예수를 알고 부활이 자기 수중에 있는 것을 깨달았을 때 그는 자기 육체를 위하여 유익하게 여기던 모든 것들을 배설물처럼 버렸다고 고백했던 것입니다.

성도는 이 세상에 있는 가장 높은 수준인 믿음으로 죽음을 초월한 부활의 수준에 이른 것을 기억하시기 바랍니다. 세상사람들이 아무리 돈을 많이 벌거나 높은 위치에 올라갔다 할지라도 그것을 부러워하면 안됩니다. 주님의 부활로 말미암아 우리가 이른 수준을 아시고 정말 주님의 부활을 기뻐하시는 여러분 되시기를 주님의 이름으로 축원합니다.

자연에서 배우는 생명의 신비

English

지금은 2월말, 여전히 겨울 추위는 장막처럼 드리워 있지만 그 사이 사이에서 따뜻한 봄기운을 느끼는 때입니다.

옛날 한국에 살던 젊은 시절에는 이때쯤이면 저는 정원에 팬지꽃을 심기 시작했습니다. 하늘거리는 나비의 나래처럼 바람에 하늘거리는 화사한 팬지 꽃잎은 다가오는 봄철과 여름철에 대한 기대를 불러일으키는 소망의 메신저였습니다. 그리고 빨간 꽃을 피우는 페추니아를 심고 겨우내 꽁꽁 싸매어 두었던 장미 나무의 꽃을 풀어줍니다. 죽었던 것 같던 장미 둥지에서 새 움이 돋으며 드디어 작은 잎사귀가 고개를 내어밀고 하루가 다르게 자라는 모습은 그 당시 저에게는 무한한 즐거움이었습니다.

지금도 저는 틈이 있으면 교회의 정원에 나가 죽은 것 같은 장미 나무줄기에서 움이 트며 잎새가 자라는 것을 보곤 합니다. 얼마 안 있으면 은행나무가지에 움이 돋고 Lily of the Nile의 파란 꽃들이 피어나며, 발렌시아길 쪽에서 교회에 들어오는 길에 즐비한 자카란타(Jack o' Lanta)의 보라색 꽃들이 피어날 것입니다.

저는 겨울 내내 부활에 대한 신앙을 참으로 쉽게 가집니다. 6개월 이상 꽁꽁 언 얼음에 덮혀 있던 대지가 어느 날 아침 밖에 나가 보면 하룻밤 사이에 파란 풀로 대지가 덮히고 들꽃들이 들판을 덮고 있는 것을 보면 너무나 쉽게 부활을 믿게 됩니다.

우리의 생명은 영원한 것입니다. 비록 육신이 죽어도 우리의 생명은 아름다운 영광체로 부활하게 되어 있습니다. 여러분이 교회의 정원을 거닐면서 생명의 신비를 느껴 보시기 바랍니다. 그리고 부활에 대한 확실한 믿음을 가지시기 바랍니다.

부활의 영광은 우리의 상상 이상입니다

English

인류역사상에 가장 경이로운 한 사건을 들라고 하면 바로 주님의 부활 사건일 것입니다. 주님이 이 땅에 오신 성탄절도 참으로 기쁜 날입니다. 주님께서 십자가에서 돌아가신 사건도 우리들에게는 아주 뜻 깊은 사건입니다. 그러나 주님의 탄생이나 십자가 사건들이 그 자체로 끝나는 것이 아니라 부활로 나아가기 위한 과정인 것입니다.

주님의 목적은 부활에 있는데 부활하시기 위해서 주님께서 먼저 십자가를 지셔야 했고, 주님께서 십자가를 지시기 위하여 이 세상에 태어나지 않으면 안 되었던 것입니다.

주님의 부활은 왜 그토록 신비하고 또한 우리들에게 뜻깊은 날이겠습니까?

그것은 바로 예수 믿는 우리들의 부활도 보장이 되기 때문입니다. 사실 모든 사람들은 죽지 않을 수 없습니다. 죽어야 된다는 엄연한 현실이 우리 앞에 놓여 있지만 인간은 죽음이 너무 두렵고 싫기 때문에 우리의 마음속 깊이 묻어두고 평소에는 생각을 잘 하지 않습니다. 그러다가 작은 일이 잘못되어도 가슴이 덜컹 내려 앉는 것은 그 작은 사건이 잠재의식 가운데 죽음에 대한 불안을 일깨워주기 때문입니다.

그런데 부활이란 무엇입니까? 그것은 우리가 죽어도 주님처럼 다시 부활할 수 있다는 뜻입니다. 그런데 우리가 부활할 때는 지금의 썩어질 육체로 부활하는 것이 아니라 영원히 죽지 아니하고 더없이 아름다운 영광체로 부활하게 되어 있는 것입니다. 우리 성도들에게는 부활의 소망이 얼마나 귀중한 것인지 모릅니다.

나사로는 죽은 지 나흘 만에 다시 살아났지만 그는 소생한 것이지 부활한 것은 아닙니다. 왜냐하면 소생한 나사로는 다시 죽었기 때문입니다. 부활은 죽은 자가 다시 살아서 영원히 죽지 않는 것을 뜻합니다. 그런데 성경에는 부활이 두 번 있다고 기록이 되어 있습니다.

첫 번째 부활은 주님이 공중에 재림하실 때 죽은 성도들이 영광체로 부활을 하여 주님과 혼인잔치에 참여하게 됩니다. 물론 주님께서 공중에 재림하실 때 아직 지상에 살아 있는 성도들은 몸이 홀연히 변하여 공중으로 들림을 받아서 주님의 혼인잔치에 참여하게 되어 있습니다.

두 번째 부활은 주님이 친히 다스리시는 천년왕국이 끝난 다음 이 물질계가 사라진 직후 백보좌 심판대 앞에 부활하는 것입니다. 이 부활에는 예수를 믿지 않고 죽은 불신자들이 죽을 때 모습 그대로 부활하여 심판을 받게 되는데 여기서 무죄 판결을 받을 자가 아무도 없는 것입니다. 모두 유죄 판결을 받고 성경에서 말씀하시는 불못 즉 지옥으로 떨어지게 되어 있는 것입니다.

그렇기 때문에 성경은 첫째 부활에 참여하는 자들이 복되다고 말씀하시는 것입니다. 부활이나, 주님과의 혼인잔치나, 혹은 천국은 결코 추상적인 것이 아닙니다. 여러분이 이 물질계에서 경험하는 것보다 훨씬 더 실제적인 것입니다.

부활의 확실한 소망을 가지고 사는 것을 참으로 기뻐하시기 바랍니다. 우리가 공중에 올라가면 반드시 그리스도의 심판대 앞에서 상급을 받게 되어 있습니다. 하늘나라에 상급을 쌓기 위하여 우리 성도님들은 꼭 오이코스 전도를 하시기를 부탁드립니다.

부활의 최고 수준을 실감하십니까?

우리 주님의 부활이야 말로 우리 인류에게는 가장 값지고 놀라운 사건입니다. 사람들은 누구나 보다 높은 수준에 이르기를 원합니다. 돈이 만 불이 있는 사람은 10만 불을 모으기를 원하고 10만 불이 있는 사람은 100만 불을 모으기를 원합니다. 아파트에 사시는 분은 단독주택을 가지기를 원하고 단독주택을 가진 사람은 저택을 가지기를 원합니다. 고등학교를 졸업한 사람은 대학을 나오기를 원하고 대학을 나온 사람은 대학원을 나오기를 원하고, 대학원을 나온 사람은 박사학위 받기를 원합니다.

왜 그럴까요? 그것은 자기보다 높은 수준에 있는 사람을 만나면 어깨가 쭈그러들고 자기보다 낮은 수준에 있는 사람을 만나면 가슴이 펴지기 때문입니다. 미국에 이민을 와서 10만 불을 저축한 사람은 만 불 밖에 저축 못한 사람을 만나면 가슴이 펴지지만 100만 불을 저축한 사람 앞에 가면 어깨가 쭈그러들게 되어 있습니다.

국장은 과장 앞에서는 가슴을 펴지만 장관 앞에서는 어깨가 쭈그러들게 되어 있습니다. 사람은 누구나 가슴을 펴고 살기를 원하기 때문에 보다 높은 수준에 이르기를 원하는 것입니다. 저도 예수님을 만나기 전까지는 꽤 못된 사람이었던 것 같습니다. 제가 대학을 갓 졸업하고 어느 고등학교에서 교편생활을 할 때였습니다. 수업이 없는 시간에 교무실에서 교재 연구를 하고 있는데 교감 선생님 책상 위에 있는 전화가 울렸습니다. 제가 얼른 달려가서 전화를 받았더니 어떤 중년 부인이 교감 선생님을 찾았습니다. 제가 교감 선생님이 자리에 안 계신다고 말했더니 그 아주머니는 교감 선생님이 어디 갔느냐고 고압적인 음성으로 물었습니다. 제가 어디를 갔는지 모르겠다고 답했더니 그 아주머니는 성난 목소리로 말했습니다.

"아니, 교사가 교감 선생님이 어디갔는지도 몰라요?"

제가 배알이 조금 꼬여서 냉담하게 대답했습니다. "교감 선생님이 어디갈 때 나한테 보고를 하지 않으니 내가 어떻게 알겠습니까?"

그 부인이 더욱 화가 나서 말했습니다. "당신 이름이 뭐야?" 제가 조금 저음으로 대답했습니다. "이 학교 교장입니다."

그 부인은 얼른 전화를 끊었습니다. 조금 높은 수준에 있는 사람을 알기만 해도 사람들은 어깨를 펴려고 합니다. 그런데 아무리 높은 수준에 있는 사람도 마음이 겸허해질 때가 있습니다. 바로 장례식장입니다. 왜 그런지 아십니까? 그곳에는 이 세상에 있는 수준 가운데 가장 높은 수준이 있기 때문입니다. 바로 죽음입니다. 그런데 그 죽음을 뛰어 넘은 수준이 바로 부활인 것입니다.

우리는 바로 부활의 수준에 이른 사람들입니다. 어깨를 쭉 펴시고 사시기 바랍니다.

11. 부흥과 성장의 특별 프로그램

사랑은 여기 있으니 우리가 하나님을 사랑한 것이 아니요 오직 하나님이 우리를 사랑하사
우리 죄를 위하여 화목제로 그 아들을 보내셨음이니라 (요한일서 4:10)

사랑엔 낭비가 없습니다. 사랑하면 아까운 것이 없으니까요.

LOVE IS EXTRAVAGANT

뜨레스 디아스에서 배운 사랑

English

어렵고 험악한 세상, 경제적인 불경기 가운데서도 굳건히 살아가는 우리 성도님들에게 다시 한번 박수갈채를 보내 드리고 싶은 심정입니다. 미국에서 실제로 있었던 이야기입니다. 어느 늙은 인디안 추장이 거지의 모습으로 굶어 죽었답니다. 그런데 죽은 인디안 추장의 허리춤에는 때가 잔뜩 묻고 오래된 종이 조각이 고이 간직되어 있더랍니다. 그 종이를 펴 보았더니 그 종이는 미국정부에서 그에게 준 증서인데 매달 굉장한 액수의 생활비를 지급한다는 증서였답니다. 그 인디안 추장은 호화스럽게 살고도 남을 만한 돈이 약속이 되어 있었지만 그 사실을 알지 못했기 때문에 그는 빈곤한 가운데서 굶어 죽게 되었던 것입니다.

이것은 우리의 일상생활에서 다반사 일어날 수 있는 일의 좋은 보기입니다. 교회생활도 마찬가지입니다. 우리교회에서 실시하고 있는 뜨레스 디아스프로그램입니다. 우리교회에서 실시하고 있는 뜨레스 디아스는 너무나 귀하고 여러분의 신앙 생활뿐만 아니라 일상적인 생활에도 유익한 프로그램입니다. 많은 분들이 이 프로그램에 참여하여 주님을 만났다거나 삶의 뚜렷한 목표를 갖게 되었습니다. 또한 이혼하려던 가정이 아름다운 가정으로 변화하고 담배, 술, 마약, 도박 등 나쁜 습관을 버리고 새 사람이 되며, 죽을 수 밖에 없는 불치병에서 고침 받았습니다.

우리교회에서 뜨레스 디아스 프로그램을 실시하게 된 경위를 잠시 설명 드리기 원합니다. 1983년 6월경의 일이었습니다. 그 때는 교회가 개척된 지 만 1년쯤 되었을 때였습니다. 교회는 잘 부흥하여 세 가정으로 시작했는데 1년 만에 출석교인이 약 370명까지 되었습니다. 선교

도 잘 진행 되었습니다. 그런데 저는 무엇보다 목회자로서 담벽에 부딪혀 있는 감이 들었습니다. 주님 앞에 엎드려 기도하기 시작했습니다.

"주님 제가 무엇을 잘못하고 있습니까? 왜 나의 영혼이 담벽에 부딪힌 것처럼 좌절하고 있습니까? 저의 잘못을 알려 주시기 바랍니다. 잘못한 것이 있으면 회개하고 고치기를 원합니다." 울부짖는 기도는 약 6개월 동안 계속되었던 것 같습니다. 그러나 아무런 응답도 받지 못했습니다. 그러던 중 1984년 1월에 미국 분들이 하는 뜨레스 디아스에 참석하게 되었습니다. 물론 별로 큰 기대도 하지 않았고, 그저 뉴욕에 있는 성도님들의 성화에 못 이겨 참석했었습니다.

그 프로그램에 참여하면서 왜 내가 목회자로서 벽에 부딪힌 감을 가졌는지 금방 깨달을 수가 있었습니다. 목회자로서 저는 성경말씀대로 성도님들에게 믿음과 소망과 사랑을 심어 드려야 했는데 설교나 성경공부를 통하여, 성도들의 믿음과 소망은 어느 정도 심어드린 것 같았지만, 사랑을 심는 데는 거의 실패하고 있었습니다.

성도들이 처음 은혜 받을 때에는 제법 사랑을 하는 것 같았는데 집사직분을 맡을 즈음에는 사랑이 완전히 식어지고, 장로님이 될 무렵에는 얼음이 언 것처럼 쌀쌀하고, 목사가 되면 북극처럼 차갑게 느껴지는 것이 우리 교회의 현실입니다. 저는 저 나름대로 사랑에 대한 설교를 꽤 많이 하는 편이었습니다. 그러나 교인들에게는 아무런 영향을 주지 못하는 것이 그 원인이었습니다.

저는 저의 설교를 통하여 교인들을 변화시키지 못하는 이유를 깨닫게 되었습니다. 그것은 나 자신이 성경이 말씀하시는 사랑을 한 번도 경험하지 못했다는 사실이었습니다. 저는 가정에서나 사회에서나 혹은 교회에서도 성경이 말씀하시는 사랑을 도무지 경험하지 못했던 것입니다. 그렇기 때문에 제가 하는 설교가 이론에 불과하며 성도들의 삶에 아무런 영향을 미치지 못하는 것을 알고 한밤중 채플룸에서 얼마나 통곡하며 회개했는지 모릅니다.

내 삶의 현장이 뜨레스 디아스가 되어야 합니다

English

지금 저는 빅베어 산장에서 제 94기 T.D.를 인도하고 있습니다. 이번에는 116명의 캔디데이트들이 참여하여 함께 은혜를 받고 있습니다. 산장에 처음 도착했을 때는 그들의 표정이 흐린 날씨처럼 찌푸려져 있었고 여러 가지 세상의 염려 때문에 잔뜩 어두운 표정들이었습니다. 그런데 오늘 아침에는 가는 곳곳마다 맑은 웃음소리들이 흘러나오고 감격의 눈물들이 흐르고 있습니다.

저는 T.D.를 인도할 때마다 T.D.의 위력을 다시 한번 실감을 합니다. 사실 T.D.의 위력이 아니라 사랑의 위력이지요. 사랑은 얼마나 위력이 많은 지 모릅니다. 사랑은 바로 창조주 되신 주님을 십자가에 매다는 위력이 있습니다. 하나님께서 가장 저주스럽게, 또한 가장 악하게 보는 것이 바로 죽음입니다. 그런데 창조주 되신 우리 주님께서는 죽기까지 십자가를 벗지 못했습니다.

무엇이 우리 주님을 십자가에 매달아 두었습니까? 로마병정들이 박은 몇 개의 못이 아닙니다. 피조물이 만든 못이 어떻게 창조주를

십자가에 못박아 둘 수 있겠습니까? 그러나 주님은 죽기까지 끝내 십자가를 벗지 못했습니다. 무엇이 예수님을 그토록 꽁꽁 십자가에 묶어 놓았겠습니까? 그것은 바로 우리를 사랑하시는 하나님의 사랑이 밧줄이 되어서 주님을 십자가에 매달아 두었던 것입니다. 사랑은 이렇게도 위대한 능력을 가지고 있는 것입니다. 끊임없는 사랑은 용서하지 못하는 사람을 용서하게 만들며 실의와 좌절 때문에 주저앉은 사람을 일으켜 세우는 것입니다. 사랑은 회색 빛깔처럼 소망 없는 사람의 마음에 무지개 빛깔 같은 영롱한 색채를 입혀주기도 합니다.

오늘 저는 내 마음속에 있는 꿈을 여러분들께 말씀 드리기 원합니다. 우리의 가정이나 우리 가정교회, 또 우리 교회가 왜 뜨레스 디아스의 현장이 될 수 없을까 하는 것입니다. 여러분 가운데 많은 분들이 이미 뜨레스 디아스를 경험한 빼스카도레스입니다. 우리 빼스카도레스들이 가정에서 가정교회에서 또한 교회에서 팀멤버가 되었다고 생각하시고 다른 모든 성도들을 캔디데이트로 여긴다면 우리 가정, 우리 가정교회, 우리 교회가 왜 뜨레스 디아스의 현장이 되지 않겠습니까? 그렇게 할 때 우리 교회에 들어오시는 새 가족들이 엄청난 변화를 경험할 것입니다.

우리가 항상 팀멤버로서 산다는 것, 그것이 그렇게 쉬운 일만은 아닙니다. 그러나 그것이 바로 주님의 뜻이요, 우리가 행복할 수 있는 유일한 길임을 기억하시기 바랍니다. 아무리 흐린 연못도 한 귀퉁이에서 생수가 흘러나오면 언젠가 흙탕물이 맑은 물로 변할 것입니다. 이 글을 읽는 우리 성도님 몇 사람이 발걸음을 떼면 언젠가는 우리 교회 전체가 뜨레스 디아스로 변하는 날이 올 것입니다.

"일천번제" 동참을 권유하며

일천번제에 참여하는 우리 성도님들에게 심심한 감사의 뜻을 표합니다. 이번에 한국 뜨레스 디아스와 노회 관계로 교회를 비우면서 가장 서운한 것은 여러 성도님들과 함께 "일천번제 성경통독 새벽기도"를 드리지 못하는 것입니다.

많은 성도님들이 하루 중 "일천번제 새벽기도회"에 참여하는 그 시간이 가장 기쁘고 또한 기다려진다고 말씀들을 해 주시지만 목회자로서 저는 더욱더 흥분된 마음으로 그 시간을 기다리게 됩니다.

첫째, 그 많은 성도님들을 새벽마다 대하니 저의 마음이 얼마나 기쁜지 모릅니다.

둘째, 여러분들의 헌신된 모습을 보니까 목회자로서의 기쁨이 더할 수가 없습니다.

셋째, 이제 여러분들에게 임할 축복을 생각하니 저의 마음이 기뻐질 수밖에 없습니다.

한국에서 뜨레스 디아스를 하는 기간 중에도, 노회 시간 중에도 빼지 아니하고 "일천번제"를 드리고 있습니다. 특히 노회에서는 새벽마다 본 교회에서 하는 식대로 "일천번제 성경통독 새벽기도회"를 실시하고 있습니다. 노회 산하 많은 목사님들이 도전을 받고 교회에 돌아가시면 그 교회에서도 이대로 하겠다고 말씀들을 하고 있습니다.

앞으로 우리는 "은혜교회"하면 "일천번제", "일천번제"하면 "은혜교회"가 연상될 만큼 일천번제를 우리 교회의 상징적인 행사로 만들어야만 하겠습니다. 우리 은혜교회 성도님들은 본 교회에서나 기도처소에서나 개인 집에서 꼭 "일천번제 성경통독 새벽기도회"를 실시해 주시기 바랍니다.

일천번제 새벽기도회의 본질적인 요소는
첫째, 그 날에 해당된 분량의 성경 읽기
둘째, 15분 이상의 기도
셋째, 매일 일정한 액수의 헌금 등입니다.

은혜교회 성도님이면 누구나 발걸음을 떼고 참여해 주시기 바랍니다.

은사 집회에 대하여

신앙활동은 신령한 활동입니다. 물론 육체적인, 정신적인 그리고 사회적인 활동들이 포함되지만 신앙활동이 다른 활동들과 구별되는 것은 바로 그 속에 신령한 면이 없으면 안되기 때문입니다.

고린도전서 12:1절에서 다음과 같이 말씀하고 있습니다.

"형제들아 신령한 것에 대하여 나는 너희가 알지 못하기를 원하지 아니하노라"

그런데 이 시대의 많은 교회에서 신령한 면을 발견하기 힘듭니다. 저희 교회에서도 신령한 수위가 상당히 낮아져 있는 것이 사실입니다. 신령한 수위가 낮아지면 사람은 누구나 자기의 생각이 옳다고 생각하며 자신의 생각을 관철시키기를 원하게 됩니다. 신령한 수위가 높아질 때만 성도는 자기의 생각이 문제가 아니라 주님의 뜻이 문제가 되며 자기의 뜻이 관철되기 바라기보다 주님의 뜻이 관철되기를 원하는 것입니다. 뿐만 아니라 하나님은 우리들에게 신령한 복을 주기 원하십니다.

에베소서 1:3절은 다음과 같이 말씀해 주고 계십니다.

"찬송하리로다 하나님 곧 우리 주 예수 그리스도의 아버지께서 그리스도 안에서 하늘에 속한 모든 신령한 복으로 우리에게 복 주시되"

우리 속에 신령한 것에 눈을 뜨고 또한 신령한 세계로 들어가는 관문이 바로 방언기도라고 할 수 있습니다. 성경을 보면 사람들이 성령 충만할 때 성령이 시키심을 따라 방언으로 기도하기 시작했습니다. 방언은 성령충만의 바로미터입니다. 뿐만 아니라 방언기도는 성령충만을 가능케 하는 수단이기도 합니다. 저는 우리 성도님들이 신령한 세계를 알게 하기 위하여 모두 방언으로 기도하게 되기를 원합니다.

또한 방언으로 기도할 때 깊은 기도가 되고 장시간의 기도도 가능합니다. 그래서 이번 주에는 방언의 필요성에 대하여 설교를 하고 오는 4/27(금) 7:30분부터 방언 받기 위한 은사집회를 하기를 원합니다.

사랑하는 우리 성도 여러분! 여러분 가운데 아직 성령 받은 확신이 없거나 방언기도를 못하시는 분들은 이번에 꼭 결단을 내리시고 성령도 받으시고 방언도 받으시기를 부탁드립니다.

특별히 가정교회 목자님들이나 가정교회 성도님들은 같은 가정교회 식구들 가운데 아직도 성령을 받지 못하거나 혹은 방언 받지 못한 분들을 함께 모시고 와서 그들을 위하여 기도해 주시기를 부탁드립니다. 왜냐하면 여러분들이 이웃을 위하여 간절히 기도할 때 성령 충만이 가장 잘 이루어지기 때문입니다.

노동절 연휴 특별성회를 위하여

저는 지금 10주째 키모테라피(항암치료Chemo Therapy)를 받고 있습니다. 다행히 제가 받고 있는 키모테라피는 가장 약한 것이라고 합니다. 병원에 가 보면 다른 환자들은 한 시간 혹은 두 시간, 심지어는 6시간씩 약물 투입을 하는 환자들이 있는데 저의 경우에는 주사 두 대 맞는 것으로 끝이 납니다. 대개 15분쯤 걸리는 것 같습니다. 그렇기 때문에 머리털이 빠진다거나 (저의 경우에는 빠질 머리털도 별로 없지마는) 어지럽고 메스껍다거나 설사를 한다거나 하는 부작용은 아직 나타나지 않지만 꽤 피곤한 것 같습니다.

원래 저는 잠을 자다가 깨면 더 이상 누워있지 못하는 성격인데 요즈음은 잠을 깨어서는 또 자고, 깨어서는 또 자곤 합니다. 그래서 요즈음은 새벽기도도 잘 못나가고 교회에 있는 시간도 짧아졌습니다. 제가 은퇴할 때가 다 되어서 게으름을 부리는 것이 아니라 약물치료 때문임을 아시고 많이 이해해 주시기 바랍니다.

원래 이번 9월 초의 노동절 연휴에는 목자 수련회를 대대적으로 개최하려고 했는데 계획을 조금 수정했습니다. 아직 모든 준비가 미비

한 것 같아서 목자 수련회를 내년으로 연기하고 이번 연휴에는 예년처럼 심령 대부흥회를 갖기를 원합니다.

강사는 앞으로 은혜교회를 담임할 한 기홍 목사님을 모시기로 했습니다. 여러분이 새 목사님을 모시기 전에 새 목사님을 더 잘 아시고 또한 새 목사님을 통하여 은혜를 받으면 새 목사님을 모시고 하는 신앙 생활이 더 은혜스럽고 재미있기 때문입니다. 그렇기 때문에 이번 연휴에는 여행 갈 생각 마시고 전원 기도로 준비하시고 참여해 주시기 바랍니다.

"101일 성경통독 새벽 기도회를 마치며"

성도님들에게 우황청심환을 준비시켜 가면서 1천번제 성경통독 새벽 기도회를 발표하고 실시한 지 오늘 목요일로 100회를 마쳤습니다. 내일이면 101일 성경통독 새벽기도가 완결되고 이번 토요일(6월 3일)부터는 제 2차 101일 성경통독 대회가 시작이 됩니다.

우선 바쁘고 피곤하신 가운데도 끝까지 참여하신 우리 성도님들에게 감사를 드리고 또한 시간 되는 대로 참석해 주신 우리 성도님들에게도 감사를 드립니다. 또한 마음에 소원하지만 사업이나 직장 혹은 건강관계로 참여하지 못하시는 성도님들도 절대로 마음속에 자격지심을 품으시면 안됩니다. 오히려 참여하실 수 있는 성도님들이 열심히 일천번제에 참여함으로 우리 교회가 축복을 받고 그 축복이 여러분 한 분 한 분에게 임하시는 것을 기뻐하며 감사해야합니다.

세상을 살아가며 배워야할 한 가지 교훈이 있습니다. 100일을 끝마친 오늘 지난 100일을 되돌이켜 볼 때 비록 새벽 기도회에 참여하는 것이 힘들다 할지라도 내가 참여하지 않았던 경우에 무엇이 내게 남았는지 생각해 보는 것입니다.

우리의 일생도 마찬가지입니다. 불원간 우리의 삶이 다하고 우리가 주님의 심판대 앞에 서는 그 날이 눈앞에 다가올 것입니다. 그런데 우리가 그 귀한 일생을 육신의 평안을 위하여 살았어도 일생을 끝마칠 때 내게 남는 것이 무엇인지 생각할 줄 아는 지혜를 가져야합니다. 죄인으로 태어난 우리는 자연히 육신의 안일이나 쾌락을 탐하며 시간이나 물질을 나 자신을 위하여 쓰려고 하는 본능이 우리 속에 있는 것입니다. 이것이 우리의 죄성이기도 한 것입니다.

그러나 여러분은 언제나 지혜로운 성도가 되셔서 내가 육신의 안일과 쾌락을 위하여 살며 내가 나의 모든 시간과 모든 물질을 나를 위해 쓰며 살다 일생을 끝마쳤을 때 그것이 내게 무슨 유익이 있겠는지 생각해 보셔야 합니다.

사랑하는 우리 성도 여러분! 인생의 지혜 가운데 지혜는 바로 중요하지 않은 것을 중요한 것을 위하여 희생할 줄 아는 것입니다. 축복의 그릇을 키우시는 여러분 되시길 축원합니다.

"영원한 것을 얻고자 영원할 수 없는 것을 버리는 자는 결코 바보가 아니다."

짐 엘리엇(에콰도르 선교사, 순교자)

은혜주신 주님을 가장 귀하게

English

예배 시간마다 간절히 은혜를 사모하시는 우리 성도님의 모습을 볼 때 부족한 종은 참으로 마음에 큰 기쁨을 느끼곤 합니다. 참으로 감사합니다.

우리가 일반적으로 "은혜를 받았다"고 할 때는 여러 가지 사실이 포함이 됩니다. 구원의 도리를 알고 성령을 받고 구원받은 일, 성령 충만하지 못한 성도님이 성령 재충만을 받는 일, 또한 집회를 통하여 과거에 깨닫지 못하던 사실을 깨달은 일, 방언을 받은 일, 병 고침을 받은 일, 문제 해결을 받은 일, 혹은 앞으로의 삶의 방향이 결정된 일, 등등.

우리는 이 모든 일들이 우리들에게 필요하고 귀중한 일임을 인정합니다. 그러나 보다 더 중요한 것은 바로 이러한 은혜를 주신 장본인이 되신 우리 주님입니다. 우리가 어떤 은혜와 기적을 체험할 때 그 가운데서 주님의 영광을 바라보며 주님을 더 귀하게 여기는 성도야말로 가장 지혜롭고 복된 성도가 되는 것입니다.

누가복음 17:11-19에는 열 명의 나병환자가 고침 받는 이야기가 나옵니다. 예수님께서 예루살렘으로 가시기 위하여 사마리아와 갈릴리 사이로 지나가시는데 나병환자 열 명이 예수님을 만나 멀리서서 외칩니다.

"예수 선생님이여 우리를 불쌍히 여기소서"

예수님께서 보시고 말씀하십니다. "가서 제사장들에게 너희 몸을 보이라"

그들이 가는 중에 이미 깨끗함 받은 것을 발견했습니다. 모두 얼마나 기뻐했겠습니까? 그러나 그 중에 오직 한 사람, 사마리아인이 하나님께 영광을 돌리고 예수님께로 돌아와서 그 발아래 엎드려 감사를 드렸습니다.

그 때 예수님께서 하신 말씀에 귀를 기울여 보시기 바랍니다.

"열 사람이 다 깨끗함을 받지 아니하였느냐 그 아홉은 어디 있느냐 이 이방인 외에는 하나님께 영광을 돌리러 온 자가 없느냐?"

세상을 이기는 하나님의 위로

English

T.D.에 참석했던 한 자매님을 기억합니다. 상담을 요청한 50대 중반의 그 자매님은 나락에 빠진 사람의 표정을 하고 이야기를 들려주었습니다. 그 자매님은 스물다섯 살 때 예수님을 영접하고 자기 나름대로 열심히 교회에도 나가며 주님을 잘 섬겼답니다. 외아들도 있었는데 잘 생기고 대학 졸업 후 사업을 하여 재물도 많이 벌었답니다.

그런데 작년에 서른두 살 난 그 아들이 교통사고를 당했답니다. 병원으로 달려갔을 때 아들은 처참하게 부상을 입고 의식을 잃은 채 누워있더랍니다. 의식 불명의 아들을 두고 교회로 달려가서 아들을 살려 달라고 주님 앞에 울부짖으며 기도했답니다. 그런데 아들은 의식을 회복하지 못한 채 죽었답니다. 아들의 죽음에 충격을 받은 남편은 당뇨합병증으로 금년 2월에 소천을 했답니다. 그리고 하나밖에 없는 딸이 임신을 했는데 호르몬 이상 때문에 그대로 두면 태아가 불구가 될 우려가 있다고 했습니다. 그 자매는 울 기력도 없는 것처럼 힘없고 어두운 얼굴을 하고 때때로 눈에서 눈물을 닦으며 말했습니다.

"목사님! 아무리 생각해도 하나님께서는 저를 버린 것 같습니다. 다른 사람들의 찬양을 다 받으셔도 저의 찬양은 받지 않을 것 같습니다. 다른 사람들의 기도는 다 들어주셔도 저의 기도만은 외면하실 것 같습니다. 그래서 찬양도 부를 수 없고 기도도 할 수 없습니다."

그 자매님의 말을 듣는 나의 마음도 얼마나 아팠는지 모릅니다. 우리들의 삶 속에서도 이런 일이 얼마든지 일어날 수가 있는 것입니다. 그러나 성경에는 "합력하여 선을 이루시는 하나님"이라고 기록되어 있습니다. 문제는 사람들이 생각하는 선과 하나님이 생각하시는 선이 다르다는데 있습니다. 우리는 이 땅에서 잘 되는 것을 선이라고 여기는데 하나님께서는 영원한 하늘나라에서 잘 되는 것을 선이라고 여기십니다.

우리는 피조물이기 때문에 우리의 앞날을 모릅니다. 우리는 내 아들, 내 남편이 살아있는 것을 선이라고 하지만내 남편, 내 아들이 살아서 어떤 큰 죄를 짓게 될지도 우리는 모르는 것입니다. 하나님께서는 우리를 사랑하시기 때문에 우리가 돌이킬 수 없는 큰 죄를 지으려고 하면 우리의 생명을 걷으셔서라도 그 죄를 짓지 못하게 하시는 하나님이십니다. 우리가 신앙생활을 올바르게 하기 위하여 무엇이 우리들에게 참 선인지 항상 기억하셔야 합니다. 그럴 때 우리도 욥과 같은 신앙을 가질 수 있는 것입니다.

그 자매님은 환하게 밝은 미소를 지으며 산장을 떠날 수 있었습니다. 그 자매님은 큰 은혜를 받고 우리 인간이 줄 수 없는 위로를 주님으로부터 받은 것 같았습니다. 주님의 은혜에 진심으로 감사를 드립니다.

사랑의 불꽃에 보다 큰 관심을 가지시기를 바랍니다. 우리들에게 허락하신 좋은 프로그램을 마음껏 섬김으로 더 많은 사람들에게 복음을 전하게 되시기를 다시 한번 부탁을 드립니다.

진짜는 언제나 한 개입니다

English

세상에 진짜가 있으면 가짜들이 있기 마련입니다. 그런데 가짜는 여러 개가 있을 수 있어도 진짜는 언제나 한 개입니다. 예를 들어 구찌백을 보더라도 진짜 구찌백은 한 군데에서 나오지만 가짜 구찌백은 한국산, 홍콩산, 상하이산 등 여러 가지가 있을 수도 있고 한국산만 하더라도 만드는 곳이 여러 군데 일수가 있는 것입니다.

종교도 마찬가지입니다. 살아 계신 하나님께 이를 수 있는 종교가 있고 그렇지 못한 종교도 있는 것입니다. 그런데 참 종교와 가짜 종교들 사이에는 어떤 차이가 어떤 차이가 있겠습니까?

참 종교는 살아 계신 하나님을 만날 수 있지만 가짜 종교는 일생을 믿어도 살아계신 하나님을 만날 수 없는 것입니다. 기독교가 참 종교가 되는 이유는 바로 우리들이 살아 계신 하나님을 만날 수 있다는 사실에 있습니다.

우리 은혜교회에서는 살아 계신 하나님을 만나고 구체적으로 성령받는 것을 돕는 프로그램으로 "은혜의 만남(Grace Encounter)"이 있습니다. 그동안 은혜의 만남에 참석한 많은 캔디데이트들은 매주의 강의와 토론, 또한 주말수양회를 통하여서 성령을 받으신 줄로 압니다. 혹시 아직 성령을 받은 확신이 없는 성도님들은 포기하지 마시고 계속 성령 받기 위하여 기도하시기 바랍니다. 하나님께서는 반드시 성령을 주실 것입니다.

성령을 받으신 성도님들은 여러분이 실질적인 하나님의 자녀가 된 것을 믿으시기 바랍니다. 왜냐하면 요한복음 1장 12절에는 다음과 같이 기록이 되어 있기 때문입니다.

"영접하는 자 곧 그 이름을 믿는 자들에게는 하나님의 자녀가 되는 권세를 주셨으니"

또한 로마서 8장 15절에는 다음과 같이 기록이 되어 있습니다.

"너희는 다시 무서워하는 종의 영을 받지 아니하였고 양자의 영을 받았으므로 아바 아버지라 부르짖느니라"

우리가 받은 보혜사 성령을 "양자의 영"이라고 부르고 있습니다. 그 당시 이스라엘 백성들이나 로마에서는 양자법이 있는데 양자도 법적으로는 친자식이나 조금도 차이가 없었습니다. 양자란 원래는 자녀가 아니었는데 자녀가 된 사람을 뜻합니다.

우리도 원래는 하나님의 자녀가 아니고 죄의 자녀였지만 성령이 임하심으로 하나님의 자녀가 되었기 때문에 성령을 양자의 영이라고 부르는 것입니다. 여러분은 오늘 성령을 받음으로 하나님의 자녀 즉 천국의 왕자요 공주가 되신 것을 믿으시기 바랍니다. 여러분이 하나님의 자녀가 되었기 때문에 하나님의 자녀답게 사시기를 주님의 이름으로 부탁을 드립니다.

하나님의 자녀답게 삶의 목표를 분명히 하시고 믿음과 꿈을 가지시기를 주님의 이름으로 축원합니다.

은사 배치 사역에 대하여(1)
열정

주님의 은혜 가운데 여러분의 삶 속에 주님께서 주시는 평안과 기쁨과 사랑이 차고 넘치기를 언제나 기도하고 있습니다. 오늘은 은사 배치 사역에 대하여 말씀을 드리겠습니다. 아주 긴 편지이지만 여러분들께 꼭 필요한 정보가 있으므로 끝까지 읽어 보시기 바랍니다.

은사 배치 사역은 부족한 종이 몸 된 교회를 위한 주님의 비전과 또한 비전에 이르는 방법을 알려 달라고 1년 반 동안 기도하고 그 응답으로 받은 프로그램이라 할 수도 있고 아니라고 할 수도 있습니다.

삶이란 선택의 여지가 있는 것이 아니라 교회가 존재하는 한 존재의 한 방식이 되는 것입니다. 원래 성도의 삶은 기쁨이 충만하고 만족감이 있어야 합니다. 이것이 교회와 성도의 이상적인 상태에 대한 성경의 그림인 것입니다. 그런데 우리의 현상은 어떻습니까? 우리 성도님들이 처음 은혜를 받고 성령을 받을 때 기쁨이 충만했지만 교회생활을 지속하는 가운데 그 기쁨은 사라지고 교회생활이나, 신앙생활이 생기 없는 의무로 변하는 것을 인정하지 않을 수 없습니다.

성도가 맺는 열매가 무엇일까요? 여러 가지가 있습니다. 그러나 가장 구체적이고 직접적인 열매는 여러분이 속해 있는 교회에서 그 교회를 건강하게 만들며 또한 그 교회가 그 목적을 이룩하는데 여러분이 맡은 임무(Role)가 있고 또한 그 임무를 기쁨으로 수행하는 것을 뜻합니다. 하나님께서는 우리 한 사람, 한 사람을 독특하게 만들어 주셨습니다. 그 독특성을 세 가지로 요약해서 말씀을 드릴 수가 있습니다. 열정과 은사와 개성입니다.

사람마다 하나님께서 심어 놓으신 열정이 있습니다. 어떤 성도는 어린이들에게 열정이, 어떤 성도는 노인들에게 열정이 있습니다. 어떤 사람은 찬양에 열정이 있고, 또 어떤 사람은 전도에 열정이 있는 것입니다. 하나님께서 우리 한 사람, 한 사람의 심령 가운데 이미 심어 주신 선물과도 같은 것입니다. 우리는 교회에서 어떤 역할을 감당하기 전에 이 열정을 발견하지 않으면 안됩니다. 이러한 열정은 바로 여러분이 어느 부서에서 일하는 것이 좋은 지를 결정해 줍니다. 왜냐하면 여러분의 열정이 있는 곳에서 섬기시게 되면 여러분은 보다 기쁘게 열심히 섬길 수 있기 때문입니다.

은사 배치 사역에 대하여 (2)

은사와 개성

하나님께서는 우리 한 사람, 한 사람을 독특하게 만들어 주셨으며. 그 독특성을 열정과 은사와 개성 세 가지로 요약해서 말씀드릴 수 있다고 말씀드렸습니다. 지난 주에 열정에 대한 말씀을 드렸는데 이번 시간에는 은사와 개성에 대해서 말씀드리겠습니다.

성경은 우리가 교회의 일원이 될 때 성령님께서 독특한 은사를 주신 것을 말씀하고 계십니다. 은사라고 할 때 반드시 초자연적인 어떤 능력만 연상하면 안됩니다. 초자연적인 영역에 속한 은사들도 있지만은 그렇지 않은 은사들도 있습니다. 예를 들어 가르치는 은사나 돕는 은사나 혹은 권면하는 은사, 등과 같은 것입니다.

우리들의 은사를 발견할 때 내가 섬기는 부서에서 무슨 일을 할 것인지를 결정해 줍니다. 그런데 은사에는 높고 낮은 것이 없음을 기억하셔야 합니다. 우리가 은사대로 일할 때 우리는 그 일을 보다 효율적으로 할 수가 있습니다.

마지막으로 우리는 우리 나름대로의 개성이 있습니다. 이 개성을 다른 말로 그 사람의 스타일이라고도 할 수 있습니다. 어떤 사람은 사람들과 만나서 대화를 나누고 관계를 맺을 때 기운이 나시는 분이 있습니다. 어떤 사람은 어떤 일을 해 내는데 보람을 느끼는 사람이 있습니다. 어떤 사람은 조직적이며 체계적인가 하면, 또 어떤 사람은 비조직적이며 비체계적입니다.

개성은 여러분이 무슨 일을 할 때 어떻게 할 것인가를 결정해 주는 것입니다. 이와 같이 우리 성도들이 자기의 열정과 은사와 개성을 발견하고 그대로 일한다는 것은 대단히 중요합니다. 우리 교회에서는 여러분이 기쁨과 열정과 은사와 개성에 맡게 섬길 수 있도록 지금 현재 약 600개의 봉사자리를 마련하고 있습니다.

여러분이 이 은사 배치 사역을 자신의 기쁨과 만족을 위하여 이용하기를 원하시면, 은사발견 세미나에 참석하시고, 은사발견 세미나를 마친 다음 여러분이 원하시면 교회의 상담위원들과 상담하셔서, 원하는 부서를 결정하게 되면 그 부서에서는 여러분을 환영하여 일을 할 수 있도록 도와 드릴 것입니다.

교회는 주님을 기쁘시게 하고 우리 성도님들에게 기쁨과 만족한 신앙생활을 할 수 있도록 노력하고 있습니다. 여러분들을 위한 프로그램을 많이 이용해 주시기 바랍니다.

12. 물질 축복의 씨앗과 성전 건축

보라 내가 속히 오리니 내게 줄 상이 내게 있어
각 사람에게 그의 일한대로 갚아주리라 (요한계시록 22:12)

하늘나라 계산법은
흙 속에 숨쉬고 있는 사과씨와도 같습니다.
사과속에 씨앗이 몇 개인지는 알아도 씨속에 사과가 몇 개 인지는 아시나요?

4

1. 물질 축복의 6가지 원리
2. 물질 축복의 약속을 경험하는 삶
3. 물질 축복의 전제 조건 갖추기
4. 물질을 하늘나라에 쌓자
5. 얼마나 사느냐보다 더욱 중요한 것은
6. 축복의 길목에 있는 시련에서 승리하기
7. 야베스의 기도를 드리는 목회자의 꿈
8. 건축 헌금에 동참하는 3 가지 방법
9. 벽돌 한 장이라도 보태는 믿음
10. 성도의 올바른 물질관
11. 헌당보다 더 중요한 온전한 성결과 전적인 헌신

LOVE IS EXTRAVAGANT

물질 축복의 6가지 원리

이번에 저는 여러분들에게 안타까운 호소를 하기 원합니다. 우리 성도님들이 세계선교를 위해서 후원해 주시기를 간절히 기도합니다. 후원 방식은 내가 안 써도 좋을 돈을 절약해서 후원하는 것입니다. 한 달에 $ 30을 아껴서 헌금해 주시면 작은 강물이 모여서 큰 강을 이루듯이 여러분의 적은 헌금이 모여서 큰 일을 해 낼 것입니다. 이전에도 $ 30을 헌금해 주시기를 호소했었지만 지금은 참으로 안타까운 심정으로 다시 한번 호소를 드립니다. 우리 성도님들이 아무리 경제적으로 힘들더라도 내가 꼭 원할 때는 한 달에 $30 헌금은 모두 가능할 것으로 생각합니다.

하나님은 우리들에게 물질 축복을 하기를 원하십니다. 축복을 받기 위해서 첫째, 물질을 먼저 심어야합니다. 심은대로 거둔다는 것은 물질을 통치하시는 하나님의 방법입니다. 하나님께서 우주를 운영해 나가시는데 반드시 질서가 필요합니다. 호박 심은데 사과가 열리고, 사과를 심었는데 수박이 열린다면 이 우주는 혼란에 빠질 것입니다. 하나님께서는 누구에게나 심을 양식을 주셨다고 말씀하십니다. 성도 여러분들이 생활 가운데 절약하면서 헌금을 하는 것은 물질 축복을 받는 비결입니다.

둘째는 물질을 옥토에 심어야 합니다. 주님께서는 우리가 물질을 심되 길 가와 같은 땅이나 돌 자갈 밭이나, 가시덤불이 있는 곳에 씨앗을 뿌리면 아무 소용이 없다고 말씀하고 계십니다. 옥토란 무엇일까요? 성전 건축은 옥토에 해당됩니다. 열매 맺는 사역에 참여하는 것이 옥토에 물질을 심는 것이라고 말할 수 있는 것입니다.

셋째로 물질을 썩혀야 합니다. 썩혀야 한다는 말은 내가 아무리 많은 돈을 헌금한다고 할지라도 그 돈에 대한 반대급부를 요구하지 않는 것을 말합니다. 여러분이 헌금을 하고도 헌금에 대한 반대급부를 기대한다면 물질 축복은 기대하지 말아야합니다.

넷째로 잘 가꾸어야 합니다. 잘 가꾼다는 말은 매일의 삶 속에서 그 나라와 그 의를 구하는 생활을 하는 것입니다. 그 나라와 그 의를 구하는 구체적인 생활이 무엇일까요? 그것은 주의 말씀에 순종하는 삶을 뜻하며 또한 전도생활을 뜻하는 것입니다.

다섯째 추수할 때 경제적으로 어려움을 겪을 수 있습니다. 하나님께서는 우리에게 좋은 것을 주시기 원하시지만 그보다 앞서 원하시는 것은 우리가 좋은 것을 감당할만한 사람이 되는 것입니다. 물질을 감당하기 위해서 우리는 먼저 겸손한 사람이 되어야하는 것입니다.

여섯째 추수한 것 중에서 먼저 또 심으십시오. 그렇게 할 때 우리 기업은 날로 커지며 그 나라와 의를 구할 수 있는 것입니다.

물질 축복의 약속을 경험하는 삶

우리는 모두 문제가 없는 삶을 원합니다. 그런데 문제가 없는 삶을 살 수 있는 가능성은 두 가지가 있습니다. 첫째는 실제로 아무 문제가 없기 때문에 문제가 없는 삶을 사는 것인데 이러한 삶은 천국 가기까지는 전혀 불가능한 것입니다. 둘째는 여전히 문제 가운데 살고 있지만 문제가 더 이상 문제로 보이지 아니하면 문제가 없는 삶을 살 수 있는 것입니다. 이러한 삶은 여러분의 관심의 수준이 높아지면 높아질수록 지금 현재 문제로 보이던 것들이 더 이상 문제가 되지 않는 것입니다.

그런데 가장 높은 관심의 수준은 주님의 일에 대한 관심입니다. 그 중에 주님께서 가장 기뻐하시는 것은 선교입니다. 왜냐하면 지금도 하나님께서는 잃어버린 영혼들을 위하여 눈물을 흘리시는 하나님이시기 때문입니다. (눅 19:41)

하나님은 전능하신데 왜 친히 세계를 복음화 시키지 못하실까요? 그것은 먼저 믿는 자녀들을 사랑하시는 나머지 사랑하는 자녀들이 귀중한 생명을 구원하는 상급을 받게 하기 위하여 그 분의 손발이 묶여 있는 것입니다. 그렇기 때문에 우리가 주님의 심정을 알고 진실된 마음으로 선교를 할 때 주님께서 그렇게도 기뻐하시는 것입니다.

우리 교회의 사명인 세계 선교를 마무리 짓기 위하여 우리가 물질 축복을 받아야 하기 때문에 저는 오늘 물질 축복에 대한 말씀을 나누기 원합니다. 물질 축복에 대한 말씀을 전하는 일은 언제나 쉽지 않습니다. 여러분이 물질로 주님을 섬긴다는 사명의식이 없으면 자칫 기복신앙으로 흐를 수 있고, 스스로 아무 일도 하지 아니하고 잘못된 요행을 바라는 성도로 전락될 수도 있기 때문입니다.

그러나 저는 오늘도 여러분의 물질 축복을 기도합니다. 여러분을 사랑하는 목사의 사랑때문입니다. 이 세상에서의 목사의 소원이 무엇이겠습니까? 바로 여러분의 영혼이 잘됨 같이 여러분의 범사가 잘되고 강건하기를 바라는 것이 아니겠습니까? 또한 여러분이 건전한 신앙생활을 하게 하기 위하여 물질 축복을 기도합니다. 하나님께서는 그 분의 말씀을 연구의 대상으로 주지 아니하시고 경험의 대상으로 주셨습니다. 그런데 성경에는 분명히 물질 축복에 대한 약속이 기록되어 있습니다. 그 말씀을 여러분이 체험 할 때 여러분은 건전한 신앙생활을 하게 되는 것입니다.

여러분에게 필요한 것은 하나님의 말씀에 대한 믿음과 결단입니다. 하나님께서 불신자에게는 쌓아놓은 물질을 믿는 성도에게 이미 주시마 약속하셨으니 그 말씀이 내게 이루어지이다 하고 결단을 내리시고 또한 노력해야 하는 것입니다.

물질 축복의 전제 조건 갖추기

English

목사의 욕심은 다른 것이 아닙니다. 여러분의 영혼이 하나님 앞에서 잘되고 또한 여러분이 경제적으로 넉넉하게 축복을 받고 또한 건강하게 되는 것입니다. 그 전부터 여러분에게 물질 축복에 대한 설교를 너무나 하고 싶었는데 꾹 참아 오다가 지난주에 드디어 물질 축복에 대한 설교를 시작했습니다.

성경에는 물질 축복에 대한 말씀이 분명히 있고 또 그 구체적인 방법까지 제시되어 있는데 그것에 대한 설교를 참아온 것은 그만한 이유가 있습니다. 여러분에게 사명의식을 심어드리고 삶의 목적을 분명히 깨닫게 하기 전에 물질 축복을 하게 되면 여러분이 이 땅에서 잘 살기 위하여 물질을 구하려 하기 때문에 그것이 여러분에게 덕이 되지 아니하고 또한 하나님께서도 응답 해주시지 않기 때문입니다.

그 뿐만 아니라 물질 축복에 대한 설교를 잘못 들으면 스스로 노력은 하지 아니하고 요행을 바라는 성도로 잘못 양육될 수도 있기 때문입니다.

생존을 위하여 필요한 물질은 우리의 최선을 다한 다음 염려하지 말라고 말씀하고 계십니다.

그 반면에 생존하고도 남는 물질은 우리를 위하여 하늘나라에 쌓아 두라고 말씀하십니다.

이번에 물질에 대한 설교를 할 때 여러분은 믿음으로 말씀을 잘 들으시고 또 말씀대도 실천을 하십시오.

실패자는 다수이지마는 성공자는 소수입니다. 대다수의 사람들은 말씀을 듣지만 실천에 옮기지 못합니다. 우리 성도님들은 다수의 실패자의 대열에 끼이지 마시고 성공적인 소수의 삶을 사시기를 부탁드립니다.

우리 교회는 사명이 있기 때문에 반드시 하나님께서 여러분 가운데 세계적인 기업가 국제적인 재벌들을 일으켜 주실 줄 믿습니다.

내가 바로 그 사람이 되리라 작정하시기를 주님의 이름으로 축원합니다.

물질을 하늘나라에 쌓자

English

제주도에서 편지를 쓰고 있습니다. 몸은 이곳에 있지만 우리 은혜교회에 맡겨진 세계선교라는 사명을 감당하기 위해 오늘도 헌신하고 있는 LA와 서울 은혜교회 성도님들의 소식을 들으며 주님께 참으로 감사를 드립니다.

더욱이 세계선교라고 하는 참으로 중요하고 거대한 사업이 우리 청지기 선교회 회원들의 정성어린 헌금으로 이루어지는 것을 생각할 때 LA와 서울에 있는 우리 청지기 회원들에게 다시 한번 감사를 드립니다.

우리 성도님들이 신앙생활을 하며 물질을 주님 앞에 드리는 것이 얼마나 중요한지 모릅니다. 성도나 불신자나 생명 다음으로 귀하게 여기는 것이 바로 물질입니다. 우리 주님께서는 마태복음 6장 19절로부터 34절 사이에서 성도와 물질의 관계를 두 가지로 설명하고 계십니다. 첫째는 우리의 생존을 위한 물질이요, 둘째는 생존하고도 남는 물질입니다.

첫째로 우리의 생존에 필요한 물질에 대하여는 염려하지 말라고 하십니다. 우리가 열심히 노력하면 하나님께서 기본적인 생활에 필요한 물질은 반드시 공급해 주신다고 말씀하고 계십니다.

둘째 생존하고 남은 물질에 대하여 다음과 같이 말씀하고 계십니다.

"너희를 위하여 보물을 땅에 쌓아두지 말라 거기는 좀과 동록이 해하며 도적이 구멍을 뚫고 도적질 하느니라 오직 너희를 위하여 보물을 하늘에 쌓아두라 거기는 좀이나 동록이 해하지 못하며 도적이 구멍을 뚫지도 못하고 도적질도 못하느니라."

하나님께서는 우리가 생존하고도 남는 물질을 우리 자신을 위하여 이 땅에 쌓아두지 말고 하늘나라에 쌓아두라고 말씀하고 계십니다. 물질을 하늘나라에 쌓아 두는 것이 어떻게 우리를 위한 길이 되겠습니까? 그 이유가 있습니다. 우리가 아무리 물질을 귀하게 생각하고 사랑해도 물질처럼 매정한 놈이 없습니다. 물질이 돌아설 때는 인사도 없이 돌아서 버리지 않습니까? 설혹 물질이 일생 동안 우리를 배반하지 아니하고 우리 곁에 머문다 할지라도 우리가 죽어서 저 나라에 갈 때는 한 푼도 가져가지 못하는 것입니다.

우리 성도님들은 이 세상과 하늘나라의 관계를 잘 아셔야 합니다. 이 세상이 학생 시절에 쉬는 시간과 같다면 하늘나라는 수업시간과 같습니다. 우리는 쉬는 시간에 친구들과 구슬치기를 하면서 땅을 조금이라도 더 차지하기 위하여 손가락과 손가락 사이가 찢어지게 벌려서 금을 긋고 자기 땅을 만들지만 수업 종이 치면 그것들을 다 두고 교실로 들어갈 수밖에 없는 것입니다. 그러나 우리가 이 지상에 살아 있는 동안에 하나님께 헌금을 하면 그것은 보화를 하늘나라에 쌓아두는 것 같아서 영원한 하늘나라에서 찾아 쓸 수가 있는 것입니다. 그래서 주님께서는 우리를 위하여 우리 보화를 하늘나라에 쌓아두라고 말씀하시는 것입니다.

여러분은 가능한 많은 물질을 여러분을 위하여 하늘나라에 쌓아두시기 바랍니다. 여러분들이 하늘나라에 물질을 쌓을수록 하나님께서 물질 축복을 더해 주시는 것입니다.

얼마나 사느냐보다 더욱 중요한 것

제 일생에 지금처럼 휴식을 만끽한 적이 없는 것 같습니다. 지난 토요일 퇴원하여 오늘로 꼭 일 주일 동안 집에서 보양을 하고 있는 셈입니다. 회복도 매우 빨리 진행되고 몸의 컨디션도 수술 전보다는 훨씬 좋아진 것 같습니다. 자리에 누워서 조용히 주님을 묵상한다거나 사랑하는 성도님들을 위하여 기도할 수 있는 것은 과거에 경험하지 못한 휴식입니다.

이번 주일도 무리하면 얼마든지 예배에 참석할 수 있겠는데 아무래도 수술로 말미암아 수척해진 모습을 성도님들에게 보이는 것이 걱정을 더 끼칠 것 같아 이번 주일까지만 집에서 쉬려고 합니다. 다음 주일은 교회 창립 22주년 기념예배를 드리면서 선교 축제가 있습니다. 그 다음 주일에는 심령부흥집회가 있습니다.

제가 이번에 더욱 절실히 느낀 것은 우리가 10년 혹은 20년을 더 사는 것이 문제가 아니라 살아 있는 동안에 주님을 위하여 어떤 믿음의 작품을 만들었느냐 하는 것입니다. 왜냐하면 육체의 생명은 언제나 종말이 있기 때문입니다.

마리아와 마르다의 오라비 나사로는 죽었지마는 주님의 특별하신 은총으로 무덤에서 다시 살아났습니다. 우리는 그것을 보고 나사로가 참으로 복받은 사람이라고 생각하기 쉽습니다. 그러나 다시 살아났다는 것 자체가 그에게 복이 될 수는 없는 것입니다. 왜냐하면 나사로의 육체의 생명은 언젠가는 다시 죽을 수밖에 없는 것이기 때문입니다. 나사로에게 참으로 중요한 것은 잠시 잠깐 다시 살게 된 삶 속에서 어떤 믿음의 작품을 만들었느냐 하는 것입니다.

우리도 마찬가지입니다. 우리가 지상에서 10년, 20년을 더 사는 것이 중요한 것이 아니라 그리스도의 심판대 앞에 들고 갈 믿음의 작품이 더 중요한 것입니다. 우리 교회는 여러분의 믿음의 작품을 만들기 위하여 세계 선교에 매진해 왔습니다. 이제는 우리 성도님들 한 분 한 분이 세계 선교를 "나"의 일로 아시고 함께 동참하는 것입니다.

성도님들이 주님의 뜻을 위하여 그리스도의 고난에 동참함이 합당한 줄 압니다. 자신이나 가정교회끼리 혹은 그룹 단위로 특정한 선교지를 위한 청지기 선교회원이 되시고 그 선교지를 위하여 기도해 주실 뿐만 아니라 월 30불 이상의 선교비를 작정하시고 선교비를 드리시기 바랍니다. 월 30불이라는 하한선을 드린 것은 어떤 성도님이라도 동참할 수 있게 하기 위함입니다. 여러분들이 진정으로 주님을 사랑하고 세계선교에 동참하기를 원하시면 한 달에 100불, 혹은 1,000불 자신의 경제 형편에 좀 벅차게 책정하시기 바랍니다. 그것이 그리스도의 고난에 동참하는 길이기 때문입니다.

축복의 길목
시련에서 승리하기

하나님께서는 언제나 축복의 길목에 시련을 두시는 하나님이십니다. 아브라함이 축복을 받기까지 애굽의 바로 왕에게 아내 사라를 뺏기는 시련, 100세가 되기까지 약속된 아들을 얻지 못한 아쉬움, 100세에 낳은 아들을 번제로 드리기 위하여 모레아 산으로 데려가던 사흘 길...

이스라엘 왕으로 기름 부음 받은 다윗이 12년 동안이나 사울 왕에게 쫓겨 다녀야 했던 시련, 요셉이 애굽의 국무총리가 되기까지 형들에게 팔려 애굽 사람의 종이 되는 사건, 보디발의 아내의 모함으로 옥에 갇히는 아픔 등등... 왜 하나님께서는 축복의 길목에 시련이라는 걸림돌을 두실까요? 몇 가지 이유가 있습니다.

첫째는 시련 가운데 우리의 믿음을 시험하기 원하시기 때문입니다. 둘째는 시련으로 말미암아 우리를 겸허하게 만들어서 주시는 축복이 참된 축복이 되기를 원하시기 때문입니다. 셋째는 축복의 근원이 하나님이신 것을 기억하고 축복이 임했을 때 하나님께 영광 돌리

기를 원하시기 때문입니다.

우리의 성전건축은 참으로 크신 하나님의 축복입니다. 그러나 우리의 성전건축에도 주님은 여러 가지 시련을 두시는 것 같습니다. 첫째가 자금 부족입니다. 아마도 우리 성도님들이 약정이 많이 되었기 때문에 서로가 안심하고 계신 것이 이유인 것 같습니다. 약정은 많이 되었지만 실제로 6월말까지 헌금된 액수는 얼마되지 않습니다. 우리 성도님들 가운데는 진심으로 약정한 건축헌금을 드리기를 원하시지만 형편이 되지 않아 실제적인 헌금을 못하시는 분들이 대부분일 것입니다. 그러나 우리는 하나님 앞에 우리의 믿음을 보여드려야 그분의 약속하신 축복이 우리의 것이 됩니다.

저는 이런 글을 여러분에게 쓰는 것을 굉장히 주저하며 망설였습니다. 그러나 우리 성도님들이야말로 교회의 주인이요 복 받아야할 장본인들이요, 주님을 사랑하며 몸된 교회를 아끼는 성도님들이기 때문에 주저하는 마음을 억누르고 이 글을 쓰고 있습니다.

오늘 새벽기도가 끝난 다음에 한 집사님이 제게 다가와 말해 주었습니다. "목사님, 성전건축으로 인하여 걱정하지 마십시오. 반드시 잘 될 줄 믿습니다." 그 한마디 말이 저에게는 얼마나 위로가 되는지...

다시 한번 하나님 앞에 믿음의 저력을 보여 드리기 원합니다. 우리가 우리의 5병2어를 드릴 때 주님께서 기적을 베풀어주심을 믿고 있습니다. 약정을 했거나 안 했거나 관계없이 처음 건축헌금을 드린다는 마음으로 다시 한번 자신의 5병2어를 드림으로 성전건축이라는 기적을 체험하시기를 주님의 이름으로 축원합니다.

야베스의 기도를 드리는 목회자의 꿈

성도들을 향하여 목회자가 품는 한 가지 꿈이 있다면 그것은 바로 요삼 1:2절 말씀입니다.

> **"사랑하는 자여! 네 영혼이 잘됨 같이 네가 범사에 잘되고 강건하기를 내가 간구하노라"**

목회자는 무엇보다도 먼저 여러분이 영적으로 잘되기를 바랍니다. 왜냐하면 그것이 참된 복이요 또 다른 복들을 받을 수 있는 전제조건이기 때문입니다. 우리 성도님들이 영적으로 풍요로우시고, 세상에서 하는 모든 일들이 형통하시고, 그리고 육신도 강건하게 되는 것. 이것이 바로 제가 목회를 시작하는 그 날부터 여러 성도님들을 위하여 제가 가졌던 꿈이요, 또한 기도였습니다.

목회자가 어느 성도의 가게를 심방 했는데 그 가게에 손님이 북적거리면 얼마나 기분이 좋은지 모릅니다. 그 가게에 들어와 있는 손님들 한 사람, 한 사람이 그렇게 귀하게 보일 수가 없습니다. 그래서 저는 우리 성도님들 가운데서 세계적인 기업가 국제적인 재벌들이 나오도록 19년 동안을 기도해 왔고 지금도 그 기도를 계속하고 있습니다. 그런데 이제 저희들에게 그러한 기회가 왔습니다.

성전건축을 해야하기 때문입니다. 성전 건축을 위한 설계가 나왔는데 건축비용을 예상해보니까 당초의 예상보다 두 배 이상이 늘어나 있었습니다. 그러나 저는 그대로 추진하도록 건축위원들에게 부탁을 드렸습니다. 왜냐하면 하나님께서 그 분의 성전을 이룩하시는 방법이 우리 성도님들을 축복하는 것임을 믿기 때문입니다.

여러분은 이번 기회에 크게 서원을 하시고 기도하시기 바랍니다. 서원이란 약정과는 다릅니다. 약정이란 한번 한 약속이기 때문에 여러분들이 어떤 일이 있더라도 갚아야만 합니다. 그것이 보다 큰 하나님의 축복을 받는 길입니다. 그러나 서원기도는 다릅니다. 서원기도란 조건부 약속기도와 같은 것입니다. 하나님께서 먼저 이러 이러한 축복을 주시면 나도 하나님을 위하여 이러 이러한 일을 하겠습니다라는 조건부 약속과 같은 것입니다. 물론 하나님께서 그러한 우리들의 서원기도에 응답하기 위하여 우리들이 해야하는 몇 가지 일들이 있습니다.

첫째가 서원을 꼭 갚겠다는 결심입니다.

둘째는 오늘 설교시간에 말씀드린 "축복받는 12단계"를 지키는 것입니다. 저는 이번 기회에 여러분들이 모두 성전건축을 위하여 50만불, 100만불 이상을 서원하고 기도하시기 바랍니다. 저도 여러분을 위하여 기도하겠습니다.

이번 기회를 여러분이 "야베스의 기도"를 하는 계기로 삼으시기를 주님의 이름으로 축원합니다.

건축헌금에 동참하는 3가지 방법

성전건축은 그렇게 쉬운 일이 아닙니다. 사탄 마귀가 성전건축을 왜 방해하지 않겠습니까? 뿐만 아니라 우리 하나님께서도 큰 축복을 주시기 위하여 반드시 믿음의 시험 과정을 거치도록 하시는 것 같습니다. 이 일을 위하여 여러 성도님들이 다른 용도에 쓰기 위하여 저축하고 있는 돈을 하나님 앞에 드리고 또 어떤 성도님들은 시기적으로 굉장한 손해를 보면서 주식을 팔아 헌금하고 계십니다.

심지어 본 교회에 출석하지 않는 성도님들이 거액의 헌금들을 보내 주고 계십니다. 어떤 성도님들은 교회에서 쓸 수 있도록 집을 담보로 내어놓는 성도님들도 계십니다. 교회에서 집을 담보로 은행에서 융자하여 필요한 자금을 채우는데 도움이 되게 하기 위함입니다. 물론 융자수속이나 할부금은 교회에서 책임을 지고, 또한 금년 12월 말까지는 융자액을 교회에서 다 갚기로 전제하고 하는 일입니다.

우리 성도님들 가운데 성전 건축을 부담으로 여기시는 분은 전혀 안 계실 줄 믿습니다. 오히려 성전건축은 우리가 축복 받을 기회임을 아시고 다시한번 처음 건축헌금 하시는 마음으로 다음 주에 우리 성도님들 각자가 최선을 다하여 건축헌금을 해 주시기 바랍니다.

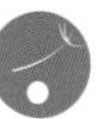

이번 건축헌금에 동참하는 길은 세 가지입니다.

첫째 우리 성도님들이 이번 기회에 물질적인 축복을 받을 수 있도록 기도해 주시는 일입니다. 현재 우리 성도님들이 헌금하기를 꺼려하여 헌금하지 않는 것보다는 많은 경우 헌금하기를 원하시는 성도님들이 현재 사정이 허락되지 않아서 못하고 계십니다. 우리의 기도를 통하여 악의 영들을 물리쳐야 됩니다.

둘째는 각 교인이 자기의 최선을 주님 앞에 드리는 것입니다. 큰 거래를 하는데 내가 가진 적은 돈이 무슨 도움이 되겠나 하고 포기하면 안됩니다. 우리 주님은 과부가 드리는 두 렙돈을 기뻐하시며 한 어린아이가 드리는 5병2어로 기적을 베풀어주시는 하나님이시기 때문입니다.

셋째는 돈이 없어 헌금하지 못하시는 성도님들은 전혀 마음에 부담을 갖지 마시기 바랍니다. 또한 헌금할 마음이 없으신 분들도 전혀 부담을 느끼지 마시기 바랍니다. 왜냐하면 우리 교회는 여러분들을 있는 그대로 인정하고 사랑하기 때문입니다.

우리 한 사람, 한 사람이 최선을 다할 때 우리 주님의 손길은 반드시 움직이게 될 것입니다.

벽돌 한 장이라도 보태는 믿음

저는 지금 아르헨티나에서 T.D. 제 6기를 인도하고 있습니다. T.D.가 감성적인 라틴 아메리카 사람들에게 얼마나 효과적인지 이루 말할 수가 없습니다. T.D.를 다녀간 목사님들의 사역이 변화하고 교회가 변화하니까 자연히 교회들이 부흥되고 있습니다. 우르과이에서 온 여자 목사님은 약 70여 명의 성도가 교회를 다녔는데 T.D.를 마치고 신학교에서 공부한 후 지금은 교인 수가 약 600여 명이 넘어서 더 이상 수용할 데가 없다고 즐거운 눈물을 흘리며 간증을 하더랍니다.

아르헨티나는 지금부터 약 40년 전까지도 가장 부유하고 살기 좋은 나라로 손꼽히고 있었고 부에노스 아이레스는 세계 3대 미항 중의 하나로 일컬어지기도 했습니다. 그러한 아르헨티나가 1960년대 후반기부터 경제가 곤두박질하기 시작하여 지금은 거의 희망이 없는 나라로 전락하고 만 것입니다. 그 이유는 크게 두 가지로 볼 수 있습니다.

첫째는 정치가들이 국가나 민족의 이익을 목표로 하지 아니하고

단지 선거 때 표를 얻기 위하여 정책을 수립한다는 것입니다.

둘째는 국민들이 국가를 위하여 일하기는 원하지 아니하고 모두 국가가 자기네를 위하여 무엇을 해 주기를 바라는 것입니다. 그래서 이곳에서는 파업이나 데모가 끝날 날이 없는 것입니다.

저는 이러한 사실을 저의 목회에 중요한 거울로 삼고 있습니다. 교회도 마찬가지입니다. 목회자가 성도님들의 장래에 관심을 두지 아니하고 교인들의 비위를 맞추기 시작하면 그 교회는 이미 위기에 들어서고 있는 것입니다.

뿐만 아니라 성도님들이 교회를 위하여 무엇을 할 것인지 생각하지 아니하고 교회가 나를 위하여 무엇을 해 주는지 관심을 가지게 되면 역시 교회는 위기에 처하게 됩니다. 왜냐하면 교회라는 객체가 따로 없고 성도님 한 분 한 분이 교회이기 때문입니다.

이제 우리 교회는 대단히 중요한 시기에 들어서고 있습니다. 적어도 1~2개월 내로 교회허가가 나오면 우리는 손에 손을 잡고 성전건축이라는 성업을 이루어 나가야 합니다. 뿐만 아니라 우리교회의 새로운 사역을 위하여 바스켓 오프레이션이 가동될 것입니다.

이때 우리들에게 가장 필요한 것은 바로 우리 성도님들의 헌신입니다. 우리는 먼 앞날을 바라보며 교회가 나를 위하여 무엇을 해 주는지 기대하는 어리석은 성도가 되지 말고 벽돌 한 장이라도 보태는 성도님들이 되어 주시기를 주님의 이름으로 부탁드립니다.

성도의 올바른 물질관

갑작스러운 건축 헌금에도 불구하고 지난 주일 우리 성도님들이 약 165만 불의 헌금을 약정해 주셨습니다. 그 동안 우리 성도님들이 1,300여 만 불 이상의 건축헌금을 해 주시고 또한 선교를 위하여 많은 헌금을 해 주신 것을 생각하면 비록 이번 헌금 목표 300만 불에는 미달이 되었지만 여러분들의 최선을 주님 앞에 드린 것이 됩니다. 주님을 사랑하고 몸 된 교회를 사랑하는 마음으로 최선을 다하신 우리 성도님들에게 깊은 감사를 드립니다.

저는 여러분이 이번 기회에 성도로서의 올바른 물질관을 꼭 가지시기를 바랍니다. 다음과 같은 몇 가지 사실에 대하여 다시 한번 상기시키기를 원합니다.

첫째 모든 물질은 우리가 하나님으로부터 잠시 잠깐 맡아 있다는 사실입니다. 우리 모두는 하나님의 청지기가 되는 것입니다.

둘째 성도는 언제나 주님과 물질 사이에 한 가지를 선택해야 합니다. 주님께서는 분명히 우리들이 두 주인을 섬길 수 없다고 말씀하고 계십니다. (마 6:24)

셋째 주님께서는 언제나 우리들이 우리들의 물질을 어디에 쓰는지 관심을 가지고 계십니다. 왜냐하면 모든 사람들에게 물질은 생명 다음으로 귀한 것이기 때문입니다. 주님께서는 우리의 물질이 있는 곳에 우리의 마음이 있다고 말씀하고 계십니다. (마 6:21)

넷째 하나님 앞에 물질을 드리는 것은 물질을 버리거나 없애는 것이 아니라 심는 것임을 기억하시기 바랍니다. 우리가 믿는 성경은 많이 심은 자는 많이 거두고 적게 심은 자는 적게 거둔다. (고후 9:6)"라고 말씀하고 계십니다.

다섯째 그렇기 때문에 물질이 없을수록 더 드리시기를 부탁드립니다. 왜냐하면 그것만이 여러분의 경제 사정을 해결할 길이기 때문입니다.

여섯째 물질을 드릴 때는 꼭 추수할 때가 있는 것을 믿고 즐거움으로 드리시기 바랍니다.

일곱째 물질에 대하여 큰 꿈을 가지시기 바랍니다. 하나님만 함께 해 주시면 여러분도 얼마든지 세계적인 기업가, 국제적인 재벌이 될 수 있음을 믿으시기 바랍니다.

여러분의 목회자인 저의 마음속에 여러분을 향한 간절한 소원이 있습니다.

첫째 신앙생활을 열심히 하셔서 여러분의 영혼이 잘되는 것.

둘째 주님이 함께 해 주심으로 언제나 육신이 건강한 것.

셋째 물질적으로 큰 축복을 받아 세계선교에 동참하시는 것.

다시 한번 요한삼서 1장 2절 말씀을 상기하시기 바랍니다.

"사랑하는 자여! 네 영혼이 잘됨 같이 네가 범사에 잘되고 강건하기를 내가 간구하노라"

헌당보다 더 중요한 온전한 성결과 전적인 헌신

오늘은 우리 은혜 교회 성도들에게는 참으로 감격스러운 날입니다. 우리가 성전을 지어 주님께 봉헌 한다는 것은 얼마나 중요한 일인지 모릅니다. 주님께서는 반드시 크고 아름다운 성전을 원하지 아니하십니다. 그러나 주님께서는 백성들이 자신들의 최선을 다한 성전을 원하십니다.

솔로몬 왕의 성전은 너무 웅대하고 아름다웠습니다. 그 반면에 70년 포로생활에서 돌아온 이스라엘 백성들이 세운 스룹바벨 성전은 참으로 보잘 것 없는 성전이었습니다. 그러나 성경을 보면 스룹바벨 시대의 성전을 봉헌할 때에 하나님께서는 솔로몬 왕의 성전을 헌당할 때와 똑 같이 그 가운데 하나님의 영광이 임하셨던 것입니다.

오늘 우리가 봉헌하는 성전이 우리들의 최선을 다한 성전이라면 하나님께서 기뻐 받으실 줄 믿습니다. 그러나 헌당보다 더 중요한 것이 우리들의 헌신인 것을 믿으시기 바랍니다. 왜냐하면 오늘의 성전은 그 속에 성도들이 주님의 일을 해 나가는데 그 뜻이 있기 때문입

니다.

우리 교회를 위하여 참으로 감사한 것은 우리 교회는 "주님의 지상 명령을 수행하는 교회가 된다"는 뚜렷한 비전을 허락받고 또한 그 비전을 이룩 할 수 있는 사명과 구체적인 전략(Strategy)를 허락받았다는 사실입니다.

바스켓 오프레이션이야말로 우리 교회의 비전을 이룩해 나가는 방안인 것입니다. 그러나 아무리 좋은 프로그램이 있어도 우리 성도님들이 발을 떼지 않으면 아무 소용이 없는 것입니다. 그렇기 때문에 우리가 허락받은 비전과 사명과 전략을 이루어 나가기 위하여 우리 성도님들의 "온전한 성결"과 "전적인 헌신"이 필요한 것입니다.

우리의 성전을 주님 앞에 봉헌하는 이 날, 우리 한 사람 한 사람이 헌신하여 오이코스 전도에 발을 떼시기를 부탁드립니다.

13. 은혜교회의 발자취를 따라

교회는 그의 몸이니 만물 안에서 만물을 충만하게 하시는 이의 충만함이니라 (에베소서 1:24)

교회는 그리스도의 몸입니다
성도는 그리스도의 지체이며
지체는 그리스도 피로 결속되어 집니다.

1.나의 생각을 뛰어넘는 성령의 큰 꿈
2. 교회의 변화를 위한 구조조정
3. 대 심방을 통한 관계형성
4. 주는 교회가 받을 상급
5. 교회 창립 20주년의 감사
6. 목회 21년의 고백 "감사합니다, 사랑합니다"
7. 청지기 선교 후원회원이 되어주십시오
8. 은혜교회를 세계적인 어업회사로 부르신 하나님
9. 뜨거운 기도, 시간과 물질로 이루어주신 교회 (30주년 기념예배)
10. 손님이 아니라 주인으로 살자
11. Eastside School을 맞이하며..
12. 노회를 통한 주님의 은혜

LOVE IS EXTRAVAGANT

나의 생각을 뛰어넘는 성령의 큰 꿈

English

주님께서 우리 은혜교회를 세워 주신지 어언 18년이 되었습니다. 18년을 돌이켜볼 때 그 어느 하나 주님의 축복의 손길이 아니 것이 없습니다. 제가 42살에 주님을 만나고 저의 삶은 완전히 바뀌어 졌습니다. 광활하고 삭막한 우주 속에 물거품 하나 생기 듯? 내가? 태어났다가 어느 날 그 물거품이 사라지는 것처럼 나의 존재가 없어지리라는 생각 때문에 인생에 아무런 목표를 정하지 못하고 살아왔습니다. 제가 주님을 만나고 나를 지어 주신 하나님이 살아 계시고 그 분이 나를 사랑하시며 영생의 소망이 있는 것을 깨달았을 때 저의 감격이 어떠했는지 능히 짐작이 갈 줄 압니다. 저는 약 4개월 반을 주야로 울면서 지났습니다.

그러나 그렇게 큰 은혜를 받아도 주님의 종이 된다는 생각은 전혀 없었습니다. 사실 그 소원은 내 속에 있었지마는 세상 사고방식에 미혹되어 있던 제가 깨닫지 못했다는 것이 더 올바른 표현일지 모르겠습니다. 인간은 그렇게도 어리석은 존재인 것 같습니다.

은혜를 받은 지 약 1년 3개월 후 어느 날 아침, 잠을 깨는데 갑자기 마음 속에서 "내가 만약에 목사가 된다면"하는 생각이 떠올랐는데 그때 저는 인생의 모든 문제가 해결 되는 기분이었습니다. 마치 앞길에 훤히 뚫린 대로를 바라보는 기분이었습니다.

저는 44살에 신학대학원에 들어가서 47살에 졸업하면서 1982년 5월 달에 세 가정을 모시고 은혜 교회를 개척하게 되었습니다. 그 당시에 저는 목회에 얼마나 자신이 없었는지 모릅니다. 그러면서도 또한 큰 꿈을 가졌었습니다. 지금 돌이켜 보면 자신이 없는 것은 나의 생각이었고 큰 꿈은 성령님께서 주셨던 것 같습니다. 자신이 없었기 때문에 주야로 하는 일이 기도밖에 없었습니다. 그럴 때 주님께서 여러분 한 분 한 분을 보내주셨습니다. 교회를 찾아오시는 여러분 한 분 한 분이 얼마나 귀한지 눈에 넣어도 아프지 않는 기분이었습니다. 그렇게도 자신 없는 저를 주님께서 인도하셔서 오늘처럼 아름다운 교회를 이룩하게 해주시고 또한 세계에서 가장 많이 선교하는 교회로 만들어 주셨습니다.

18년 동안 목회하며, 여러분을 가르치고 인도하기 원했던 사실을 다섯 가지로 요약할 수 있습니다.

첫째 우리들에게는 영원한 하늘나라가 있다는 것.

둘째 우리가 하늘나라에 갈 때 반드시 그리스도의 심판대 앞에서 상급 받을 날이 있다는 것.

셋째 우리가 지상에 살고 있는 목적이 바로 주님의 심판대 앞에 들고 갈 믿음의 작품을 만든다는 사실.

넷째 믿음의 작품을 만들기 위하여 먼저 주님 앞에 쓰임 받을 만한 사람이 되자는 것.

다섯째 모든 일을 믿음의 작품을 만들기 위하여 하자는 것이었습니다.

우리가 선교한 이유가 여기 있었고, 우리가 헌신하는 이유도 여기 있었습니다. 18주년을 맞이하며 저의 가슴속에는 선교에 대한 열의가 다시 한번 불타오르고 있음을 느낍니다. 올바른 목표를 향해 함께 나아가시기 바랍니다.

교회의 변화를 위한 구조 조정

근래에 많은 부목사님들이나 전도사님들이 교회 개척을 위하여 교회를 떠났습니다. 아마도 그 이유를 잘 모르시는 성도님들은 이 다음에는 어느 목사님이 교회를 떠날까 염려하시는 분들도 계신 줄 압니다. 오늘은 왜 교회의 많은 부목사님들이나 전도사님들에게 교회 개척을 시키는지 그 이유를 잠시 설명 드리겠습니다.

원래 저희 교회에서는 교회 개척을 선교의 일환으로 보고 교회가 출혈을 하더라도 많은 주의 종들을 모시고 훈련시켜서 교회 개척을 원했습니다. 또한 우리 교인들 가운데서 신학교를 졸업하고 전도사가 되기 원하면 그들을 사랑하기 때문에 가급적으로 일할 기회를 드리기를 원했습니다. 그 결과로 그 동안 약 200여 명이 넘는 주의 종들을 배출할 수 있었습니다. (1998년 현재)

그러나 그 반면에 부작용도 많이 일어났습니다. 많은 경우에 교역자들이 은혜교회를 사역지로 보지 아니하고 사역의 발판으로 보기 때문에 전체적인 교역자들의 헌신도가 떨어지게 되었고 또한 많은 교역자들을 모시고 있기 때문에 사례비를 제때 제때 지급하지 못해서 교역자들의 사기가 많이 저하된 것이 사실이었습니다.

우리는 교회의 변화를 추구하고 있습니다. 그런데 변화를 추구하고 변화에 대한 동기를 부여하는 것이 교역자로부터 시작이 되어야 하기 때문에 교역자 구조조정을 하기를 원했습니다. 소위 신문에서 말하는 "군살빼기" 운동과 같은 것입니다.

저는 우리 교역자들에게 이 취지를 설명하고 개척을 꿈꾸고 있는 교역자들은 하루 속히 교회를 개척하도록 설득을 했습니다. 그 결과로 많은 교역자들이 순종하는 마음으로 교회개척을 서두르게 된 것입니다.

이제는 은혜교회에서 우리 성도님들과 함께 뼈를 묻을 각오를 한 교역자들만 남았습니다. 현재 우리 교회에 남아있는 교역자들은 마음과 뜻을 같이하여 죽으면 죽으리라는 각오로 우리 성도님들을 섬기기를 원합니다.

또한 우리 교회는 변화를 위하여 행정부서도 개편하기 위하여 오랫동안 기도하며 연구하다가 지난 당회에세 최종안을 결정하고 오늘 발표를 해 드립니다.

각 국의 국장, 차장님들을 중심으로 우리 성도님들이 열심히 주님의 몸 된 교회를 섬김으로 우리 교회의 변화가 현실화 되기를 주님의 이름으로 축원합니다.

대 심방을 통한 관계형성

교회 성장학에서는 교회가 수적으로 얼마나 커져야 지나치게 커진 교회인가 라는 중요한 이슈가 있습니다. 과연 얼마만큼 커진 교회가 지나치게 큰 교회일까요?

교인 한 사람, 한 사람과 관계를 맺지 못할 때 그 교회는 지나치게 큰 교회가 되고마는 것입니다. 교인들이 200명이 모인다 할지라도 교회가 그 200명 성도와 관계를 못 맺는다면 그 교회는 지나치게 큰 교회가 되고 마는 것입니다. 그 반면에 십만 명의 교인이 모이는 교회라 할지라도 그 교회가 십만 명의 교인들과 개인적인 관계를 맺고 있다면 그 교회는 결코 지나치게 큰 교회가 될 수 없는 것입니다.

이런 각도에서 볼 때 우리 은혜 한인교회는 지나치게 커진 교회라고 할 수 있습니다. 지금 현재 우리 교회는 성도님 한 사람, 한 사람과 끈끈한 관계가 성립되어 있지 못하기 때문입니다.

그런데 교회가 교인들과 관계를 맺는 다는 것이 무엇일까요?

그것은 담임목사와 교인의 관계를 말합니다. 그러나 담임목사라 할지라도 무한정 사람들과 관계를 맺을 수가 없습니다. 목사 한 사람이 관계를 맺을 수 있는 사람의 수를 대개 300명 정도로 보면 됩니다.

그러나 주님은 그 분의 몸된 교회가 만 명, 십만 명으로 자라기를 원하십니다. 선교의 잠재력 때문입니다.

담임목사가 관계를 맺을 수 있는 사람의 수가 300명 정도라면 어떻게 교회가 만 명, 십 만명으로 자라고도 과도하게 자라지 아니한 교회를 만들 수가 있을까요? 바로 교역자나 평신도 지도자를 통하여 교회는 교인들과 관계를 맺을 수가 있는 것입니다.

금번에 본교회에서는 모든 성도님들을 다섯 개 지역으로 나누고 각 지역에 지역 목사님과 전도사님을 배치했습니다. 각 지역 목사님과 전도사님들이 우리 성도님들과 관계를 맺으므로 우리 교회는 교인 개개인과 관계를 맺게 되는 것입니다. 그래서 각 지역 목사님과 전도사님들에게 대 심방을 부탁드렸습니다.

대 심방을 통하여 여러분을 자세하게 알 수는 없어도 서로 얼굴을 마주보며 잠시 대화함으로 말미암아 앞으로 깊은 관계를 맺는 시발점이 될 줄 압니다. 또한 지역 목사님이나 전도사님들을 통하여 담임목사인 저도 여러분과 관계를 맺을 수 있는 것입니다.

여러분이 성도로서 자신이 다니는 교회와 관계를 맺지 못하고 교회를 다니시는 분은 뿌리 없는 나무와 같아서 삶 속에 안정감도 없고 또한 신앙이 자랄 수도 없는 것입니다.

금번에 우리 성도님들은 모두 기쁜 마음으로 심방도 받으시고 또한 심방을 자진하여 요청해 주시기 바랍니다. 심방시간은 약 30분으로 생각하시면 됩니다. 그렇기 때문에 심방기간 동안에 음식 대접할 생각도 하지 마시고 가정이나 사업장 어느 곳이나 성도님들이 편리한 곳으로 심방을 요청해 주시기 바랍니다. 이번 심방기간을 통하여 우리 교회가 보다 가까운 유기체가 되기를 바랍니다.

주는 교회가 받을 상급

English

하나님께서는 우리 인간을 지으실 때 "교제하는 영"으로 지어주셨습니다. 그러나 아담과 이브가 타락할 때 벌써 우리는 참 교제하는 법을 잊어버리고 말았습니다. 물질만능주의와 개인주의가 지배하는 현대문명 가운데 우리나라의 실정은 집의 대문이나 아파트 문을 꼭꼭 잠가놓고 이웃과의 사이에 높고 두꺼운 벽을 쌓고 살고 있습니다. 그렇기 때문에 자기의 아파트 문을 열면 바로 코앞에 이웃집의 아파트 문이 있는데도 그 안에 사는 분이 어떤 분이며 무엇을 하는 분인지 모르는체 살아가고 있는 것입니다.

그러나 그 심령 가운데 하나님께서 심어 놓으신 본능적인 욕구가 어디로 가겠습니까? 사람들이 비록 느끼지 못한다 할지라도 그 마음 속에는 이웃과의 참다운 교제에 대한 갈증이 누구에게나 있는 것입니다. 단지 그 사실을 알지 못하는 사람들은 다른 그 무엇 때문에 내 속에 갈증이 있다고 생각하며 다른 것을 열심히 좇으며 살아 온 것입니다. 그러다가 운동경기 등을 함께 응원하며 동일한 목적을 염원할 때 생면부지의 이웃들과 아무런 거리낌 없이 서로 부둥켜안고 기뻐하게 되는 것입니다.

우리 성도님들도 마찬가지입니다. 우리가 희구하는 것이 많이 있지마는 사실 우리의 심령 가운데는 이웃과의 간격 없는 교제에 대한 갈증이 도사리고 있는 것입니다. 주일에는 예배 후에 가정교회에 모여서, 청년들은 청년 예배 후에 여러 활동을 통하여서 우리가 그토록 원하는 참된 교제를 이룩할 수 있도록 노력해 주시기 바랍니다.

참된 교제에는 언제나 아낌없는 나눔이 동반하게 됩니다. 저는 지난 주 예배를 드리면서 문득 마음에 떠오르는 성경구절들이 있었습니다.

"주라 그리하면 너희에게 줄 것이니 곧 후히 되어 누르고 흔들어 넘치도록 하여 너희에게 안겨 주리라 너희의 헤아리는 그 헤아림으로 너희도 헤아림을 도로 받을 것이니라" (눅 6:38절)

"일하는 자에게는 그 삯이 은혜로 여겨지지 아니하고 보수로 여겨지거니와" (롬 4:4절)

제가 이런 말씀을 드리는 것이 결코 주님의 은혜나 사랑을 희석시키기 위한 것이 아닙니다. 단지 우리 성도님들에게 하나님의 말씀이 얼마나 신실하신지 일깨워드리기 위함입니다.

우리 은혜교회의 특성 중의 한 가지가 바로 우리 은혜교회가 "주는 교회"라는 것입니다. 1984년도에 LA 은혜교회가 놀웍의 고등학교에 들어가서 예배를 드리게 되었을 때였습니다. 우리가 제일 먼저 한 일은 교회 건물이 없는 캄보디아 교회와 필리핀 교회를 우리 건물에서 무료로 예배를 드리게 했습니다. 그 때 우리는 가장 좋은 의자를 골라서 그 교회에 주고 또한 건물에 가까운 가장 좋은 주차장도 그 교회들에 배정해 드렸습니다. 그 당시 우리교회에서는 전기료나 가스비용도 받지 않았습니다. 그러나 우리교회 성도님들과 지도자 가운데 한 분도 불평하는 분이 없었습니다. 우리교회의 선교정책 가운데 한 가지라도(물론 불문율이지만) 어떻게 하면 더 많은 선교비를 책정해 드릴까 하는 것이었습니다.

우리가 주님의 일을 위하여 물질을 드리며, 성도가 서로 교제하며 나누는 것은 결코 손해가 아닙니다. 주님께서 우리가 영원히 살 하늘나라에서 수만 배로 갚아 주실 뿐만 아니라 이 땅에서도 백 배나 갚아 주시게 되어 있습니다. (막 10:30)

목회 21년의 고백 "감사합니다, 사랑합니다"

English

두 주 전에 우리는 은혜교회 창립 21주년 기념예배를 드렸습니다. 은혜교회 발자취 21년을 돌이켜 보면 부족한 종은 우리 주님과 우리 성도님들에게 감사하다는 말 이외에는 할 말이 없습니다.

우리 은혜교회는 주님께서 친히 세워주신 교회입니다. 제가 1982년 1월 1일부터 교회 개척을 위하여 기도할 때 바로 세 가정을 보내 주신 일. 풀러톤에 있는 C.M.A. 교회에서 건물을 무료로 쓰도록 허락해 주신 일, 첫 토요 성경 공부에 30명을 보내달라고 기도할 때 그대로 응답해 주신 일, 또한 1982년 5월 9일 첫 예배를 드릴 때 생명 바쳐 주님을 섬기는 가정 열 가정을 보내 달라고 기도드릴 때 그대로 응답해 주신일..

구 소련, 중국, 월남을 위시하여 선교의 문을 열어 주신 일. 예배 처소 때문에 어려움을 겪을 때 그 때 그 때 예비하시는 우리 주님께서 예배 처소를 예비하시고 기다리시던 일.

우리의 기도를 들으시고 세계에서 가장 아름다운 성전 터를 허락하시고 건축을 이루어 가시는 일. 그 어느 것 하나 주님의 손길이 아닌 것이 없습니다.

뿐만 아니라 부족한 종은 우리 성도님들을 생각하면 눈에 고이는

눈물을 어떻게 할 수 없습니다. 부족하고 부족한 종을 목사로 받아 주시고 제가 하고자 하는 모든 일에 호응하시며 믿어 주시는 성도님들. 목사가 하는 말을 무엇이나 마다하지 아니 하시고 순종해 주시는 성도님들.

세계 선교를 위하여 또한 성전 건축을 위하여 사업기금을 그대로 드리며 집을 팔아 주님 앞에 드리는 성도님들. 생활비를 아껴가며 생활을 줄여가며 헌금해 주시는 성도님들. 교회 일이라면 직장을 쉬어 가면서라도 전념해 주시는 우리 성도님들. 가정교회를 위하여, G 7 활동을 위하여 가정생활을 희생해 가며 충성해 주시는 우리 성도님들. 교회와 부족한 종을 위하여 금식하며 눈물로 기도해 주시는 우리 성도님들!

저는 언제나 세상에서 가장 행복한 목회자라는 것을 자부하며 목회를 하고 있습니다. 교회의 발자취 21년을 돌이켜 보며 주님과 우리 성도님들에게 부족한 종이 할 수 있는 두 마디 말은 오직 "감사합니다, 사랑합니다." 밖에 없습니다.

청지기 선교 후원 회원이 되어주십시오

이제 몸도 완전히 회복된 것 같습니다. 그래서 이번 주일부터 여러분과 함께 예배드리게 되어 너무나 감사합니다. 오늘은 우리 은혜교회 창립 22돌을 맞이하여 기념 예배를 드리며 또한 선교 축제의 날입니다.

성도의 삶에서 교회는 얼마나 중요한지 모릅니다. 성도님들은 아무리 다른 일이 잘 되어도 자신들이 몸 담고 있는 교회가 평안하지 못하면 그 삶 속에 참된 평강을 누릴 수가 없는 것입니다. 성도님들은 생활 속에서 다른 것들이 좀 부족 하더라도 몸 담고 있는 교회가 평안하면 다른 일들도 다 잘 되게 되어 있는 것입니다.

그런데 우리 교회는 22년 동안 한 번도 분쟁이나 혹은 교회가 갈라진다거나 하는 일이 없었습니다. 이 모든 것이 여러분의 참다운 신앙과 순종하는 마음으로 가능했지만 무엇보다 먼저 주님의 은혜로 말미암은 것입니다. 주님께 감사드리시기 바랍니다. 신앙생활은 결코 추상적인 일이 아닙니다. 구체적인 우리의 삶이 되어야하는 것입니다.

우리가 정말 독생자도 아끼지 아니하시고 내어주신 하나님의 사랑을 믿으신다면, 또한 주님의 십자가 보혈로 말미암아 구원받았음을 확신한다면, 우리가 주님을 사랑한다는 것은 너무나 당연한 일인 것입니다. 그래서 우리는 "주 예수 보다 더 귀한 것은 없네." "I Love You, Lord." "사랑합니다. 나의 예수님" 등등 찬양을 드리는 것입니다.

그런데 사랑이란 것도 결코 추상적인 것이 아닙니다. 사랑에는 반드시 자기희생이 따르게 되어 있는 것입니다. 주님께서는 우리를 사랑하시기 때문에 그 분이 친히 십자가를 지시고 살을 찢고 피를 흘려주신 것입니다. 그렇기 때문에 여러분이 정말 주님을 사랑하신다면 주님의 지상명령을 수행하기 위하여 물질과 시간과 노력을 주님을 위하여 드릴 줄 알아야 합니다.

주님께서 그토록 원하시는 세계 선교에 여러분들을 직접 동참시키기 위하여 오늘 선교 축제를 갖습니다. 각자가 기도하시고 꼭 어느 특정 지역을 택하셔서 청지기 선교 후원회원이 되어주시기를 부탁드립니다.

다음 주일은 그 동안 오래 기도해 오던 심령 부흥 성회가 열립니다. 강사 목사님은 한국의 유명한 부흥사이시며 목회자이신 피종진 목사님이십니다.

우리 성도님들은 "세상을 사랑하는 것이 하나님과 원수가 된다"는 성경말씀을 기억하시고 한 사람도 빠짐없이 심령 부흥성회에 참석해 주시기를 부탁드립니다.

은혜교회를 세계적인 어업회사로 부르신 하나님 (창립 29주년)

한 주간 동안도 승리의 삶을 사셨을 줄 믿습니다. 오늘은 은혜한인교회가 세워진지 29주년이 되어 주님께 감사의 예배를 드리는 기쁜 날입니다. 한기홍 목사님을 선두로 주님의 지상명령을 수행하기 위해 전심으로 달려가시는 장로님들, 그룹리더님들, 목자님들, 또 사랑하는 성도님들께 진심으로 감사를 드립니다.

일본 속담에는 "이기고 투구의 끈을 조여라"라는 속담이 있습니다. 우리나라 속담에도 "달리는 말에 채찍을 가하라"라는 속담이 있습니다. 바로 현재의 은혜교회 성도님들에게 해당되는 말씀입니다. 건강한 목회는 반드시 주님의 지상명령을 수행하는 교회가 되어야 하고, 주님의 지상명령을 올바르게 수행하기 위한 구체적인 전략이 바로 바구니 작전인 것입니다. 그리고 바구니작전의 출발점이 바로 여러분의 오이코스 전도인 것입니다. 이 모든 전략이 잘 진행되기 위해서는 반드시 가정교회가 원활하게 움직여야 합니다. 여러분의 가정교회를 귀하게 여기시고 열심히 섬겨 주시기를 부탁드립니다. 가정교회에 충실하는 것이 교회에 충성하는 길임을 믿으시고 가정교회에 열심히 충성해 주시기 바랍니다. 여러분 한 분 한 분이 모두 가정교회 목자가 되셔야 하기 때문에 기쁨으로 준비해 주시기 바랍니다.

은혜 한인교회는 여러분의 교회입니다. 참으로 감사하고 즐거운 마음으로 창립예배를 맞이해 주시기 바랍니다. 이 기쁜 날에 저는 오늘 잠깐 성도님들이 때로 이해하지 못하는 목회자의 심정에 대하여 말씀드리기 원합니다. 목회자로서의 저의 마음속에는 '어떻게 하면 우리 성도님들을 편안하게 해 주고 기쁘게 해 드릴까'하는 바람이 있습니다. 그러나 목회자인 저는 무엇이 진정으로 우리 성도님들을 영원토록 편안하게 하며 기쁘시게 할 수 있는지 잘 알고 있습니다. 비록 십자가를 지고 가는 것처럼 힘들게 느껴져도 오직 주님의 뜻대로 살고 주님의 말씀대로 사는 것만이 참다운 평강이요 기쁨입니다.

교회는 원래 세상과 타협하면 안됩니다. 교회와 세상의 관계는 마치 배와 바다의 관계와도 같습니다. 바다가 없으면 배는 존재할 이유가 없는 것입니다. 그러나 바닷물이 뱃속에 들어오면 배는 갈아 앉고야 마는 것입니다. 교회도 그와 같습니다. 교회는 세상이 있기에 존재하며 교회는 세상을 위하여 존재합니다. 그러나 세상이 교회 속에 들어오면 교회는 더 이상 존재 가치를 잃어버리게 되는 것입니다.

목회자도 마찬가지입니다. 목회자는 성도님들이 있기에 존재하고 성도님들을 위하여 존재하는 것입니다. 그러나 성도님들의 의견이나 성도님들이 원하는 것에 좌우되면 목회자는 더 이상 존재가치가 없게 되는 것이요 결과적으로는 성도들에게 큰 해가 되는 목회자가 되고 말 것입니다. 우리 성도님들을 위하여 하나님의 말씀을 말씀대로 전하고 또한 순간 순간, 시간 시간, 성도님들의 결단을 촉구하는 부족한 종의 심정을 이해해 주시기 바랍니다.

우리 교회는 세계적인 어업회사로 부르심을 받았습니다. 자랑스럽게 여기시기 바랍니다.

"뜨거운 기도와, 시간과 물질로 이루어 주신 교회"
(창립 30주년 기념예배)

우리 은혜교회가 걸어온 길을 돌이켜 보면 주님의 압도적인 사랑과 은혜와 축복에 다시 한번 눈시울이 뜨거워집니다. 주님을 기쁘시게 한다는 것은 부족한 종의 사역의 목표였습니다. 오직 주님을 기쁘시게 한다는 한 가지 소원 때문에 세계선교에 전력투구해 왔습니다. 그 결과 우리는 한없이 부족함에도 불구하고 단일 교회로서는 세계에서 가장 많은 선교를 한다는 평을 듣고 있습니다. 우리 은혜교회에 와서 주님을 영접하고 변화 받은 영혼의 수는 이루 말할 수 없고 세계 방방곡곡에서 우리의 선교를 통하여 구원받고 변화 받은 영혼의 수가 얼마인지 우리는 말할 수가 없을 것입니다.

신앙생활의 지혜 가운데 최고의 지혜는, 받지 못한 은혜나 축복 때문에 하나님께 불만을 품는 것이 아니라 이미 받은 은혜와 축복 때문에 하나님께 감사하며 영광 돌리는 마음을 가지는 것입니다. 왜냐하면 우리 교회가 받은 은혜와 축복을 곰곰이 생각하며 진심으로 하나님께 감사하시는 성도님들이 되시기를 축원합니다. 저는 이제까지 목회를 해 오면서 우리 주님께 언제나 감사하고 있는 일이 몇 가지 있습니다.

첫째로 아름다운 성도님들을 보내주신 일입니다. 사실 우리는 서로 얼굴도 모르고 이름도 모르던 사람들이었습니다. 주님의 뜻이 아니면 어떻게 우리가 한 교회에 모여서 주님을 섬길 수 있겠습니까?

둘째는 많은 주의 종들을 길러낸 일입니다. 여태까지 우리 교회에서 배출된 주의 종들이 약 300여 명이 됩니다.(2012년 현재) 우리 국제총회는 지상에 있는 가장 아름다운 총회라고 자부할 수 있고 또한 효율적인 세계선교를 할 수 있는 뒷받침이 되고 있는 것입니다.

셋째는 세계선교를 위하여 우리 주님께서 우리 은혜교회를 사용해 주신 일입니다. 이 사실은 우리가 주님께 아무리 감사해도 오히려 부족할 것입니다.

넷째는 LA와 서울에 아름다운 성전을 허락하신 일입니다. 우리는 세계선교를 하기 위하여 우리의 성전을 가진다는 것은 생각해 보지도 못하고 지내왔었습니다. 그러나 모든 것을 예비하시는 우리 주님께서는 우리가 상상하지도 못했던 아름다운 성전을 허락하셨습니다.

다섯째는 아름다운 성전에서 해야 할 귀한 사역을 허락해 주신 일입니다

이 모든 일을 주님께서 친히 이루어 주셨지만 그 동안 우리 성도님들이 뜨겁게 기도해 주지 않으셨다면, 시간과 물질을 주님 앞에 드리지 않으셨다면 어찌 이 모든 일이 이루어질 수 있었겠습니까? 여러 성도님들께도 감사드리지 않을 수가 없습니다.

손님이 아니라 주인으로 살자

English

두 주 전 주일 오후에 있었던 공동 의회에서 한 기홍 목사님을 본 교회 차기 목사님으로 모시자는 청빙위원회의 제안이 만장일치로 통과되었습니다. 오는 9월 첫째 주에 신구 목사님의 이취임식을 가질 예정입니다. 저는 목회를 하면서 교회 당회장직을 떠날 때 아무래도 눈물이 조금 나올 것 같았습니다. 당회장직이라는 직책을 그만 두기 때문이 아니라 사랑하는 성도님들, 나의 후반생을 바쳐 온 여러분들을 떠난다는 마음 때문에 아무래도 눈물이 조금 나올 것 같았습니다.

그러나 요즈음 저의 심정은 평소와 조금도 다름이 없고 이취임식도 웃으며 치룰 수 있을 것 같습니다. 왜냐하면 제가 담임목사라는 직책으로 부터는 떠나지만 사랑하는 우리 성도들로 부터는 결코 떠나지 아니하고 주님께서 부르시는 그 날까지 제가 마음으로 여러분과 함께 할 것을 믿기 때문입니다. 이번 주일에 여러 성도님들은 주님을 사랑하며 몸된 교회를 사랑하는 마음으로 최선을 다하여 여러분의 5병 2어를 드릴 줄 압니다.

제가 여러분의 담임목사라는 직분을 그만두기까지 앞으로 약 2개월, 저의 마음 속에는 여러분에게 당부하고 싶은 말이 너무나 많이

있습니다. 그 중의 한 가지는 앞으로의 신앙생활이나 가정생활 혹은 사회생활에서 꼭 주인으로 살아 달라는 것입니다.

세상을 살아가는 사람들을 보면 두 가지 부류의 사람들이 있습니다. 소수의 사람들이 주인으로 자신의 삶을 살아가는 대신 대부분의 사람들이 손님으로 세상을 살아가는 것을 봅니다. 한 번 밖에 살지 못하는 인생을 살아가며 손님으로 사는 사람들은 대단히 어리석은 사람들입니다. 왜냐하면 자신의 귀한 삶을 허비하고 말기 때문입니다. 저는 여러분이 사회생활, 가정생활, 교회생활에서 꼭 주인 의식을 가지고 살아 주시기를 부탁 드립니다. 그런데 참 주인은 어떤 사람일까요? 바로 책임을 지려는 사람이 참 주인인 것입니다.

여러분은 아이가 자기 것이라고 솔로몬 왕을 찾아온 두 여인의 이야기를 잘 알고 있습니다. 솔로몬 왕이 아이를 쪼개어 반반씩 나누어 가지라고 할 때 아이의 참 주인 되는 진짜 어머니와 아이의 참 주인이 아닌 가짜 어머니의 반응을 잘 알고 있습니다. 가짜 어머니의 반응은 “왕의 말씀대로 아이를 두 쪽을 내어서 저 여자도 못 갖게 하고 나도 못가지게 하소서”

그러나 아이의 진짜 어머니의 반응은 어떻습니까? “왕이여 나는 아이를 못 가져도 좋으니 아이를 쪼개지 마시고 저 여인에게 주소서”

여러분 한 분 한 분이 사회와 가정, 그리고 교회에서 주인으로서 삶을 살아 주시기를 간절히 부탁 드립니다.

Eastside School을 맞이하며..

성전 건축이 조금씩 늦어져서 안타까운 마음과 성도님들에게 죄송한 마음을 금할 수가 없습니다. 그러나 성전 개축공사 규모를 생각하면 공사가 빨리 진행되고 있는 편입니다. 현재 저의 기도 제목은 10월 중으로 꼭 입당하는 것입니다. 개축공사가 늦어지기 때문에 제가 참으로 죄송하게 생각하는 것은 Eastside Christian School입니다.

그들은 9월 첫 주부터 저희 성전에서 학교를 개강하게 되어 있었는데 공사가 늦어지기 때문에 학교에 많은 지장을 주고 있습니다. 학교는 교육부에서 정해준 수업일수가 있기 때문에 부득이 금주 금요일 (9/12)부터 교회 정원에서 야외수업을 시작하게 되었습니다. 오늘 아침에도 학생들 약 200여 명과 교사들 학부형들이 교회 정원에 모이기 시작하니까 우리교회 건물이 비로소 생기를 띄기 시작하는 것 같습니다.

우리 교회는 과거 21년 동안 셋방살이를 해 왔기 때문에 셋방살이하는 사람들의 마음과 불편을 잘 알고 있습니다. 이제는 우리의 경험을 통하여 우리 성전에서 셋방살이하는 Eastside Christian School의 교사나 학생들에게 성도로서 사랑을 베풀 때가 온 것 같습니다. 주차장 사용이나 건물, 혹은 정원 사용에 불편이 있더라도 우리 성도님들은 크리스천으로서 사랑과 관용을 베풀 수 있는 기회로 알고 감사해야 할 것입니다.

Christian School을 맞이하며 우리 성도님들에게 몇 가지 말씀을 드리겠습니다.

첫째는 우리가 Eastside Christian School에 건물을 쓰게 하는 이유입니다. 우리는 교회로서 올바른 2세 교육에 관심을 가지고 있습니다. 그래서 우리 교회는 직접 Christian School을 운영할 생각도 가지고 있었습니다. 그러나 미국에서 학교를 운영한다는 것이 그렇게 쉬운 일이 아닙니다. 그런데 마침 잘 운영되고 있는 Eastside Christian School이 건물이 없기 때문에 우리는 건물을 제공하고 그들은 실제로 학교 운영을 해 줌으로 말미암아 우리 교회가 기독교 교육에 동참할 수 있는 것입니다. 물론 Eastside Christian School에서는 건물 사용료를 지불하게 될 것입니다. 또한 우리는 성전을 위하여 많은 재정을 투입하고 있습니다. 그런데 그 큰 건물과 아름다운 정원이 주중에 놀고 있는 것은 하나님의 입장에서는 큰 손해가 되는 것입니다. 그렇기 때문에 우리 건물이 주중에도 하나님을 위하여 쓰임 받는 것을 감사하시기 바랍니다.

둘째는 Eastside Christian School을 대하는 우리의 태도입니다. Eastside Christian School이 우리 교회 건물을 사용하는 것을 우리교회가 축복받는 계기로 만들어야 합니다. 우리교회가 오늘까지 주님의 축복을 받은 이유 한 가지가 있습니다.

우리는 누가복음 6:38절 말씀대로 주기 위하여 노력해 왔습니다. 우리가 1984년도에 Norwalk High School을 쓰게 되었을 때 우리교회는 캄보디아, 필리핀 그리고 미국교회에 무상으로 건물을 쓰게 했습니다. 또한 가장 편리한 주차장과 가장 좋은 의자들을 골라서 그들로 먼저 쓰게 했습니다.

이번에도 학교 당국에 최선의 것을 드림으로 우리교회가 하나님의 축복을 받아야 합니다. 교사나 학생들을 대할 때 크리스천으로서 친절과 관심과 사랑을 잊지 마시기 바랍니다.

노회를 통한 주님의 은혜

지금 저는 펜실바니아에 있는 산장에 와 있습니다. 제 14회 미주연합노회가 이곳에서 열리고 있기 때문입니다. 정방영 목사님이 시무하시는 뉴욕제자교회에서 주관해 주시는 100여 명의 성도 가운데서 약 35명 성도님들이 저희와 함께 올라와서 식사는 말할 것도 없거니와 간식과 기타 모든 것을 돌보아 주고 있습니다. 얼마나 감사한 일인지 모르겠습니다.

우리 노회는 노회원들이 얼마나 서로 사랑하고 돕고 있는지 모릅니다. 우리 노회에 참석하신 외부 목사님들은 이런 노회를 본 적이 없다고 이구동성으로 말합니다. 이번에 특별강사로 오신 호성기 목사님은 본인도 노회장이지만 이런 노회가 이 세상에 있다는 사실이 얼마나 감사한지 모르겠다고 거듭 이야기를 하고 있습니다.

그것도 그럴 것이 우리 노회원들은 거의 대부분 은혜교회 출신들입니다. 한 솥의 밥을 먹고 자란 자녀들과도 같습니다. 그래서 함께 모이는 것을 고대하다가 함께 모이면 그렇게 기뻐하고 또 부족한 종을 아버지처럼 여기기 때문에 그렇게 순종을 잘 해 주실 수가 없습니다.

우리 노회는 회의하는 곳이 아니라 은혜를 회복하는 곳이요 목회에 필요한 도구를 얻는 곳입니다. 이곳에서도 제가 우리 교회에서 실시하려고 하는 바구니 전도에 대해서 강의를 하고 있습니다. 또한 새벽과 저녁시간에는 주님 앞으로 더욱더 가까이 나아가기 위하여 몸부림치기도 합니다. 저도 이곳에 와서 영적으로 새로워지기 위하여 몸부림치고 있습니다.

우리 교회는 그렇게 크지는 않지만은 우리 교회가 배출한 주의 종들이 250여명이 넘습니다. 2001년 현재 이것만 하더라도 우리가 다 감사할 수 있는 주님의 은혜라고 말하지 아니할 수가 없는 것입니다. 주님께서는 언제나 우리의 믿음대로 된다고 말씀해 주십니다. 우리가 믿기만 믿는다면 반드시 이루어 질 것입니다. 의심하기보다는 믿으시는 여러분 되시기를 주님의 이름으로 축원합니다. 사랑합니다.

내 자신이 전심으로 주님을 찾고 찾을 때 성경의 약속대로 하나님께서는 온갖 능력을 베풀어 주심을 체험을 통하여 알고 있습니다. 이러한 생각은 목회를 하며 여러분을 바라 볼 때도 마찬가지입니다. 전심으로 주님을 찾으면 주님께서 역사해 주심을 번연히 알면서도 전심으로 주님을 구하지 못하는 자신을 바라보며 새삼스럽게 내 자신이 철저히 타락한 죄인임을 깨달을 때가 얼마나 많은지 모릅니다.

그러나 저는 다시 한번 전심으로 주님을 찾으려고 결심을 해 봅니다. 왜냐하면 그것만이 내가 사는 길이요 성도님들을 복 받게 하는 길임을 알기 때문입니다. 다시 한번 부족한 종을 위하여 기도해 주시기를 부탁드립니다.

14. 세계선교의 마지막 경주자들

그러므로 너희는 가서 모든 족속으로 제자를 삼아 아버지와 아들과 성령의 이름으로 세례를 주고
내가 너희에게 분부한 모든 것을 가르쳐 지키게 하라
볼찌어다 내가 세상 끝날까지 너희와 항상 함께 있으리라 하시니라 (마태복음28:19-20)

선교는 기도 선교는 전쟁 선교는 순교!

우리가 선교사님을 돕는 것이 아닙니다.
선교사님이 우리를 도우십니다.

1. The New Apostolic Roundtable (세계선교를 향한 주님의 격려)
2. 선교사님들이 우리를 돕는다.(은혜교회의 선교정책)
3. 서울 선교대회를 준비하며 (알마타에서)
4. 선교대회의 감사와 기쁨
5. 이 세상은 우리들의 일터라는 사실입니다. (2016년도 선교대회에서)
6. 선교와 목회자의 심정
7. 사람에게 투자하자
8. 구소련 지역 선교의 여호와 이레
9. 선교지에서 보내드리는 감사와 사랑
10. "1년에 한 번은 선교지에 다녀오세요" (모스크바 교역자 세미나)
11. "시베리아 오지 은혜교회 후원자가 되어주십시오" (모스크바 은혜신학교)
12. 아는 이 하나도 없는 구소련을 위한 기도에 응답하신 주님 (모스크바)
13. "고통받고 있는 두샨베 성도들을 생각하며...."
14. 주님께서 친히 시작하신 구소련 선교 (러시아 노회에 참석하며)
15. 순교자의 피로 세워가는 타쉬켄트
16. 가자크스탄, 타지키스탄 선교 거점의 부흥현장들
17. 진흙 구덩이 속에서 피어나는 기쁨 (중국 산동성 링이시)
18. 대만의 루디아와 대만교회의 부흥보고서
19. 화교권의 부흥을 위한 일꾼 양성하기 (타이뻬이)
21. 각자 인생의 주인공이 되십시오.(인도)
22. 기적의 기회를 놓치지 마십시오 (튀르키예 이스탄불)
23. 뜨레스 디아스를 통한 교회와 선교의 열매들 (칠레)
24. 고난중에 바라보는 칠레 선교 비전
25. 은혜교회의 부흥이 선교의 뿌리 (부에노스 아이레스)
26. 형편보다 벅찬 헌금 덕분에 여기까지 왔습니다 (부에노스 아이레스)
27. 하늘나라의 계산법 (브라질)
28. 불어권 선교의 전초기지 마련하기 (Paris)
29. 독일에서 구소련 지역 영혼을 섬기는 일 (Frankfurt)
30. 유럽 선교의 문이 열리도록 기도해 주십시오 (Spain)
31. 스페인 복음화를 위한 도전 (Spain)
32. 서울 선교사훈련원 기공예배에 참여해 주십시오
33. 뉴질랜드와 마오리족 선교 과제
34. 골고다 언덕에서 주님이 주신 비전을 재확인합니다 이스라엘에서.....
35. 맛사이족 우물파기를 위한 기도

VE IS EXTRAVAGANT

The New Apostolic Roundtable (세계선교를 향한 주님의 격려)

콜로라도 스프링에서 이 사랑의 편지를 쓰고 있습니다. 지금 제가 이곳에 와 있는 것은 "The New Apostolic Roundtable"이라는 모임 때문입니다. 이 모임의 성격을 설명한다는 것이 그렇게 쉽지는 않습니다.

지금 현재 교계에서는 에베소서 4:11절에 나오는 오중 사역에 대한 관심이 높아지고 있습니다.

> **"그가 혹은 사도로 혹은 선지자로 혹은 복음 전하는 자로 혹은 목사와 교사로 주셨으니"**

주님께서는 자신의 교회를 위하여 또한 성도를 온전케 하며 봉사의 일을 하게 함으로 그리스도의 몸을 세우기 위하여 그 분의 몸된 교회에 다섯 가지 사역을 허락하셨습니다. 그런데 교회시대가 흘러 내려 오면서 중세에는 목사라고 하는 사제직만 남고 다른 사역은 자취를 감추어 버리고 말았습니다.

그런데 주님께서는 말세에 택정된 자녀들의 대 추수를 위하여 이 오중 사역을 회복하기 원하시는데 종교개혁 이후로 교사와 목사와 복음 전하는 자의 사역이 회복되어 왔으며 지금 이 시대는 선지자와 사도의 사역이 회복되는 시대로 보고 있습니다. 현재 세계 도처에 선지자 운동이 일어나며 사도적인 직분을 감당하는 많은 주의 종들이 나타나고 있다고 보고 있습니다.

사도적인 직분을 감당하고 있다는 말은 그의 사역이 국제적인 수준으로, 복음사역에 중추적인 역할을 하고 있다는 뜻입니다. 그런데 이런 사도적인 직분을 감당하고 있는 사람들은 자기가 잘못할 때 이에 대하여 충고하거나 혹은 견제하는 사람들이 없는 것이 사실입니다. 또한 사역에 어려움이 있을 때 허심탄회하게 의논할 상대가 없습니다. 그래서 이번에 사도적인 역할을 감당하고 있다고 생각되는 몇몇 사람을 선정하여 이러한 취지를 설명하고 자원하는 사람들이 모인 것이 이번 모임입니다.

저는 제가하고 있는 사역이 사도적인 사역으로 인정받고 있기 때문에 감격해 하는 것은 아닙니다. 세계적인 기독교 지도자들과 어깨를 나란히 하고 앉아 있기 때문에 감격해 하고 있는 것도 아닙니다. 약 16년 전 제가 교계에서 굉장한 어려움을 당하고 있을 때 주님께서 들려주신 음성이 있습니다.

"내가 너와 너희 교회를 산 위에 있는 동네로 삼으리라"

저는 그 말씀을 믿고 묵묵히 목회를 하며 세계 선교를 해 왔습니다. 약 16년이 지난 오늘 주님께서 한번 하신 약속을 어떻게 이루어 주시는지 그 사실을 느끼고 감격해하고 있습니다.

사랑하는 성도 여러분! 어려운 여건이나 환경 때문에 좌절하지 마시기 바랍니다. 주님은 약속의 말씀을 끝까지 지키시는 신실한 분이십니다. 그렇기 때문에 성경말씀을 붙들고 승리하시는 여러분 되시기를 축원합니다.

선교사님들이 우리를 돕는다 (은혜교회 선교정책)

English

여러분들의 노고와 기도로 제3기 선교사 훈련원 입학과 개강식이 잘 진행되어 정말 감사를 드립니다. 훈련생 27명은 입학식을 마친 후 바로 오후 2시 30분부터 첫 수업에 들어갔습니다. 오늘 저는 여러분에게 우리 은혜교회의 선교 정책 중 한 가지를 소개하기 원합니다.

한 단어의 의미를 이해하는데에는 두 가지 방법이 있습니다. Denotation(디노테이션)과 Connotation(커노테이션)입니다. Denotation(디노테이션)이란 '그 단어가 가지고 있는 원래의 뜻'을 말하고 Connotation(커노테이션)이란 '우리들이 그 단어에 함축 시키는 뜻'을 말합니다.

한국말로는 Denotation(디노테이션)을 '외연'이라고 부르는데 이 말은 '그 단어의 뜻이 원래 어디까지 미치는지'를 말합니다. 그 반면에 Connotation(커노테이션)은 한국말로 '내포'라고 부르는데 그 뜻은 '그 단어가 원래의 뜻 이외 어떤 뜻을 함축하고 있는지'를 나타냅니다.

그런데 우리나라 말에서 "돕는다"라고 하면 "돕는다"라는 단어의 한국적인 Connotation(내포, 함축하고 있는 뜻)중 한가지는 "돕는 자는 도움을 받는 자보다 높다"라는 것입니다.

그런 뜻으로 우리 은혜성도님들은 "우리가 ○○○선교사님들을 돕는다"라는 말을 쓰지 않고 "○○○선교사님이 우리를 돕는다"라고 말하는 것입니다.

왜냐하면 "너희는 가서 모든 족속으로 제자를 삼아"라는 주님의 지상 명령은 우리 모든 성도님들을 향하신 주님의 명령인데 선교사님들은 모든 것을 정리하고 선교지로 떠났고 우리 성도님들은 떠나지 못했기 때문입니다. 우리 선교사님들이 모든 것을 정리하고 선교지로 떠나셨기 때문에 우리들이 그들을 위하여 기도하며 물질을 드릴 때, 우리도 선교했다는 말을 듣게 됩니다. 그러므로 우리가 선교사님들을 돕는 것이 아니라 선교사님들이 우리를 돕고 계시는 것입니다.

주님께서는 마태복음 10장 40~41절에 다음과 같이 말씀하고 계십니다.

> **"너희를 영접하는 자는 나를 영접하는 것이요, 나를 영접하는 자는 나 보내신 이를 영접하는 것이니라 /**
> **선지자의 이름으로 선지자를 영접하는 자는 선지자의 상을 받을 것이요 의인의 이름으로 의인을 영접하는 자는 의인의 상을 받을 것이요"**

우리 선교사님들이 본 교회로 들어오실 때마다 우리 성도님들이 마음으로라도 따뜻하게 영접해 주시기 바랍니다. 그리고 이번 기회에 우리 은혜교회를 선교하는 교회로 축복하신 주님께 감사를 드리고 선교는 바로 "내가 해야 할 일"임을 깨달아 선교에 더욱더 관심을 가져주시기 바랍니다.

서울선교대회를 준비하며 (알마타에서)

English

오랫동안 기도하며 준비해오던 선교대회가 서울에서 열릴 예정입니다. 원래 계획은 우리 선교사님들을 2년에 한 번씩 모실 예정이었는데 경비관계로 이번에도 약 5년 만에 선교사님들을 모시는 것 같습니다.

우리를 대신하여 선교지에서 수고하시는 선교사님들에게 잘 해 드려야 하는데 경비관계로 잘 해 드리지 못해서 얼마나 죄송한지 모르겠습니다.

우리 교회 선교의 밑바닥에는 몇 가지 원칙이 있는데 그 중의 한 가지가 사랑입니다.

우리가 초기에는 선교를 할 때 우리의 온 마음은 어떻게 하면 우리 선교사님들에게 더 많은 선교비를 보낼 것인지 애를 썼습니다. 그런데 실제로 일을 하다 보니까 한정된 재정 때문에 어떻게 하면 선교비를 적게 보낼 수 있겠는지 연구하는 것 같아서 저의 마음이 대단히 아픕니다.

본 교회 입장에서는 선교비를 어떻게 더 많이 보낼 것인지 연구하고 애를 써야합니다. 그것이 우리를 대신하여 선교지에서 수고하시는 선교사님들에게 보답하는 길이요 또한 그것이 우리 교회와 성도님들이 복받는 길입니다. 앞으로 제가 하늘나라에 가더라도 이 전통만은 잊지 말기를 바랍니다. 그렇지 아니하면 우리 교회도 형식적으로 선교하는 교회로 전락하고 말 것입니다.

우리 선교사님이 한국에 들어오실 때 우리는 최선을 다하여 그 분들을 대접해야 합니다. 이번 선교대회를 위하여 더 많이 헌금해 주십시오. 서울에 있는 우리 성도님들은 전임사역자 (full time team member) 로 봉사하여 주시기 바랍니다. 이번에 며칠씩 민박을 제공하신 성도님들은 예수님을 집에 모시는 심정으로 우리 선교사님들을 마음으로부터 영접하시고 마음껏 접대해 주시기 바랍니다. 주님께서는 내가 보낸 이들을 영접하는 자는 나를 영접하는 것이라고 분명히 말씀하셨습니다.

우리 교회의 표어 중 한 가지를 꼭 기억하시기 바랍니다.
"선교사님 섬기기를 주님 섬기듯이"

이번 기회에 우리 성도님들이 마음껏 선교사님들을 접대함으로 말미암아 여러분들이 주님을 마음껏 접대하시고 이로 말미암아 주님께서 내리시는 축복을 마음껏 받으시기를 주님의 이름으로 축원합니다.

선교대회의 감사와 기쁨

지금 저는 완전히 천국에 있는 기분입니다. 얼마나 흥분되 좋은지 모르겠습니다. 대부분의 선교사님들이 서울에 모였기 때문입니다. 저의 기분은 오랫동안 헤어졌던 자녀들이 함께 모인 것을 보는 부모의 기분과도 같습니다.

저는 저 개인뿐만 아니라 우리 교회에 베풀어 주신 은혜 때문에 언제나 주님께 감사를 드리고 있습니다.

첫째는 저는 생각도 못했는데 주님께서는 주님의 손으로 나의 심정을 빚어주시고 때로는 음성을 듣게 하시고, 때로는 영음을 듣게 하신 주님, 때로는 계시를 주시며 때로는 환상을 주시며 비전과 꿈을 주신 주님. 그래서 저는 "나의 나 된 것이 주님의 은혜 때문입니다." 하며 감사를 드리지 않을 수 없는 것입니다.

또한 너무나 부족하고 연약한 저를 목사로 세워주시고 주님은 저를 위하여 은혜교회를 세워주셨습니다. 주님께서는 저를 위하여 수없이 많은 아름다운 성도님들을 보내 주셔서 아름다운 교회를 만들어 주셨습니다. 우리가 생각할 때 우리 교회는 너무나 부족하고 연약한 것뿐인데 주님께서 우리 교회를 선교하는 교회로 삼아주시고 200명이 넘는 선교사님들을 세워주시고 47개 국에서 사역할 수 있는 은혜를 주신 것에 대하여 감사를 드리지 않을 수 없습니다. 또한 세계 방방곡곡에 선교의 문을 열어주신 주님의 은혜 때문에 주님 앞에 영광을 돌립니다.

특별히 구소련 지역에 선교의 문을 열어주신 주님의 손길을 생각하면 주님 앞에 감사를 드리지 않을 수 없습니다. 1989년도에 구소련 지역을 위하여 통곡하며 기도하던 것이 어떻게 인간의 생각으로 된 것이겠습니까. 1990년도 7월 달에 유즈노 사할린, 하바롭스크, 타쉬켄트, 알마타, 그리고 모스크바에서 대형 전도 집회를 열 수 있도록 길을 열어 주셨던 주님께서 1,800명부터 2,000명까지 모인 공산치하의 불신자들이 하나 같이 결신을 하고 주님 앞에 일어나서 눈물을 흘리며 결신 기도를 따라 하던 일들이 어떻게 인간의 손으로 이루어 낸 일이겠습니까.

1년도 채 되지 않아서 78명의 선교사를 세워주시고 각 곳에 교회를 개척하게 하시고 1992년도에 모스크바에 은혜신학교를 세우게 하신 것은 이 모든 일들이 우리 교회를 위하여 주님이 해 주신 일이기에 저는 기도할 때마다 감격으로 마음이 가득 차오릅니다.

뿐만 아니라 대륙선교를 열어주시고 월남 선교의 문을 열어 주신 주님 앞에 감사를 드릴 수밖에 없는 것입니다. 그 이외에도 각 곳의 선교들이 주님께서 길을 열어 주신 것이기에 주님 앞에 감사를 드립니다.

그 선교의 주역들이 함께 모였기에 주님 앞에 감사하며 기뻐하지 않을 수 없는 것입니다.

이 세상은 우리들의 일터입니다 (선교대회 2016)

English

700여 명의 선교사님들을 모시고 눈코 뜰새 없는 일정을 마친 LA 은혜교회 성도님들과 빈틈없이 일정을 진행해 나가신 모든 총무단팀과 진행을 위해 아낌없이 지원을 주신 장로님들과 국제총회 산하 모든 교회에 다시 한번 심심한 감사를 드립니다.

우리가 살고 있는 이 세상은 우리들의 쉴 곳이 아닙니다. 그렇기 때문에 우리가 신앙생활을 하면서 육신의 안일을 탐한다는 것은 마치 요나가 고래 뱃속에 들어가서 낮잠을 자려고 하는 것과 같은 것입니다. 요나가 고래 뱃속에 들어갔을 때 고래의 위장은 본능적으로 들어온 먹이를 소화시키기 위하여 활동을 개시하는 것처럼 여러분이 이 세상에서 육신의 안식을 취하려고 할 때 당신은 이미 세상에 동화되기 시작하는 것입니다.

우리 한 사람 한 사람은 바로 주님께서 이 세상에 파송하신 사도들입니다. 원래 사도라고 하는 희랍어 단어로는 Apostolos입니다. Apostolos 라는 희랍어는 "..로부터"를 나타내는 "Apo"라는 전치사와 "배치하다"는 뜻을 나타내는 "Stelo"라는 동사의 합성어입니다. "사도"란 어떤 권위를 나타내기보다는 "사명"을 나타내는 단어입니다. 우리 한 사람, 한 사람은 바로 주님께서 이 세상을 위하여 파송하신 사도인 것입니다. 우리는 사명을 위하여 세상에 파송되었기 때

문에 우리는 세상에 빠지지 않고 거룩하게 구별된 삶을 살아야만 하는 것입니다. 주님께서 친히 본을 보여주셨습니다.

> "또 저희를 위하여 내가 나를 거룩하게 하오니, 이는 저희도 진리로 거룩하게 하려 함이니라"(요 17:19).

우리 주님께서 제자들을 가르칠 때 언제나 그분은 말로만 가르치는 것이 아니라 본을 보이심으로 가르쳤습니다. 우리 주님은 비록 육신을 입으시고 우리처럼 되셨지만는 결코 우리처럼 세상에 빠지지는 않았습니다. 우리 성도님들도 주님을 본받아 세상에 발을 붙이고 살지만 결코 세상에 동화되면 안됩니다. 성도와 세상의 관계는 배와 바다의 관계와도 같은 것입니다. 배는 바다가 있기에 존재가치가 있는 것입니다. 바다가 없으면 배는 무용지물입니다. 그러나 배가 바다 속에 들어가거나, 혹은 바다가 뱃속에 들어오면 배는 더 이상 배의 구실을 못하는 것입니다. 세상이 있기에 성도는 존재가치가 있는 것입니다. 그런데 세상이 당신 속에 들어오거나 당신이 세상속에 빠지면 당신은 더 이상 성도의 구실을 못하게 되는 것입니다.

우리는 언제나 주님의 주권아래 살거나 혹은 마귀의 주권아래 살아야 합니다. 그 선택은 우리들에게 달려있는 것입니다. 우리가 육신의 정욕과 안목의 정욕과 이생의 자랑에 빠져 허송세월을 하거나 혹은 주님 안에, 그 분의 은혜의 우산아래 살 것인지 결단을 내려야 하는 것입니다. 우리가 세상에 빠지지 않고 살기 위하여 노력할 때 성령님께서 우리들을 도와주실 것입니다. 뿐만 아니라 우리는 구별된 백성들입니다. 하늘나라를 눈앞에 바라보는 성도님들입니다. 우리가 하나님의 영광을 위하여 우리를 드리는 것은 너무나 당연하고 보람있는 일인 것입니다. 사명대로 사시는 여러분 되시기를 축원합니다.

선교와 목회자의 심정

English

우크라이나의 키에브, 조그마한 아파트에서 이 펜을 듭니다. 지난 주일 예배 후 본교회를 떠나 파리를 거쳐 월요일 밤 9시 30분경에 모스크바에 무사히 도착했습니다.

이곳은 온누리가 흰 눈에 덮혀 있는데 신학교의 정경은 정말 한 폭의 그림과도 같습니다. 낙엽수의 가지가지에 핀 얼음 꽃이며, 사철나무의 잎새 위에 소복히 쌓인 흰눈꽃은 정말 여러 성도들에게 꼭 보여드리고 싶은 설경이었습니다.

지난 목요일까지 강의를 마치고 밤 6시 기차를 타고 15시간을 달려 구소련에서 두 번째로 아름답다는 키에브에 도착하여 우크라이나 지역의 모든 교역자들이 환영한다는 플랜카드를 들고 찬양을 드리며 그 찬양 가운데 그 동안 그리워하던 얼굴들을 만났습니다.

바로 11시 은혜 기독학교 개교 1주년 기념예배에 참석했고 오늘 저녁 6시부터 신유집회를 인도하고 방금 김교역 목사님이 사시는 아파트에 도착하여 사랑하는 성도님들에게 이 글을 쓰고 있는 것입니다.

저는 내일 새벽 5시 30분 새벽 기도회에서 말씀을 증거하고 오전 9시부터 있는 교역자 세미나를 인도한 후 오후 5시 기차로 민스크로 갈 예정이며 주일날은 민스크 은혜교회에서 말씀을 증거한 후 오후 비행기편으로 모스크바를 경유하여 가라간다로 갔다가 하루 집회를 인도한 후 알마아타로 갈 예정입니다. 알마아타 집회가 끝나면 바로 모스크바 신학교를 거쳐 금요일 L.A.에 도착할 예정입니다.

선교지에서는 얼마나 좋은 열매들이 많이 맺히고 있는지 주님께 감사드릴 뿐입니다. 처음 목회를 시작할 때를 회상해 봅니다. 저는 참으로 성도님들을 위해 가장 좋은 목회자가 되기를 원했습니다. 왜냐하면 제가 목회를 하면 우리 교회에 나오시는 성도님들은 다른 목회자 밑에서 신앙생활을 할 기회가 없어지기 때문이었습니다. 저는 그때 성도님들을 위해 어떤 목회자가 되는 것이 가장 좋은 목사가 되는 것인지 여러 가지로 생각을 해 보았습니다.

그 당시 제가 내린 결론은 우리 성도님들이 그리스도의 심판대 앞에서 상급을 많이 받게하는 목사가 되는 것이었습니다. 저는 그 당시 선교를 시작하며 우리 성도님들에게 설명을 드린 적이 있습니다. 제가 "아프리카에서 죽어가는 심령들이 불쌍해서 선교를 하자"고 하겠습니까? 아니면 "우리 성도님들이 그리스도의 심판대 앞에서 상급을 많이 받게 하기 위해 선교를 하자"고 하겠습니까? 저는 후자의 경우라는 것을 분명히 말씀드립니다.

사랑하는 성도여러분!

부족한 종이 이따금 선교지에 나가는 것을 마땅치 않게 여기시는 성도님들이 있거나 혹은 '왜 우리 교회는 "선교! 선교!"만 강조하는가?'하고 의아하게 생각하시는 성도님들을 만날 때마다 부족한 종의 마음은 안타깝기 그지없습니다. 저는 선교지에서 맺어지는 열매를 볼 때마다 저 천국에서 여러분의 머리에 씌워질 면류관을 생각해 봅니다. 여러분을 사랑합니다. 다음 주일 뵈올 때까지 주안에서 정말 행복하게 지나시기를.

사람에게 사랑으로 투자하자

English

대만에서 대만 목사님들을 중심으로 교역자 및 장로님들 220여 명을 모시고 세미나를 잘 끝마쳤습니다.

세미나 중에 있었던 일입니다. 하루는 강의를 하면서 "입을 크게 열라"는 시편 81편 10절 말씀에 대하여 이야기를 하다가 입을 크게 열어 보라고 했더니 한 자매님이 입을 너무 크게 벌려 턱뼈가 빠졌답니다. 그 다음날 아침 강의 시간 전에 그 자매님을 데리고 기도해 달라고 왔습니다. 사실 그때 저는 마음속으로 다음과 같은 생각을 했습니다.

"턱이 빠졌으면 접골원에 가서 물리적으로 턱을 맞추어 넣어야지 그런 것까지 주님이 치료해 주시겠나?" 저는 믿지도 않고 간단히 안수기도를 하고 눈을 떴습니다. 아직 머리에 얹었던 손도 떼지 않았는데 그 자매님이 입을 열었다 닫았다 해보더니 "아~~!"하고 소리를 질렀습니다. 그리고는 크게 소리 치며 "턱뼈가 들어갔어! 턱뼈가 들어갔어!" 하고 울부짖었습니다. 그 자매님이 제가 있던 방에서 나가더니 밖에서 또 자매님들이 외치는 소리가 들렸습니다. 주님께 얼마나 감사했는지 모릅니다.

저는 지금 2세 목회자들 14명과 함께 제주도에 와 있습니다.

그 중의 10명이 EM목회자들(영어로 사역하는 목회자)들이고 4명은 서울은혜교회에 사역하는 젊은 전도사들입니다. 2세 목회자들을 지금부터 잘 키워야 하겠는데 아직까지 젊은 목회자들을 전혀 돌보지 못해 왔습니다.

이번에는 제주도에 와서 제주도 관광도 하며 틈틈이 강의도 하고 있습니다. 사람을 키우기 위하여 지식을 가르치는 것으로는 부족합니다. 먼저 사랑을 베풀어야 합니다. 사랑은 배우는 말씀을 잘 듣게 하는 확성기와도 같습니다. 사람을 가르치는 자가 자기들을 사랑하고 있다는 것을 알고 그들도 가르치는 사람을 사랑할 때만이 가르치는 말을 100% 알아듣기 때문입니다.

올바른 신앙 활동은 사람에게 나의 모든 것을 투자하는 것입니다. 그렇기 때문에 우리들에게는 사람들에게 모든 것을 투자하는 것처럼 지혜로운 일이 없는 것입니다. 왜냐하면 한 영혼이 천하보다 귀하기 때문입니다.

우리는 오이코스 전도에 모든 것을 투자하며 가정교회 목자로서 그룹리더로서 모든 것을 투자하고 있고 또한 그것이 얼마나 값진 일인지 모릅니다. 그러나 더더욱 값진 일은 그 모든 일을 사랑으로 하는 것입니다. 값진 일을 계속하셔서 주님이 부르시는 그날 많은 상급 받는 여러분 되시기를 바랍니다.

구소련 선교의 "여호와 이레"

지금 시각은 새벽 4시 30분, 사랑하는 우리 성도님들을 그려보며 사랑의 편지를 쓰고 있습니다. 저는 오늘 T.D.를 마치면 내일 바로 중앙 아시아의 카자크스탄에 있는 가라간다로 비행할 예정입니다. 월요일 아침부터 시작되는 구소련 지역 세미나를 인도해야 하기 때문에 부득이 이번 주일은 사랑하는 우리 성도님들과 함께 예배를 드리지 못합니다.

구소련 지역 선교를 생각할 때마다 마음에 떠오르는 단어는 "여호와 이레"입니다. 오늘 구소련지역의 우리 선교의 열매는 우리 선교를 통하여 세워진 약 1,700여 개가 넘는 교회들입니다. 1989년에 들어와서 구소련지역을 위하여 기도하면 말할 수 없는 통곡이 나왔습니다. 저는 1989년 한 해 동안 수 없이 많은 밤을 노원 학교의 예배실에서 혼자 통곡하며 기도했습니다.

"주님! 구소련지역에 선교의 문을 열어 주세요!" 러시아말 한마디도 모르고, 러시아에 아는 사람 한 사람이 없고, 러시아에 한 번도 가본적이 없는데 왜 저는 그토록 통곡하며 기도했겠습니까? 그것은 성령님께서 내 속에서 구소련지역 영혼들을 위하여 말할 수 없는 탄식

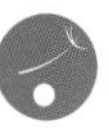

으로 간구하고 계셨기 때문에 일어났던 현상임을 저는 뒤늦게 깨달았습니다.

구소련 지역에 대하여 아무런 지식도 없는 제가 구소련 지역의 유즈노 사할린스크, 하바 롭스크, 타쉬켄트, 알마타, 모스크바 다섯 도시를 전도집회 예정지로 정하고 기도한 것은 돌이켜 보면 모두 성령님의 인도였음을 인정하지 않을 수 없습니다.

전도집회를 위하여 러시아 선교 성가대(Russia Mission Choir)를 구성하고 레파토리를 선정하고 연습하던 일, 24명의 단원들이 어린 나이에도 불구하고 온전히 헌신하여 연습해준 일. 그 당시 구소련지역의 여행이 여의치 못할 때도 상기 5개 도시의 한인회 회장단들이 나서서 집회 장소 선정, 관객 동원, 숙박시설 및 운송수단까지 주선해 주신 일. 이 모든 것이 주님의 예비하시는 손길이 아니었으면 불가능한 일이었습니다.

구소련 지역의 선교를 위하여 주님이 예비하신 손길을 기록하자면 책 한 권이 모자랄 것입니다. 내일 카자크스탄으로 떠나야 하기 때문에 13년 전의 일들이 주마등처럼 저의 뇌리를 스쳐갑니다.

우리가 할 수 있는 일은 오직 주님의 일을 하겠다는 결단과 성령님의 인도에 전적으로 순종하는 것밖에 없습니다. 우리 성도님들이 주님의 지상명령을 수행하기 위하여 바구니전도에 철저하게 참여하리라는 결단만 내려주시면 이 시간도 우리를 위하여 예비해 주시는 하나님께서 모든 것을 이루어 주실 것입니다.

선교지에서 보내드리는 감사와 사랑

고된 선교 여행으로 저는 어제 (3월 28일 수요일)밤에 두샨베에 도착하여 이 글을 쓰고 있습니다. 지금 시각은 새벽 3시입니다.

지난 주 목요일 신학교 강의를 모두 마치고 밤 12시 기차로 싼뻬쩨르부르그로 향했습니다. 아침 8시 30분에 싼뻬쩨르부르그역에 도착하여 그 곳에서 사역하시는 조경호 목사님 내외분과 김나제 그레이스의 선생님들의 따뜻한 영접을 받았습니다. 선생님들과 학교 현황과 장래 계획에 대하여 담화를 나눈 후 저는 학교 문제로 시 의원과 시 변호사를 만나러가고 일행들은 짧은 관광을 떠났습니다.

밤 9시 기차로 백러시아의 수도 민스크로 향하여 새 교회에서 예배를 인도하고 주일 밤 8시 50분 기차로 우크라이나 수도인 키에브로 향했습니다. 도착하자마자 약 350여 명의 목회자들을 위한 세미나 첫 강의를 마치고 그곳에 있는 김나제 그레이스의 학교 이전예배를 드리고 그 다음날 12시 30분까지 세미나를 모두 마치고 비행기편으로 모스크바로 향했습니다.

모스크바 신학교에 도착하니 밤 12시가 다 되었습니다. 그 다음날 오전 10시에 신학교를 출발하여 오후 2시 비행기로 두샨베로 향했습니다. 저녁 6시 30분경에 두샨베에 도착하여 선교사님들과 성도들을 사랑 가운데 만나고 오늘은 오전 중에 교도소 선교를 하고 저녁 집회를 마친 다음 내일 (3월 30일 금요일) 아침 모스크바를 경유하여 카바크스탄의 새 수도인 아스따나로 갈 예정입니다. 아직은 이번 선교여행의 절반을 채 못 마쳤지만 가는 곳곳마다 펼쳐지는 교회의 발전상과 성도님들의 뜨거움을 볼 때 주님 앞에 감사의 눈물을 흘린 적이 한두 번이 아닙니다. 또한 각 선교지의 목사님들과 성도님들의 은혜교회와 성도님들을 향한 감사와 사랑을 바라볼 때 정말 우리 성도님들을 모시고 함께 선교여행을 못하는 것이 못내 아쉬울 뿐입니다.

이번 선교여행에 동행하신 풀러톤시에서 가장 크게 목회 하시는 Eastside Church의 Jeasup 목사님은 원래 선교에 많은 관심을 가지고 그 교회에서도 선교사들을 파송하고 선교지를 많이 다녀본 목사님이십니다. 그 목사님 부부는 모스크바 신학교에서부터 놀라기 시작한 것이 가는 곳곳마다 감탄을 금치 못하고 있습니다. 또한 목회와 선교를 위하여 새로운 다짐을 하고 있습니다. 그리고 저에게는 선교지에서 일어난 모든 일들을 책자로 교계에 알려야한다고 열심히 권하고 있습니다.

이 모든 것이 우리 성도님들의 주님 사랑하는 마음과 기도와 헌금의 열매임을 생각할 때 얼마나 감사한지 모르겠습니다.

특별히 구 소련 지역 교회 개척 지원자가 되어 주시고 이 시간까지 지원해 주시는 우리 성도님들과 청지기 선교회 임원진들에게 감사를 드립니다.

"1년에 한 번은 선교지를 다녀오세요" (모스크바 교역자 세미나)

English

이번 교역자 세미나에는 신학교 재학생과 졸업생, 그리고 그 이외의 교회 지도자들 약 900여 명이 모여 화요일 이른 아침부터 세미나가 진행되고 있습니다. 강사로는 저와 Eastside Church의 Jessup 목사님과 김삼성 목사님이 수고하고 있습니다. 현지 사역자들이 얼마나 뜨겁게 찬양을 하며 기도를 하는지, 얼마나 진지하게 세미나를 듣는지, 얼마나 서로의 만남을 기뻐하며 서로 사랑하는지 특히 이번에 팀멤버로 참가한 일본 신학생들이 큰 감명을 받고 도전을 받으며 일본 선교의 가능성에 대하여 확신을 갖게 된 것 같습니다.

여러분들이 이런 선교여행에 동참해 주기를 제가 바라는데는 몇 가지 이유가 있습니다.

첫째 아무리 귀한 것이라도 감추어져 있으면 아무 소용이 없습니다. 아무리 비싼 다이아몬드가 있다 할지라도 땅에 감추어져 있으면 아무 소용이 없는 것입니다. 아무리 좋은 책이 있어도 읽혀 지지 아니하면 아무 소용이 없는 것입니다. 우리 교회가 아무리 많이 선교를 하고 여러분의 기도와 헌금이 선교지에서 아무리 열매를 많이 맺고 있어도 여러분의 눈에 이것이 감추어져 있으면 아무 소용이 없는 것입니다. 이러한 귀한 축복이 여러분의 눈을 뜨게 하기 위하여 여러분이 단기 선교여행에 동참해 주시기를 바라는 것입니다.

둘째로 여러분의 그릇이나 안목을 넓히기 위하여 여러분이 선교여행에 동참해 주시기를 바라는 것입니다. 목사의 욕심이 한 가지 있습니다. 그것은 우리 성도님들이 영적으로 올바르게 서고 그리하여 하나님의 축복으로 세상에서 하는 일도 크게 성공하며 또한 육신적으로도 건강하게 사는 것입니다.

저는 목회 초기에 축복에 대하여 설교도 많이 하고, 성경공부도 열심히 가르쳤고, 우리 성도님들의 믿음이 눈에 띠게 깊어졌습니다. 계속해서 열심히 기도했습니다. 그러나 제가 원하는 것 만큼 축복을 받지는 못했습니다. 저는 '왜 그럴까' 하고 생각하기 시작했습니다. 그리고 결론 내린 사실이 한 가지 있습니다. 그것은 우리 성도님들의 그릇이 너무 작다는 사실이었습니다. 그릇이 작으면 아무리 많은 비가 쏟아져도 그 그릇만큼의 빗물밖에 담지 못합니다.

그래서 저는 우리 성도님들을 무리해서 선교지로 모시고 다니기 시작했습니다. 그릇을 크게 하기 위함이었습니다. 값진 성공은 언제나 피눈물나는 노력이 필요함을 기억하시고 참된 교회를 이룩하시기 위하여 함께 노력해 주시기 바랍니다. 꼭 1년에 한 번 정도는 선교지에 다녀오리라 결단하시기 바랍니다.

"시베리아 오지 은혜교회 후원자가 되어주십시오"

저는 지금 모스크바 은혜신학교에서 제14기생들의 마지막 강의를 하며 이 편지를 쓰고 있습니다.

공산당의 서슬이 퍼렇던 1990년 동토의 땅 구소련 지역에 들어와서 유즈노 사할린, 하바롭스크, 타쉬켄트, 알마타, 모스크바 등지를 돌며 밤에는 집회를 하며 낮에는 거리에서 복음을 외치던 때가 엊그저께 같은데 이제 12년이 지났습니다.

12년 동안 러시아처럼 변한 나라도 없을 겁니다. 예수가 누구인지 들어본적도 없는 백성들이었는데 12년이 지난 오늘 은혜교회만 해도 이미 1,300여 개가 넘게 세워져 있습니다. 이번 제14기 신학생들도 아주 젊은 학생들이 132명, 새벽마다 강의실이 떠나갈 듯이 부르짖고 기도하며 낮에는 벅찬 강의에 열심히 귀를 기울이고 있습니다.

내일이면 졸업식을 합니다. 사실은 시베리아 전도특공대 활동을 마치고 돌아와서 8월달에 졸업을 해야하는데 제가 강의차 왔기 때문에 내일 졸업식을 앞당겨 합니다. 다음 월요일부터 T.D.가 시작되고 T.D.를 마치는대로 3명이 한 조가되어 시베리아 오지로 131명이 선교여행을 떠나게 됩니다. 타쉬켄트에서 온 학생 한 명만 여권을 분실하여 부득이 참여하지 못하게 되었습니다.

시베리아 오지에 들어가면 같은 러시아 땅인데도 완전히 딴 나라에 온 기분입니다. 사람들은 별다른 수입이 없이 술과 마약으로 나날을 죽어가고 있는 형편입니다. 그곳에 우리 학생들이 3명이 한 조가 되어 들어가서 3개월 동안 전도를 하게됩니다. 대개는 무슨 이단이 들어왔나 경계를 하며 경찰에 붙들려 가는 경우도 있습니다.

아직도 어떤 지역은 겨울처럼 차가운 곳도 있습니다. 기차역에서 내리면 처음에는 갈 곳이 없어서 기차역사에서 자기도 하고 길가에서 자기도 합니다. 그러나 대개는 주님께서 예비해 놓으신 사람이 있어서 그들을 자기 집에 데려다 재워 주는 것이 보통입니다.

우리 전도 특공대들은 낮에는 동네 사람들의 일을 도와주며 저녁에는 사람들을 모아 복음을 전하며 전도를 시작합니다. 성령님께서 함께 하셔서 우리 전도 특공대원들이 기도할 때 병든 자들도 일어나고 귀신들도 쫓겨납니다. 많은 알콜 중독자나 마약 중독자들이 주님 앞에 돌아오며 가정교회들이 생겨납니다. 또한 우리 전도 특공대원 가운데서 몇 명은 시베리아 오지에 남아서 목회를 자원하기도 합니다.

이번 제14기생 가운데는 문명을 등지다시피한 시베리아 오지, 지옥을 연상케 하는 그 오지에 남아서 목회를 하겠다고 자원한 학생이 30명이 됩니다. 복음이 전혀 들어갈 가망이 없는 시베리아 오지에 금년도에 "은혜" 교회가 서른 개가 세워질 것입니다. 물론 그 이외에 수많은 가정교회와 함께...

그런데 문제는 이 서른 개 교회의 후원자가 나서야 합니다. 새파랗게 젊은 남녀가 주님 때문에 일생을 그 오지에서 희생하겠다고 헌신하는데 후방에 있는 우리 성도님들이 한 달에 200불을 희생하지 못한다면 주님 앞에 너무나 죄송한 일이 될 것입니다. 우리 성도님들 가운데 30명 후원자는 이번주에 쉽게 생길 것을 믿고 이 편지를 씁니다.

아는 이 하나도 없는 구소련을 위한 기도에 응답하신 주님

지금 저는 모스크바 은혜신학교에서 이 글을 쓰고 있습니다. 아직도 곳곳에 흰눈이 대지를 덮고 있는 모스크바에서 안부를 전합니다. 새벽기도 길에는 아직 매운 겨울 맛을 느낄 수 있기도 합니다. 이번에는 제19기 학생 81명과 18기 졸업생 가운데 통신으로 연장교육을 받는 학생 50여 명이 참석하여 130여 명이 강의를 듣고 있습니다. 이번기생들의 특징은 대학 졸업자인 젊은 사람들이 많다는 것입니다. 그래서 분위기가 대단히 밝고 배우는 것도 빠릅니다.

이곳에 오면 1990년에 처음 구소련 지역 선교를 시작하던 감격이 새로워집니다. 1989년도 구소련지역에 대하여 아무것도 모르면서 밤새워 통곡하며 기도하던 일, 1990년도 주님께서 기적적으로 문을 열어 주셔서 구소련지역 중 대도시 5군데에서 6번의 전도 집회를 개최할 수 있었던 일, 처음 LA에서 사할린까지 장장 75시간에 걸쳐 비행하던 일, 처음 사할린에 도착했을 때에 음산한 분위기.

집회 때마다 1,200명에서 2,000명에 이르는 청중들이 짤막한 설교에도 불구하고 전원이 결신하던 일, 우후죽순처럼 구소련지역 선교사님들이 일어나던 일, 전교인이 구소련지역을 위하여 통곡하며 기도하던 일,

1992년도 2월에 모스크바 은혜신학교가 열렸을 때 입학한 153명의 신입생을 처음 맞이하던 감격 그리고 이곳에서 강의할 때마다 느꼈던 감격과 은혜, 이 모든 일들이 어제 일처럼 마음속에 선명하게 떠오릅니다.

이번 학생들도 얼마나 따뜻하게 저를 맞이해 주는지 모릅니다. 이곳으로 오는 비행기에 올라탔을 때 어쩐지 으스스해서 코트를 입고 있었는데 아마도 몸살을 한 것 같습니다. 비행기를 내렸을 때는 똑바로 걸을 수가 없어 벽을 의지하고 걸었는데, 저는 몸살이 온 것도 모르고 어지럼증이 왔나 생각했습니다.

신학교에 도착했을 때는 거의 밤 11시가 다 되었는데 우리 학생들이 잠도 자지 않고 신학교 입구에서부터 두 줄로 서서 초를 밝혀 들고 우리들을 영접해 주었습니다. 비틀거리기는 했지마는 의자에 앉은 채로 강의를 잘하고 있습니다. 어제 저녁에 자고 일어났을 때 몸살기가 사라졌으며 똑바로 걸울 수가 있었습니다.

다른 선교지도 마찬가지지만 특별히 구소련 지역은 주님께서 우리들에게 은혜로 허락하신 선교지인 것 같습니다. 선교는 얼마나 귀하고 또한 주님께서 기뻐하는 일이신지 모릅니다. 선교를 위하여 열심히 기도해 주시고 또한 후원해 주시기 바랍니다.

"고통받고 있는 두산베 성도들을 생각하며"

English

우리는 두산베 은혜교회에서 일어난 폭탄 테러사건을 기억하고 있습니다. 입수한 정보로는 8명의 성도가 순교의 피를 흘리고 50여 명이 부상했으며 그 중에 약 14명이 중태라고 합니다. 폭탄으로 부상을 입었기 때문에 팔이 떨어져 나간 성도, 다리가 잘라진 성도, 눈을 뜨고 볼 수 없는 처참한 광경이라고 합니다. 폭탄 파열로 팔, 다리가 떨어져 나갔기 때문에 상처 부위는 걸레처럼 너덜거리고 불에 탄 자국처럼 보인다고 합니다.

당국에서는 테러를 당한 교인들이 범죄자인 양 집에 돌려보내지 아니하고 취조를 하며, 부상자들의 치료도 거의 불가능하다고 합니다.

저는 두산베 성도들의 어려운 소식을 듣고 가슴이 미어지는 것 같은 아픔을 느낍니다. 어려운 환경 가운데 살며 예수를 믿기 때문에 가정에서 사회에서 소외 당하며 열심히 복음 전하다가 이번에 또한 어려운 일을 당한 그곳 성도들과 선교사님들을 생각할 때 가슴이 터

지는 것 같습니다.

그러나 우리 주님께서 살아 역사 하시며 우리들에게는 약속된 영원한 하늘나라가 있으니 순교 당한 우리 성도님들을 위하여는 그들이 받을 하늘나라 상급 때문에 오히려 주님께 감사하지 않을 수 없습니다. 살아 남아 있는 성도들 가운데 믿음이 연약한 성도들을 위하여 저는 가슴이 찢어지는 것 같습니다. 부족한 믿음 때문에 어려운 핍박과 환난 가운데 믿음을 지키지 못하는 성도가 있을까 걱정입니다. 현재로는 우리가 그들을 위하여 무엇을 할 수 있는지 알지를 못합니다. 그것은 그곳의 특수 사정 때문입니다. 그러나 한 가지 확실한 것은 어떻든지 그들이 자체 건물을 가질 수 있도록 돕는 일입니다.

현재 그곳의 성도님들은 예배를 드릴 수 있는 건물이 전혀 없습니다. 과거에 빌려쓰던 건물은 폭파되어 버렸고 정부에서는 우리 성도님들에게 건물을 빌려 주지 않을 것은 명약관화한 일입니다.

다행히 과거에 그 곳 선교센타에 스포츠센타를 지으려고 땅을 사놓은 것이 있습니다. 그 곳에는 기둥과 바닥만 되어 있는 앙상한 건물 일곱 채가 있습니다. 우선 당장 그들이 예배드릴 수 있는 건물이라도 완성시킬 수 있도록 도와야 하겠습니다.

주님께서 친히 시작하신 구소련 선교
(러시아 노회에 참석하며)

저는 지금 사할린 섬의 수도인 사할린 유즈노에 와 있습니다. 이곳에서 열리고 있는 러시아노회에 참석하기 위함입니다. 김용의 선교사님을 강사로 모시고, 33명의 G.M.I. 러시아노회 선교사님이 참석하고 있습니다. 노회 준비와 진행을 위해서 이곳에서 사역하시는 천병기 목사님 내외와 사할린 은혜 교회 성도 여러분들이 수고를 아끼지 않고 있습니다.

창밖에는 많은 눈이 내리고 있습니다. 이미 내린 많은 눈으로 세상은 온통 하얗게 변했습니다. 복음을 전할 때 구소련인들은 부활의 개념을 아주 잘 이해합니다. 왜냐하면 구소련인들은 9월부터 시작되어 이듬해 봄 4월까지 내리는 많은 양의 눈과 추운 겨울을 경험하기 때문입니다. 그 추운 겨울이 지나 따뜻한 바람이 불면 말랐던 가지에 물이 오르고 파란 싹이 돋아나는 것을 보아왔기 때문입니다. 죽었던 가지에서 생명이 움트는 것을 보아온 그들은 부활의 개념을 잘 이해할 수 있는 것입니다.

이번 노회를 통해서 다시 한번 지난 20년 동안 G. M. I. 선교를, 특별히 구소련에서 하나님께서 하신 일을 기억하며 감사를 드리고 있습니다. 33명의 선교사님들이 모두 열심히 강의를 듣고 계십니다.

다시 한번 재 헌신을 다짐하면서 결단하는 아름다운 선교사님들의 모습을 보면서 하나님의 세밀하신 인도하심과 그 크신 사랑에 감격할 뿐입니다. 이번 노회에 참석하면서 새삼스럽게 느끼지만 처음 구소련 지역 선교를 시작할 때 주님께서 친히 시작하셨고 선교사님들도 친히 배치시켜 주셨다는 것을 실감하고 있습니다.

순교자의 피로 세워가는 타쉬켄트 선교

저는 지금 두 주째 소련에 머물면서 이 글을 씁니다. 지난 금요일까지 모스크바 은혜신학교 강의를 마치고 토요일 새벽 2시 비행기로 우주베끼스탄의 수도 타쉬켄트로 향하였습니다. 비행기가 연발하는 바람에 아침 8시 반경 타쉬켄트에 내려서 마중 나온 성도님들의 뜨거운 환영을 받고 교회로 향했습니다.

타쉬켄트는 우리 은혜교회로서는 남다른 감회가 있는 선교지입니다. 우리 교회의 초기 교인이었고 또한 당회원이었던 사랑하는 우리 이충환 목사님(그 당시 장로)께서 그 곳에 자원하여 가셔서 교회 여덟 곳을 개척하시고 매일 한두 교회씩 순회 목회를 하시다가 끝내 생명을 바친 선교지입니다. 우리 이충환 목사님을 뒤이어 현지로 파송된 김기호 목사님 역시 알마타에 간 저를 만나러 왔다가 돌아가는 길에 현지인 운전수의 실수로 차가 뒤집히는 바람에 그 역시 젊은 나이에 먼저 주님의 나라로 갔습니다. 미망인인 전경련 사모는 하나밖에 없는 아들을 데리고 한국에 나가 있다가 순직한 남편의 선교지를 잊지 못해 서른이 채 안된 젊은 나이에 아들을 친정에 떼어두고 혼자 와서 선교를 하고 있는 곳입니다. 현재는 슬로바라는 우리 신학교 졸업생인 목사님이 교회를 잘 이끌어 가고 있습니다.

그 곳에는 이미 우리 성도님들이 헌금한 돈으로 천 명을 수용할 수 있는 훌륭한 교회당도 세워져 있습니다. 토요일 저녁집회에는 일곱 군데 지교회 교인들과 불신자들이 모여와서 1,200여 명의 성도로 입추의 여지가 없이 꽉 찼었습니다. 특별히 그날 밤 집회에는 주님께서 많은 기적을 베풀어 주셨습니다. 중풍병으로 들 것에 실려왔던 중풍병자 (약 50세로 보이는 여자)가 걸어서 나갔고, 또 원인을 알지 못하지만 발을 쓰지 못하던 두 사람이 지팡이를 짚지 않고 걸어나가는 것을 확인할 수 있었습니다.

주일 예배를 마친 다음 밤 11시경 비행기로 모스크바를 향했습니다. 모스크바 수양관에 도착했을 때 우리 졸업생들도 속속 도착하고 있었습니다. 800여 명의 졸업생들이 오랜만에 함께 모여 기뻐하는 장면은 마치 천국을 방불케 했습니다. 한국과 미국에서 오신 팀멤버들의 몸을 아끼지 않는 봉사와 성령님의 임재로 세미나는 뜨거운 열기 가운데 시작 되었습니다.

저는 몇몇 팀멤버와 함께 화요일 밤 11시 55분 기차로 김나제 그레이스를 방문하기 위하여 싼뻬쩨르부르그로 떠났습니다. 수요일 아침 8시 25분에 기차가 싼뻬쩨르부르그 역에 도착했을 때는 조경호 목사님의 사모님과 학교 교장 선생님 이하 몇몇 선생님들이 환영을 나오셔서 학교 버스를 타고 김나제 그레이스를 향했습니다. 수요일 아침 경건시간을 인도하며, 만난 우리 학생들이 얼마나 잘 생기고 똑똑하며 믿음이 좋은 지 함께 간 성도님들 모두 감격했습니다. 우리 교회의 선교의 열매들을 직접 눈으로 보는 성도님들은 한결같이 눈물을 흘리며 감격했습니다. 수요일 밤 11시 55분 하루의 짧은 일정을 마치고 다시 기차를 타고 목요일 아침 8시 25분에 모스크바에 도착하여 세미나 장소로 향했습니다. 세미나는 참으로 뜨겁게 진행되고 현지 졸업생들은 너무나 기뻐하고 있습니다.

지금은 금요일 새벽 3시입니다. 저는 내일 아침 7시 30분 비행기로 파리로 가서 뜨레스 디아스를 인도하고 본 교회로 돌아갈 예정입니다. 우리 성도님들이 담임목사의 부재중에도 여전히 열심히 모여 일천번제 성경통독 새벽 기도회를 드리고 있다는 소식을 듣고 얼마나 감사했는지 모릅니다. 이곳 팀멤버들도 눈코 뜰 새 없이 바쁜 일정 가운데서도 매일 일천번제를 드리고 있는 것을 볼 때 참으로 감사하고 있습니다.

가자크스탄, 타지키스탄 선교 거점의 부흥 현장들

지금 저는 가라간다를 떠나 이번 선교 여행의 마지막 기착지인 알마따로 향하는 50인승 프로펠라 비행기 안에서 이 편지를 쓰고 있습니다.

지난 화요일 저희 일행은 비행기편으로 우크라이나의 수도인 키에브에서 모스크바로 왔다가 그 이튿날 오후 2시 비행기로 타지키스탄의 두샨베로 향했습니다. 도착 다음 날인 목요일 오전에는 그 곳에 있는 교도소에 가서 약 800명의 죄수들에게 복음을 전하고 저녁에는 폭탄테러로 상처받은 두샨베 성도님들 천 여 명을 모시고 집회를 했습니다.

금요일 아침 비행기로 모스크바로 다시 와서 카자크스탄의 새 수도인 아스따나로 향하였습니다. 저희 일행은 토요일 새벽 5시에 아스따나에 도착하여 박호찬 목사님과 많은 성도님들의 영접을 받았습니다. 마침 그 주일이 아스따나 은혜교회 창립 6주년이 되어서 저녁에는 토요일이지만 교회 창립 6주년 기념 예배를 드렸습니다. 박호찬 목사님은 원래 대학 경제학 교수였는데 유의경 목사님을 통하여 은혜 받고 모스크바신학교에서 6기생으로 공부를 마치고 아무도 모르는 아스따나로 파송되어 교회를 개척했습니다. 벌써 출석교인이 천 명이 넘는데 그것도 좁은 예배실 때문에 2부 예배를 드리면서도 더 수용할 수가 없어서 교회성장이 멈추고 있는 형편입니다.

토요일 저녁 집회후 바로 저희 일행은 버스 편으로 가라간다로 향하였습니다. 가라간다 은혜 교회에 도착했을 때는 주일 새벽 3시였는데 많은 성도님들이 밤잠을 자지 아니하고 저희들을 따뜻하게 맞이해 주었습니다.

가라간다 은혜교회는 마침 그 주일이 교회창립 10주년이었기 때문에 네 차례의 예배, 연인원 4,000명이 예배에 참석하여 뜨겁게 예배를 드렸습니다. 가라간다 은혜교회는 지금 현재까지 124개의 지교회를 개척하였습니다. 그 지교회들의 목사님들과 교회 지도자들 605명이 월요일에 모여서 하루종일 성찬식과 세미나를 인도하고 저녁에는 바로 이어서 저녁집회로 들어갔습니다.

1,500여 명의 성도님들을 위하여 일일이 안수기도를 마쳤을 때는 밤 10시 반경이 되었는데 저도 그 자리에서 쓰러질 것처럼 피곤했습니다. 그러나 가라간다의 고려인협회 간부들이 저희 일행을 저녁식사 초대를 했기 때문에 그 곳에 가지 않을 수 없었습니다. 반은 졸면서 식사를 마치고 교회로 돌아왔을 때는 밤 12시경이 되었습니다. 정신없이 자고 새벽 4시 30분에 기상하여 준비하고 공항으로 달려나가 이 비행기를 탔습니다.

오늘 저녁 알마따 은혜교회의 저녁집회를 마치면 이번 선교여행이 마무리가 됩니다. 내일 아침 비행기로 모스크바로. 목요일 아침 7시 비행기로 파리를 경유 본 교회로 돌아갈 예정입니다. 우리 성도님들이 이 사랑의 편지를 읽으실 다음 주일에는 여러분과 함께 예배를 드리고 있을 것입니다.

우리 선교지에서 열리고 있는 선교의 열매를 보면 그 동안 여러분들이 주님 앞에 드린 기도와 헌금과 섬김이 얼마나 감사한지 모릅니다.

진흙 구덩이 속에서 피어나는 복음의 기쁨 "산동성 링이시에서…"

지난 주 대전에서 T.D.를 마치고 토요일 중국 산동성 이라는 소도시에 와서 어제 밤 까지 중점지도자 세미나를 마치고 오늘 목요일 새벽 5시 20분에 연길로 떠날 예정입니다. 그곳에 있는 과학기술대학에서 집회를 인도하고 다음 주 토요일 교회로 돌아갈 예정입니다.

이번 중점지도자 세미나에도 약 240여 명의 중점 지도자들이 중국 각지에서 모여 뜨거운 집회를 가졌습니다. 이곳에 와서 세미나를 인도할 때마다 느껴지는 일이지만 이곳 중점지도자들(대부분 중국인)이 얼마나 순수하고 은혜와 말씀을 사모하는지 모릅니다.

집회환경은 너무나 열악합니다. 이번에는 마침 이 도시에 살고 있는 젊은 부부가 자전거 인력거를 다 없애는 방침을 세워서 갑자기 공장의 가동이 중단되게 되었답니다. 그러는 중에 복음을 듣고 은혜를 받고 두 젊은 부부가 얼마나 기뻐하는지요. 자신의 공장을 집회 장소로 빌려주었습니다. 약 1/3 에이커 되는 대지에 공장건물이 있어서 콘크리트 바닥에 돗자리 같은 것을 깔고 집회를 했습니다.

장소가 도심에 있고 바로 얼마 안 떨어진 삼자교회에서 집회를 하기 때문에 사람들의 눈에 뜨이면 안 된다고 하여 모두 밤중에 차 한 대씩 도착하게 하기 때문에 우리 일행도 청도에 내려서 일부러 시간을 끌면서 밤에 이곳에 도착했습니다. 찬양을 부르거나 통성 기도할 때는 소리가 밖에 나가면 안되기 때문에 모든 문과 창문을 꼭꼭 닫습니다.

이곳의 날씨는 한국의 오뉴월 날씨 같아서 얼마나 습기가 차고 뜨거운지 모릅니다. 좁은 장소에 빼꼭이 앉아 세미나를 듣는데 사람들은 햇빛에 끄을러서 얼마나 새까만지 모릅니다. 그들은 너무나 순수하게 말씀을 받으며 주님을 위하여 일하는 것을 크게 기뻐합니다. 우리 성도님들은 우리 선교사님들의 노고를 참으로 감사해야 합니다.

본 교회에서 온 단기 선교팀들도 이곳에서 그들과 함께 예배실에서 자고 먹다가 오늘 이곳 사역자들과 팀을 이루어 각기 사역지로 떠날 예정입니다. 저희를 배려해서 공중화장실 뒤에 땅을 파고 나무로 좌변기를 만들어 주었는데 그곳이 지역이 좀 낮은 편이라 간밤에는 비가 심하게 와서 그곳 일대가 다 홍수가 진 것처럼 되었습니다. 그래도 밤중에 화장실은 가야하기 때문에 물 속을 걸어가다가 발을 헛딛어 두 번을 완전히 물 속에 나 뒹굴었습니다. 그래도 주님의 일을 하는 것이 얼마나 감사한지 모릅니다.

주님께서 새 성전도 허락해 주셨는데 이제 우리 교회가 주님께서 허락하신 성전건물을 감당할 교회가 되어야 합니다.

우리가 새 성전을 감당할 교회가 되기 위하여 두 가지 기본적인 일을 해야합니다. 첫째는 기도운동이 일어나야 하고 둘째는 전도운동이 일어나야 합니다.

대만의 루디아

English

지금 저는 타이빼이 시내에 있는 어떤 전자회사 수련원에서 대만 T.D. 제1기를 인도하고 있습니다. 주로 교역자들을 중심으로 한 107명의 캔디데이트들이 모여 많은 은혜를 받고 있습니다. T.D.가 대만의 기독교인들에게 정서적으로 꼭 알맞은 것 같습니다.

대만은 지금 현재 인구가 2천 3백만이고 그 중에 기독교 인구는 채 4%가 못된다고 합니다. 복음의 불모지나 다름이 없습니다. 이곳에서 주로 교역자를 중심으로한 T.D.를 인도하고 11월 21일(화)부터 Pescadore들을 위하여 3박 4일동안 특별 세미나를 인도하고, 내년 3월부터 목사님들을 위한 신학교를 열고 목사님들을 재훈련시킬 예정입니다.

목사님들에게 올바른 성경지식과 바스켓 오프레이션과 같은 건강한 교회의 목회 프로그램을 가르쳐 현지 목사님들이 보다 능력있는 목회를 하도록 도움으로 말미암아 대만을 복음화 시키는 것이 우리들의 선교전략입니다. 그런데 이번에 이 모든 일이 가능하게 만들어 준 장본인이 왕(Margaret)라는 대만 자매님입니다. 마치 사도바울의 빌립보 지역 선교를 위하여 주님께서 자색 옷감 장사 루디아를 예비하신 것 같이 우리들의 대만 선교를 위하여 왕 자매를 예비해 주신 것 같습니다.

왕 자매는 대만 선교를 위하여 전적으로 G.M.I.에 매달려 오늘이 있게 한 것 같습니다. 왕 자매는 상당히 큰 기업을 가지고 있으면서도 개인생활은 얼마나 검소한지 모릅니다. 의상도 검소하고 그 큰 회사 사장님이 자가용도 없이 택시를 타고 다니는 것 같습니다. 왕 자매는 우리 G.T.D.를 소개받고 자신이 비용을 내어 한 번에 약 30여 명씩 G.T.D.에 참석을 시키고 이번 대만 T.D. 제 1기도 개인의 자금으로 가능케 만든 것 같습니다.

제가 중국의 우리 제자들의 교회에 건물이 필요한 것을 말해 주었더니 두 교회의 건축비용인 34만 불을 선뜻 선교비로 내어 주었습니다. 우리 G.M.I.에서 선교사 두 가정을 대만에 파송하겠다고 했더니 그 분이 선교사님들의 생활비를 전적으로 부담하겠다고 자원하며 외할아버지로부터 유산으로 받은 4층 건물을 우리 선교사님들의 숙소로 수리해 주었습니다. 또한 왕 자매는 목사님들의 신학교에 대하여 말씀을 드렸더니 선뜻 400만 불을 주고 신학교 건물도 사 놓았습니다. 그래서 우리 G.M.I.에서는 재정적인 부담없이 대만 선교의 발을 내딛게 된 것입니다.

얼마나 주님 보시기에 아름다운 일입니까. 저는 우리 은혜교회(LA와 서울)에서 왕 자매와 같은 많은 성도들이 일어나기 위하여 기도하고 있습니다. 왕 자매와 같은 성도가 되기 위하여 몇 가지가 필요합니다.

첫째로 큰 재물의 축복을 받아야 합니다. 주님을 위하여 몇 십억, 몇 백억을 쉽게 내어 놓을 수 있는 재력이 있어야 하기 때문입니다.

둘째로 물질을 하늘나라에 쌓을 수 있는 지혜가 필요합니다. 잠시 잠깐 살다가 말 이 세상에 물질을 쌓지 않고 영원한 하늘나라에 물질을 쌓을 수 있는 지혜가 필요합니다.

셋째 주님과 복음을 위한 열정입니다. 저는 이런 조건을 갖춘 많은 성도들이 일어나기를 기도하고 있습니다.

대만교회의 부흥 보고서

참으로 오랜만에 붓을 듭니다. 그동안 제가 조금 몸이 안 좋아서 어려움을 당했습니다. 아마도 가벼운 중풍이 지나간 것 같습니다. 모든 의욕이 사라지고 아무 일도 손대기가 싫어졌었습니다. 얼마간 쉬는 동안 일할 수 있다는 생각이 들고 주님 앞에 재헌신하고자 다시 붓을 들었습니다.

성령님의 도우심이 참으로 감사했습니다. 몸이 아픈 가운데서도 지난 주에는 대만 신학교 강의를 끝마치고 이번 주는 대만에서 휴식을 취하면서 이 편지를 쓰고 있습니다. 다음 주에는 한국에서 있을 GSGL 64기를 인도할 예정입니다. 아직 몸이 연약하고 힘은 없지만 성령님을 의지하고 힘써 일해 볼 생각입니다.

대만 신학교는 잘 진행되고 있습니다. 약 170명의 사역자들이 함께 모여 열심히 공부하고 있습니다. 이번 주에는 우리가 그동안 키운 조 목사님(대만 신학교 1기 졸업생)이 강의를 하고 있습니다. 조 목사님은 본인의 교회에서 여러 차례 "은혜의 만남"을 해보고, 이번에 신학교

에서 "은혜의 만남" 강의를 하고 있는 것입니다. 우리가 가르친 학생이 친히 강단에 서서 가르치는 것은 참으로 감격스러운 일입니다.

조 목사님은 제가 대만에 들어와서 처음 만난 목사님이십니다. 처음 대만에 들어와서 2명의 목사님을 제자로 삼아 바스켓 오프레이션을 가르치기 시작했습니다. 많은 성도님들이 오셔서 땀을 흘리며 수고를 많이 하셨습니다. 그 결과로 120여 명 모이던 교회가 260여 명으로 자라게 되었습니다. 조 목사님 부부도 힘을 얻고, 대만 현지에서 이 교회 성장을 지켜보던 주변 교회들이 힘을 얻어 은혜의 만남에 관심을 가지게 되었습니다. 다른 한 교회는 왕 목사님 교회로, 그 당시 약 80명이 모였는데 은혜의 만남을 함으로 180여 명으로 성장하여 열심을 내고 있습니다.

이를 계기로 지금 현재 은혜의 만남을 하고 있는 교회가 약 30개이고, 이번 가을철에 시작하려는 교회가 약 30개로, 전국적으로 이 운동이 번져나가고 있습니다.

사랑하는 성도 여러분! 저를 위하여 열심히 기도해주셔서 너무 감사합니다. 기도 덕분에 회복이 되고 있습니다. 과거처럼 생명의 말씀이 계속 넘쳐 날 수 있도록 계속 기도해 주시기 바랍니다.

화교권 부흥을 위한 일꾼 양성하기 (타이뻬이에서)

졸업예정자 73명과 6기 재학생 170여 명이 함께 모여 "꿈을 가진 자"라는 말씀으로 은혜를 나누었습니다. 신학생들은 처음 만났던 모습과 달리 모두 환한 얼굴로 바뀌었고, 적극적으로 생활하는 모습을 볼 수 있었습니다. 대만은 확실히 주님의 손길로 선교의 문을 열어주신 것이 피부로 느껴집니다. 아마도 앞으로 대만을 중심으로 화교권 즉 중국인들이 해외에 나가 살고 있는 사람들 사이에 복음 사역이 활발하게 일어날 것입니다. 이 모든 모임을 위한 후원이 대만의 한 자매의 헌신으로 이루어지고 있습니다. 대만의 복음화를 위해서 지속적으로 기도해 주시기 바랍니다. 우리에게 꿈을 주신 하나님께서 그 꿈을 하나씩 이루어 나가시고 있습니다.

지혜로운 사람은 아직 오지 아니한 미래를 직시하며 사는 사람이요 어리석은 사람들은 아직 오지 아니한 내일이 영원히 오지 않을 것처럼 오늘만 바라보고 사는 사람입니다. 성도들도 마찬가지입니다. 우리가 주님을 다시 뵈올 날이 아득히 먼 훗날처럼 보입니다.

그런 성도들은 어리석은 다섯 처녀처럼 기름 준비를 하지 않고 오늘에 만족하여 살다가 주님 만나는 날 낭패를 당하고, 지혜로운 성도님들은 지혜로운 다섯 처녀처럼 기름을 준비하고 주님 만날 날을 준비하며 고대하다가 기쁨으로 주님을 맞이하게 되는 것입니다.

집이나 학교에서 학생들이 공부할 수 있는 여건이 아무리 잘 만들어져 있어도 학생이 막상 공부를 하지 아니하면 아무 소용이 없습니다. 마찬가지로 교회가 아무리 모든 조건을 다 갖추어도 정작 발을 떼지 아니하면 아무런 소용이 없는 것입니다. 오이코스 전도에 더욱 더 힘쓰시기를 부탁드립니다.

각자 인생의 주인공이 되십시오 (인도)

English

사랑하는 우리 성도 여러분!

지금 인도 땅에서는 선교사 훈련원 5기생이 선교훈련에 임하고 있습니다. 2개 팀으로 나누어서 한 팀은 콜캇타 지역에서, 또 다른 한 팀은 데라둔 지역 훈련을 마치고 돌아와 서울 훈련을 종료합니다. 미주훈련을 9월 29일까지 받으면 인도네시아, 미얀마, 멕시코, 탄자니아, 중국, 과테말라 등의 희망 사역지로 떠날 예정입니다. 열심히 훈련받고, 때가 되므로 사역지로 떠나는 모습들을 생각할 때 너무나 아름답고 소망이 넘칩니다.

우리에게는 아름다운 소망이 있습니다. 추운 겨울이 지나면 따뜻한 봄이 올 것을 고대하는 것처럼, 보이는 현실이 비록 힘들지라도 '마침내' '반드시' 이루시는 하나님의 약속을 붙잡고, 소망을 잃지 않으시기를 기도합니다.

INDIA

우리에게 맡겨주신 이 모든 선교 사역을 효율적으로 진행해 나가는 것은 그렇게 수월한 일만은 아닙니다.

만나는 하나님께서 내려 주셨지만 주워 담는 것은 이스라엘 백성들이 했습니다. 메추라기 떼는 하나님께서 보내 주셨지만 그 메추라기 떼를 잡는 것은 이스라엘 백성들이 했습니다.

한 번밖에 기회가 없는 여러분의 귀한 일생을 절대로 구경꾼으로 살지 마시고 주인공이 되어 사시기를 부탁드립니다.

기적의 기회를 놓치지 마십시오 (튀르키예)

저는 지금 튀르키예(터어키) 이스탄불에서 편지를 쓰고 있습니다.

이 서신을 쓰면서 아직도 공산당의 서슬이 퍼렇던 1990년 동토의 땅 구소련 지역에 들어와서 유즈노 사할린, 하바롭스크, 타쉬켄트, 알마타, 모스크바 등지를 돌며 밤에는 집회를 하며 낮에는 거리에서 복음을 외치던 때를 기억하고 있습니다. 아마도 러시아처럼 변한 나라도 없을 겁니다. 예수가 누구인지 들어본 적도 없는 백성들이었는데 오늘 현재 은혜교회만 해도 이미 수없이 많은 수가 세워져 있습니다.

제25기 모스크바신학교 56명의 학생들도 4월25일이면 학업을 마치고, 이어서 29일부터는 시베리아 전도특공대 활동을 떠날 예정입니다. 조를 나누어서 시베리아 오지로 선교여행을 떠나게 됩니다. 시베리아 오지에 들어가면 같은 러시아 땅인데도 완전히 딴 나라에 온 기분입니다. 사람들은 별다른 수입이 없이 술과 마약으로 나날을 죽어가고 있는 형편입니다. 그곳에 우리 학생들이 들어가서 3개월 동안 전도를 하게 됩니다.

대개는 무슨 이단이 들어왔나 경계를 하며 경찰에 붙들려 가는 경우도 있습니다. 아직도 어떤 지역은 겨울처럼 차가운 곳도 있습니다. 기차역에서 내리면 처음에는 갈 곳이 없어서 기차역에서 자기도하고 길가에서 자기도 합니다. 그러나 대개는 주님께서 예비해 놓으신 사람이 있어서 그들을 자기 집에 데려다 재워 주는 것이 보통입니다.

우리 전도 특공대들은 낮에는 동네 사람들의 일을 도와주며 저녁에

는 사람들을 모아 복음을 전하며 전도를 시작합니다. 성령님께서 함께 하셔서 우리 전도 특공대원들이 기도할 때 병든 자들도 일어나고 귀신들도 쫓겨납니다. 많은 알콜 중독자나 마약 중독자들이 주님 앞에 돌아오며 가정 교회들이 생겨납니다. 또한 우리 전도 특공대원 가운데서 몇 명은 시베리아 오지에 남아서 목회하기를 자원하기도 합니다. 이들을 위해 기도와 후원을 부탁드립니다.

캘리포니아의 바닷가에 나가보면 서핑(Surfing)하는 많은 사람들을 보게 됩니다. 그 사람들은 서핑 보드(Surfing Board)를 가지고 멀리 바다 한 가운데 나가서 파도가 일기를 기다립니다. 왜냐하면 그들 자신이 파도를 일으킬 수 없기 때문입니다. 파도는 하나님이 일으켜 주셔야하는 것입니다. 그러나 하나님이 일으켜 주신 파도를 타는 것은 인간의 책임입니다. 어떤 사람은 파도가 다가오지만 머뭇거리다가 그 파도를 놓치는 사람들이 있습니다. 또 어떤 사람들은 부주의해서 밀려오는 파도를 보지 못해서 그 파도를 놓치고는 후회하는 표정을 짓는 사람들도 있는 것입니다. 그러면 하나님께서 일으켜 주신 파도를 타기 위하여 우리가 무엇을 해야 하겠습니까?

첫째로, 주님의 말씀은 언제나 불가능하게 보이지마는 순종할 때 기적이 일어남을 기억하시기 바랍니다.

둘째 우리 자신이 그리스도의 성품을 닮아가기 위하여 노력해야 합니다. 그리스도의 성품을 닮아가는 것은 성령 충만을 유지하는 것 이외에 다른 방법이 없습니다. 성령 충만을 유지하시기 위하여 주일 대 예배 뿐만 아니라 새벽 기도회, 수요 성경공부, 금요철야 기도회를 적극 활용하시기 바랍니다.

뜨레스 디아스를 통한 풍성한 열매들(칠레)

사랑하는 우리 성도 여러분! 저는 지금 칠레의 뿐따 데 드랄카(Punta De Dralca)라는 조그마한 어촌에서 이 글을 쓰고 있습니다. 이번에 칠레 T.D. 제1기가 이곳 수양관에서 열리고 있습니다. 바다를 감싸고 있는 아주 조용한 어촌입니다.

원래 칠레에서 T.D.를 할 계획이 전혀 없었는데 작년도에 칠레에 있는 뻬스카도레스 목사님들을 방문하기 위하여 산티아고에 왔을 때 약 25명의 뻬스카도레스 목사님들이 몇 주 전부터 행사를 준비하고 저를 맞아 주셨습니다.

그 때 한 지역의 노회장이 되시는 나이 많은 디아스 목사님이라는 분이 저의 손을 붙잡고 우시면서 칠레의 목사님들을 도와 달라고 부탁을 하여 이번 T.D.가 계획되었습니다. 이번 칠레 T.D. 제1기에는 111명의 캔디데이트들이 참가 하셨는데 그 중에 90여 명이 목사님들이시고 나머지는 평신도 지도자들입니다. 칠레의 목사님들은 다른 중남미 여러 나라의 목사님들과 달리 일반적으로 교육 수준이 높고

프라이드가 굉장히 강한 편입니다. 오늘 마지막 날인데 그들은 첫날부터 은혜를 받고 지금은 완전히 은혜 속에 녹아진 모습들입니다.

주님께서 우리교회에 뜨레스 디아스를 허락하시고 뜨레스 디아스를 통하여 우리 교회를 써 주신 은혜를 생각하면 놀랍기만 합니다. 우리 성도님들이 마음 문을 열고, 믿음을 가지고, 헌신하시게 된 것은 말할 수 없거니와 선교지에서 우리 선교를 위한 뜨레스 디아스의 역할을 생각하면 놀랍기만합니다.

우선 뜨레스 디아스를 통하여 우리 선교사님들이 모두 사랑이 무엇인지 배우고, 주님을 사랑하며, 사람들에게 마음 문이 열린 것은 우리교회 선교가 열매를 맺고 있는 가장 중요한 이유 가운데 한 가지입니다. 뿐만 아니라 목회나 세미나 그리고 모든 교회활동의 밑바닥에는 뜨레스 디아스의 분위기와 정신이 깔려있습니다. 그것이 선교지에서 우리 교회들이 부흥성장 하게 되는 중요한 원인이기도 합니다.

우리 교회에서는 지금 현재 그레이스 알파가 각 G-7 그룹별로 진행되고 있습니다. 그레이스 알파를 쉽게 또 성공적으로 진행할 수 있는 이유도 우리 성도님들이 뜨레스 디아스에 익숙해 있기 때문인 것을 아무도 부인하지 못할 것입니다.

사랑하는 우리 성도 여러분!

귀한 것을 주시는 분은 주님이시지만 그 귀한 것을 보존하고 가꾸는 것은 우리들의 책임입니다. 우리 성도님들은 주님께서 우리 교회를 위하여 허락하신 프로그램들을 아끼시고 또한 동참해 주시기 바랍니다.

고난 중에 바라보는 칠레 선교 비전

저는 지금 칠레의 수도 산티아고(Santiago)에서 약 2시간 떨어져 있는 뿐따 드랄카라는 어촌에 있는 수양관에서 칠레 A.F.A. 제8기를 인도하고 있습니다.

지난 주일에는 저의 건강 때문에 여러분에게 심려를 끼쳐드려 너무나 죄송하게 생각을 하고 있습니다. 사실 지난 주일날 설교를 못한 것은 아주 작은 일 때문이었습니다. 약 18년 전 어느 날 새벽 기도를 마치고 잠깐 눈을 붙였다가 잠이 깨면서 기지개를 키는데 갑자기 뒤로 넘어지는 기분이 들었습니다. 저는 아마도 내가 의자에 앉아 잠이 들었다가 기지개를 너무 크게 켜서 의자가 뒤로 넘어지는 줄 알고 '금방 머리가 책장에 부딪치겠구나'하고 예상을 했는데 몸이 자꾸만 뒤로 넘어지는 기분이었습니다.

저는 심상치 않게 생각을 하고 침대를 붙들고 가만히 누워있었습니다. 조금 지나니까 그 증상이 사라져서 화장실에 가기 위하여 일어섰더니 방바닥이 뺑뺑이를 돌리는 것처럼 뱅글뱅글 돌아서 도로 침대에 누웠습니다. 한 이틀 동안 누워있는데 머리를 움직이면 침대가

도는 것처럼 느껴졌습니다. 병원에 갔더니 몇 가지 검사를 한 뒤 다른 이상은 없는 것 같은데 아마 감기 기운으로 평형을 잡는 기관이 상해서 그런 것이라고 했습니다. 그 후로 1년에 한 번, 2년에 한 번 그런 증상이 나타나는데 지난 토요일에 그 증상이 오랜만에 일어났습니다. 어지러우니까 그날은 네 번 토한 것 같습니다.

주일날 설교시간까지는 괜찮겠지 하고 기다렸는데 어지러움증은 토요일 아침에 한 번 느끼고 말았는데 힘이 다 빠져서 도무지 설교를 하지 못할 것 같아 갑작스럽게 유의경 목사님에게 설교를 부탁드렸습니다.

제자의 주선으로 아산병원 응급실에 가서 심전도를 비롯하여 엑스레이 사진도 찍었는데 별다른 이상은 발견되지 않았습니다. 역시 평형을 잡아주는 기관에 잠시 이상이 생겼던 것 같습니다. 월요일 아침에 일어났더니 힘은 좀 없지만 정상적으로 느껴져서 칠레행 비행기를 타고 이곳까지 왔습니다.

이번에도 목사님들을 위시하여 교회지도자 98명이 캔디데이트로 오시고 약 70여 명 팀멤버들이 오셔서 오늘이 첫째 날인데 은혜가운데 잘 진행되고 있습니다.

이곳의 선교전략도 역시 A.F.A.(Chile T.D.)를 통하여 목사님들로 은혜를 받게 하고 그것을 통하여 부에노스 아이레스 은혜신학교의 학생 모집을 하며 2007년도까지는 이곳에도 목사님들을 위한 신학교를 세워서 이곳 목사님들을 재훈련시키며 이로 말미암아 이곳에서 많은 영혼들을 구원하는 것입니다. 우리들의 선교를 위하여 열심히 기도해 주시기를 부탁드립니다.

은혜교회의 부흥성장이 선교 사역의 뿌리입니다 (부에노스 아이레스)

남미 목회자들을 위한 제3기 뜨레스 디아스가 끝나는 날입니다. 이번에 97명의 목회자들이 캔디데이트로 와서 은혜를 받고 있습니다. 이미 제 1기와 제 2기를 마친 목회자 60여 명이 팀멤버로 와서 열심히 봉사하고 있는 모습을 보며 얼마나 감사한지 모릅니다.

이곳 현지인 목회자들이 뜨레스 디아스 를 마치고 돌아가면 우리 선교사님들이 각 교회를 심방하며 설교도 하고 또 목회 상담도 해 드립니다. 우리 선교사님들 (김태원 목사님, 김재진 목사님)이 각 교회를 심방하면 목회자 한 사람의 변화로 말미암아 온 교회와 성도님들이 얼마나 변화하는지 깜짝 깜짝 놀란다고 합니다. 냉랭하던 교회가 뜨거워지고 사랑을 모르던 성도님들이 서로 뜨겁게 사랑하며 목사님의 설교가 달라졌다고 성도님들이 이구동성으로 우리 선교사님들에게 감사 한다고 합니다.

이번 T.D.에 참석한 캔디데이트나 팀멤버들은 한 사람 같이 목회

자 훈련을 빨리 해 주기를 갈망하고 있습니다. 목회자 훈련을 통하여 우리는 중남미 30여 개 국에 흩어져 있는 잃어버린 영혼들을 주님 앞으로 인도할 수 있는 것입니다. 아마 이 일은 남미 선교에서 획기적인 일이 될 것입니다.

주님께서 우리 교회를 위하여 선교의 문을 활짝 활짝 열어 주시는 것을 진심으로 감사하시기 바랍니다. 그런데 우리 교회가 이 귀한 선교사역을 감당하기 위해서는 먼저 우리 교회가 건강해지고 또한 부흥성장 해야 되는 것입니다.

사실 요즈음처럼 부족한 종이 여러 성도님들을 향하여 죄송한 마음을 품은 적이 없는 것 같습니다. 왜냐하면 목회생활 19년째를 맞이하여 이제 겨우 목회가 무엇인지 깨달아지는 심정입니다. 그렇기 때문에 과거 18년 동안은 목회가 무엇인지 제대로 알지 못하고 목회를 해 왔으니 우리 성도님들에게 미안하지 않을 수가 없습니다.

지금까지 성령님께서는 부족한 종에게 여러 가지 비전과 꿈을 주고 계십니다. 곧 우리 교회사역에 대한 전폭적인 그림을 주실 줄 믿습니다. 물론 성령님이 주시는 꿈과 비전을 가시화시키기 위하여 앞으로도 시간이 필요합니다. 그러나 우리 성도님들이 조금만 더 참고 기다리시면 성령님이 주신 비전과 꿈을 실제로 보게 될 것입니다. 그때까지 우리 성도님들은 각자가 맡고 있는 직분이나 소속하고 있는 가정교회에서 충성 봉사해 주시기 바랍니다.

형편보다 벅찬 여러분의 헌금 덕분에 (부에노스 아이레스)

지금 저는 부에노스 아이레스의 근교에 있는 S.M.A.T.A.라는 수양관에서 부에노스 아이레스 은혜신학교 제5차 강의를 하고 있습니다. 지금은 제1기생, 2기생, 3기생, 약 100명의 목사님들이 모여서 아침 5:30분에 기상하여 6:00시부터 시작되는 새벽기도회를 위시하여 저녁 약 9:30분내지 10:00에 끝나는 일정을 잘 소화시켜 나가고 있습니다. 이번에는 강사로 저와 풀러톤 Eastside 교회 Jessup 목사님이 오셔서 수고해 주고 있습니다. 이번에 제3기로 입학한 목사님들은 처음 신학강의를 듣기 때문에 잘 이해를 하지 못하는 부분이 많은 것 같습니다. 그러면 휴식시간에 제1기생들이 제2기생이나 제3기생들을 그룹으로 모아서 가르치는 아름다운 모습들을 봅니다.

우리의 선교전략은 이곳 부에노스 아이레스 신학교를 졸업한 목사님들이 선교 협의체를 구성하게 하고, 그들 가운데서 중남미 30개국 중 어느 나라에 부르심을 받은 목사님들이 선교사로 파송되고, 각 교회에서는 자기들의 선교 협의체로 선교비를 보내고 그 선교 협의체를 통하여 파송되는 선교사를 지원하는 것입니다. 그리고 선교지에서 목사님은 부에노스 아이레스 은혜신학교와 똑같은 신학교를 세우고 그 곳의 현지 목회자들을 훈련시키게 하는 것입니다. 교수진은 우리 졸업생들이 분담하여 가서 가르치게 하는 계획입니다. 제1기생들은 이미 중남미 30개 국가, 5억 영혼을 자기네들에게 붙여 달라고 열심히 기도하며 벌써부터 많은 목사님들은 중남미의 어느 나라로 가겠다고 서원하고 또 자기네끼리 서로 이야기를 나누고 있습니다. 우리 신학교의 특성은 성경자체를 철저하게 가르칠 뿐만 아니라 주님과의 친교에 역점을 두고 있습니다. 또한 현대목회에 필요한 여러 가지 방편과 프로그램들을 훈련시키며 뜨레스 디아스의 분위기를 유지함으로 목사 학생들이 이곳에서 공부하는 동안 그들이 서로 사랑하며 하나가 되게 하는데 있습니다.

우리 목사 학생들이 이곳에서 공부하는 동안 얼마나 서로를 사랑하는지 모릅니다. 저와 함께 오신 Jessup 목사님은 우리가 하는 선교에 또 한번 깜짝 놀라시며 은혜교회야말로 진짜 선교를 실천하는 교회라고 칭찬을 그치지 않습니다.

저는 토요일 아침 비행기로 칠레로 갔다가 그 곳의 뻬스카도레스 목사님들과 만나고 주일 대 예배를 인도한 후 월요일 아침에 다시 부에노스 아이레스 신학교로 돌아와서 강의를 마치고 금요일 본 교회로 돌아갈 예정입니다. 우리의 중남미 선교가 여기까지 올 수 있도록 기도로, 물질로 후원해 주신 우리 장로님들, 집사님들에게 너무나 감사를 드립니다. 어떤 분들은 전혀 여유가 없는 가운데서도 매기 때마다 자신의 형편에 벅차게 헌금해 주심으로 우리 선교가 이곳까지 오게 된 것을 진심으로 감사를 드립니다. 여러분의 상급이 하늘나라에 쌓일 뿐만 아니라 이 땅에서도 여러분이 하시는 모든 사업에 주님의 축복이 반드시 임하실 것입니다. 왜냐하면 그것이 주님의 약속이기 때문입니다. 다음 주일에는 우리가 다시 만나서 기쁨으로 주님께 예배드리기를 고대합니다.

하늘나라의 계산법 (브라질)

English

브라질은 인구 2억이 넘는 거대한 국가입니다. 브라질 한 나라의 인구가 중남미 여러 나라의 인구를 모두 합친 것보다 더 많은 것입니다. 브라질에 사는 우리 평신도 선교사인 하선 선교사님의 간절한 기도와 노력으로 브라질 TD 제 2기가 열리게 됩니다. 앞으로 주님께서 허락하시면 이곳에도 목사님들을 위한 신학교를 세워서 현지 목사님들을 양육할 것입니다. 브라질에 이민 와서 살고 있는 한 여자 성도의 노력으로 이 엄청난 일이 이루어지는 것을 생각할 때 참으로 놀랍기도 합니다.

우리 성도님들은 하늘나라의 계산법을 잘 알아야 합니다. 우리가 한 사람을 전도했을 때 그 한사람으로 인해 맺는 모든 열매가 우리들의 열매로 계산 되는 것입니다. 얼마나 놀라운 일인지 모릅니다. 다음과 같은 말이 있습니다. "사과 한 개 속에 씨앗이 몇 개 들어 있는지는 알 수 있지만 그 씨앗 한 개 속에 몇 개의 사과가 있는지 아무도 모른다."

그렇습니다. 여러분이 한 영혼을 주님께로 인도할 때 그 사람으로 말미암은 전도의 열매가 얼마나 많이 모일지는 모르는 것입니다. 그래서 우리는 한 영혼을 주님께로 인도하기 위하여 시간과 물질과 정성을 쏟아야 하는 것입니다.

또한 곧 칠레의 신학교가 개강될 예정입니다. 선교의 지경이 넓혀지고 선교의 열매가 많이 맺히는 것은 참으로 감사하지만 그것을 위하여 드는 경비도 대단하지 않을 수 없습니다. 재정적인 부담은 우리 성도님들의 몫임을 기억하시고 선교에 많이 동참해 주시기 바랍니다.

우리 성도님들이 선교의 재정후원에 동참하는 길이 두 가지가 있습니다. 여러분의 사업이 축복을 받아서 여러분 자신이 더 많은 선교지를 지원하거나 혹은 여러분이 오이코스 전도를 열심히 하셔서 더 많은 선교 후원자를 얻는 것입니다. 여러분은 어느 때에든지 오이코스 전도를 열심히 해야 합니다.

저는 브라질 TD가 끝나면 그 다음 주에는 일본으로 가서 일본 TD를 인도하게 될 것입니다. 하계동의 교회 건물은 여전히 여러 가지 이야기가 진행되고 있습니다. 여러분의 끊임없는 기도가 필요합니다.

불어권 선교의 전초기지 마련하기 (파리)

본 교회 주일 대 예배를 두 번씩 빠지고 지금 파리 근교에서 뜨레스 디아스를 인도하고 있습니다. 오늘이 마지막 날 아침입니다. 처음 올 때 딱딱하고 어두웠던 캔디데이트들의 얼굴이 활짝 펴지고 서로 서로 뜨겁게 사랑하는 모습을 바라볼 때 우리 주님께서 얼마나 기뻐하실까 생각해 봅니다.

파리에서 유학생 상대로 뜨레스 디아스를 인도하고 있는 이유를 잠시 설명 드리기 원합니다. 하나님께서 가장 기뻐하시는 것은 선교입니다. 왜냐하면 지금도 하나님께서는 잃어버린 영혼들을 위하여 눈물을 흘리시는 하나님이십니다.(눅 19:41)

하나님은 전능하신데 왜 친히 세계를 복음화 시키지 못하실까요? 그것은 먼저 믿는 자녀들을 사랑하시는 나머지 사랑하는 자녀들에게 귀중한 생명을 구원하는 상급을 받게 하기 위하여 그 분의 손발이 묶여 있는 것입니다. 그렇기 때문에 우리가 주님의 심정을 알고 진실된 마음으로 선교를 할 때 하나님께서 그렇게도 기뻐하시는 것입니다.

우리는 이러한 하나님의 심정을 알기 때문에 교회 개척 초기부터 세계 선교를 위하여 몸부림쳐 온 교회입니다. 우리 교회가 오늘까지 아무런 분쟁 없이 평안한 교회가 된 것도, 우리 교회를 위하여 가장 좋은 장소를 허락하시고, 또한 건축헌금도 목표액보다 더 많은 약정이 이루어지도록 축복하심도 우리가 선교에 전력투구하고 있기 때문인 것입니다.

지혜로운 사람은 자신의 근본을 잊지 아니하며 전체 이야기 줄거리를 잊지 않습니다. 우리가 교회 건축에 온 마음을 빼앗기고 선교를 등한히 한다면 근본을 잊고, 전체 이야기를 잊어버린 어리석은 교회, 어리석은 성도가 되고 마는 것입니다

우리 교회가 세계에서 가장 많이 선교하는 교회로 인정을 받고 있지만 불어권 선교는 거의 불모지에 가깝습니다. 전 세계에 불어를 사용하는 나라가 약 50여 개 국이 넘는 것으로 알고 있습니다. 불어권 선교의 전초기지를 마련하기 위한 것이 바로 불란서 한국 유학생들을 대상으로 하는 비디오 교회를 육성하는 길이요 그들을 위하여 1년 1차례 뜨레스 디아스를 개최하는 이유인 것입니다. 불어로 선교할 수 있는 인물들을 발굴하여 앞으로 불어권의 선교를 활성화시킬 계획입니다.

두 주일을 여러분과 함께 예배드리지 못하니까 여러분 한 분 한 분이 더욱더 가슴 가득히 그리워집니다. 다음 주일 예배는 다시 만나는 기쁨 가운데 참으로 축제스러운 예배 드리기를 바랍니다.

독일에서 구소련 지역 영혼을 섬기는 길 (프랑크푸르트)

저는 지금 독일 프랑크푸르트 인근에 있는 슈미튼 수양관에서 E.G.L. 제38기를 인도하고 있습니다.

지난 주에 있었던 대만 T.D. 제1기는 큰 은혜 가운데 마쳤습니다. T.D.는 대만 사람들의 정서에 잘 맞는 것 같습니다. T.D.를 끝마치고 헤어질 때 많은 목사님들과 교역자들이 저를 끌어안고 "아부지"라고 불렀습니다.

오는 11월 20일 부터는 빼스카도레스들을 대상으로 1주간의 특별 세미나를 열 예정입니다. 강사로는 저와 한 기홍 목사님이 수고하실 것입니다. 세미나를 통하여 현지 목사님들이 우리들에게서 배울 것이 있다고 생각하게 되면 그들을 중심으로 대만에 목회자들을 위한 신학교를 만들어서 대만 교회들이 활성화되도록 돕는 것이 우리의 선교 전략입니다. 지금까지는 주님께서 길을 열어 주셔서 모든 것이 순조롭게 진행되고 있습니다.

또한 이번 E.T.D.에는 독일에 거주하는 구소련 지역 성도님들 몇 분이 참석하여 은혜를 받고 있습니다. 현재 독일에는 약 200만 명의 구소련지역 사람들이 귀화해서 살고 있습니다. 그들에게 복음을 전하기 위하여 현재 독일에서 러시아어로 목회하고 있는 Musa 목사님을 우리 선교사로 세워서 이 사역을 추진하려고 하고 있습니다.

Musa 목사님은 가라간다 은혜교회 출신이며 우리 모스크바 은혜신학교 출신이기도합니다. 저는 원래 다음 주에 칠레 T.D.를 인도하게 되어있는데 교회를 너무 오래 비운 것 같아 한기영 목사님을 대신 보내고 저는 오는 금요일 한국으로 돌아갈 예정입니다.

그 다음 주에는 대만 세미나를 인도하고, 그 다음 주에는 우리 노회의 2세 목회자 5가정을 한국으로 모셔서 일주일 동안 함께 시간을 보내고, 12월 4일에는 L.A.로 가서 G.T.D. 129기를 인도하고 그 다음 주에는 한국에서 G.S.G.L. 71기를 인도할 예정입니다.

내년도에는 선교사역을 절반으로 줄이고 목회사역에 좀 더 노력을 경주하려고 생각하고 있습니다. 아무래도 서울에 있는 은혜교회를 키워야 한국교회를 변화시키는데 도움이 되고 또한 세계선교를 마무리 짓는데도 큰 도움이 되리라고 생각합니다. 전 세계에 할 일이 너무나 많은데 몸이 하나 밖에 없는 것이 안타까울 뿐입니다.

지난번 대만 T.D.는 서울은혜교회와 L.A.은혜교회에서 오신 팀멤버들이 큰 역할을 해 주셨습니다. 이 자리를 빌어서 다시 한번 감사를 드립니다.

이번 E.T.D.중에는 50세쯤 된 불란서 목사님 한분이 방문해 주셨습니다. 삐에르보스라는 목사님이신데 지난번 E.T.D.에 그 교회 교인 한 분이 참석하셔서 큰 은혜를 받고 교회에 돌아가서 목사님에게 말씀을 드린 것 같습니다. 그 목사님은 목회에 대하여 배우기 위해서 불란서에서 차를 몰고 오셨습니다. 이 목사님을 통하여 불란서 원주민 선교의 문이 활짝 열리도록 기도하고 있습니다. 다음 주일 서울에서 뵈올 때까지 승리하시기 바랍니다.

유럽선교의 문이 열리도록 기도해 주십시오 (스페인)

English

저는 내일 스페인으로 가서 현지 목사님들 120명을 모시고 1박 2일간 세미나를 인도하게 될 것입니다. 스페인 목사님들을 위한 세미나를 인도하게 되는 것은 우리 선교에 새로운 장을 열게 되는 계기가 될 것입니다.

오래 전 유럽을 여행하며 옛날의 유명한 성당이나 교회당이 일개 관광지로 전락한 것이 얼마나 안타까웠는지 모릅니다. 그 때 저의 심령 가운데는 저 빈 성전이 하나님을 찬양하는 사람들로 가득차면 얼마나 좋을까 하는 소원이 들며 유럽 선교에 대한 열정을 품게 되었습니다.

유럽에 선교사들을 파송하기 시작했지만 언제나 정신문화의 장벽 때문에 유럽 원주민을 대상으로 한 선교활동을 못하고 그곳에 사는 교민들을 향한 선교활동이 전부였습니다. 물론 원주님들 가운데 몇몇 사람이 T.D.에 참여하거나 혹은 그곳에 있는 은혜교회에서 은혜를 받기도 해 왔습니다만 본격적인 선교는 불가능했습니다.

이번에 스페인 개신교 목사님들을 상대로 1박 2일 동안 세미나를 열므로 앞으로 스페인 목사님들을 위한 T.D.와 아울러 남미식으로 목사님들을 위한 신학교를 운영하는 것이 가능하게 되었습니다.

유럽 사람들은 크게 두 가지 이유로 복음을 받아들이지 않습니다.

첫째 중세기 암흑시대를 생각하며 기독교가 인류의 역사의 반전에 장애가 되었다고 생각합니다. 그렇기 때문에 기독교를 믿을 가치가 없다고 생각하는 것입니다.

둘째 그들은 기독교를 알고 있다고 잘못 생각합니다. 그들은 기독교를 잘 알지만 믿을 가치가 없는 것으로 생각합니다. 그런데 사실 그들은 복음의 내용을 전혀 모르고 있습니다.

오랜 전 일입니다. 독일의 Gissen 대학교에서 박사학위 과정이나 석사학위 과정을 이수하고 있는 학생들 20여 명과 함께 친교를 나누며 복음을 전한 적이 있습니다. 처음에는 예의상 마지못해 들었지만 점차 그들은 주의 깊게 말씀을 들었습니다.

복음 제시가 모두 끝났을 때 그 중의 두 사람이 결신을 하고 나머지 학생들도 그들이 복음을 안다고 생각하고 있었는데 이런 말씀은 처음 들어본다고 하면서 시간이 있으면 다음에 또 이런 기회를 가지고 말씀을 들려 달라고 진지하게 부탁 하는 것이었습니다.

우리 은혜 선교의 또 하나의 다른 장이 열리려고 하고 있습니다. 여러분의 간절한 기도를 부탁드립니다.

스페인 복음화를 위한 도전
(스페인)

저는 지금 스페인 수도인 마드리드에서 남쪽으로 약 70Km 떨어져 있는 톨레도라는 유서 깊은 도시에서 약 20Km 떨어진 수양관에서 목사님들을 위한 1박 2일 세미나를 인도하고 있습니다. 처음 이곳에 도착했을 때의 반응은 상당히 부정적이었습니다.

스페인은 가톨릭이 아주 강한 나라로서 오랫동안 개신교 신앙은 허락되지 않던 곳입니다. 지금은 개신교 신앙이 법적으로 허용되어 있지만 개신교 성도는 전체 인구의 0.5% 밖에 되지 않는다고 합니다.

개신교 교회는 약 1,000개가 있는 것으로 알고 있는데, 개신교 연합회 회장을 만났을 때 그가 한 첫마디는 다음과 같았습니다.

"우리는 G-12도 배웠고, 전도폭발도 배웠고, 가정교회 세미나도 배웠습니다. 그러나 외국에서 들어와서 가르치는 모든 프로그램들이 아무런 성과가 없어서 지금 우리는 모두 지쳐 있습니다. 이제 우리들에게 필요한 것은 누가 와서 새로운 것을 가르쳐 주는 것이 아니라 지친 목사들을 위로해 주는 것입니다."

서로 교제하기 위하여 식사하는 자리였지마는 그 회장님의 표정에는 "너희가 와서 무엇을 가르칠 수 있겠느냐?"라는 표정이 역력했습니다. 제가 T.D.에 대한 설명을 하면서 그곳에서는 많은 기적과 이적이 일어난다고 말했더니 그 회장님의 표정이 갑자기 차갑고 거만하게 변하면서 그는 정색을 하고 다음과 같이 말했습니다.

"나는 그 말이 잘못되었다고 생각합니다. 하나님은 전지전능하신 분이신데 그 분은 자기의 뜻을 따라 기적을 베푸시지 인간이 하는 프로그램에 묶여서 기적을 베푸시는 분이라고 생각하지 않습니다."

그래서 제가 다시 차근차근 설명을 해 드렸습니다.

"T.D.는 하나님으로 하여금 기적을 행하시게 하는 프로그램이 아닙니다. 사실 하나님은 자신의 영광과 복음을 위하여 기적과 이적을 베푸시기 원하시는 하나님이시지만 우리 사람들의 마음 상태가 하나님이 역사하지 못하도록 가로막고 있기 때문에 사람들의 마음 문을 열게 하는 프로그램입니다. 그리고 우리는 기적과 이적을 탐하는 사람들은 아니지만 기적과 이적이 일어날 수밖에 없는 믿음을 추구합니다.

결국 나중에 헤어질 때 그 회장님이 다음과 같이 말했습니다.

"이제 이해가 되는 것 같습니다. 앞으로 김 목사님이 스페인의 복음화를 위하여 무엇을 하시든지 적극적으로 돕겠습니다."

어제 오전 11시에 세미나 참석자들이 오시게 되어 있었습니다. 참석자 수는 기도하던대로 약 120명을 조금 넘었습니다. 이곳에는 적당한 찬양팀도 없고, 여러 가지로 세미나를 인도할 여건이 되어 있지 않지만 어제 세미나는 성공적이었던 것 같습니다. 많은 참석자들이 저희들에게 호감을 가지고 대해 주는 분위기로 바뀐 것 같습니다. 저는 새벽 4시에 일어나서 이 글을 쓰고 있습니다. 사랑합니다.

서울 선교사훈련원 기공예배에 참여해 주십시오

저는 지금 스페인의 수도인 마드리드에서 남쪽으로 약 1시간 반 거리에 있는 톨레도라는 고도에 있는 산장에서 스페인T.D. 제 2기를 인도하고 있습니다.

이곳의 목사님들도 교회에서 충분한 사례비가 나오지 않기 때문에 대부분의 목사님들이 직장생활을 하고 있습니다. 그런데 유럽에서는 7월, 8월 두 달 동안 직장을 쉬고 9월 한 달 일한 다음에 10월에 또 휴가를 낼 수가 없어서 T.D.에 참여하고 싶어도 할 수가 없다고 말합니다.

이번 스페인 제 2기에는 48명의 캔디데이트들이 모여서 은혜를 받고 있습니다. 지금은 마지막 날 그룹기도 시간입니다. 사방에서 주여 삼창하는 소리를 들으면서 이 글을 쓰고 있습니다.

오늘 저는 이곳에서 점심 식사를 마친 후 바로 공항으로 떠날 예정입니다. 6시면 비행기를 타고 런던을 거쳐 서울로 갈 예정입니다.

사랑하는 우리 성도 여러분! 저는 다음 다음 주에 서울에서 열리는 제 1회 선교 세미나와 또한 10월 21일 토요일에 있는 선교사 훈련센타 기공예배로 말미암아 가슴이 설레이고 있습니다. 주님께서는 과거 25년 동안 우리 은혜교회에 선교에 대한 여러 가지 일들을 보여주시고 또 가르쳐 주셨습니다. 사실 저는 선교에 대하여는 완전히 문외한이었는데 주님의 은혜로 말미암아 세계에서 제일 많이 선교하는 교회가 되었습니다.

우리 기독교 신앙 활동은 주님께 받은 것은 다른 사람들에게 가르쳐서 그 사람들로 하여금 또 다른 사람들을 가르칠 수 있게 하는 것입니다. 딤후 2장 2절에는 다음과 같이 기록이 되어 있는 것입니다.

"또 네가 많은 증인 앞에서 내게 들은 바를 충성된 사람들에게 부탁하라 그들이 또 다른 사람들을 가르칠 수 있으리라"

우리가 주님께 받은 것을 혼자 간직하고 있으면 이는 게으르고 악한 종이 되는 길입니다. 이번에 소수이지만 목사님들을 모시고 그 동안 우리가 깨달은 선교의 원리를 가르침으로 한국 교회가 올바르게 선교하는 것을 돕기 원합니다.

우리 성도님들은 이번 세미나가 주님께서 여러분에게 맡기신 사명임을 깨닫고 많이 봉사도 하시고 또한 기도도 해주시기 바랍니다. 또한 10월 21일 토요일 오전 11시에 있는 선교사 훈련원 기공예배에는 우리 성도님들이 한 사람 빠짐없이 참석하셔서 기도해 주시기 바랍니다.

이번 세미나에 사역 보고를 하시기 위하여 약 10명의 선교사님들이 본 교회로 돌아오실 것입니다. 그동안 우리를 대신하여 선교지에서 수고하시는 선교사님들을 주님 섬기듯이 섬겨 주시기 바랍니다.

뉴질랜드와 마오리족 선교

지금 저는 뉴질랜드의 제2의 도시인 크리스찬처치 인근의 수양관에서 뉴질랜드 사랑의 불꽃 제1기를 인도하고 있습니다. 이곳에는 51명의 캔디데이트들이 참석하여 은혜를 받고 있습니다.

지난주에 있었던 스페인의 목회자 세미나의 보고를 잠시 드리겠습니다. 약 130여 명의 목회자와 평신도들이 세미나에 참석했습니다. 스페인에서는 중남미에서 역이민 오신 분들이 많이 있는데 그들 가운데는 열심히 신앙생활을 하거나 목회를 하는 분들이 많은 것 같습니다. 130여명 가운데 순수한 스페인 목사님들은 14명이고 나머지는 중남미 계통 목회자나 평신도들로 구성되어 있었습니다. 아주 짧은 세미나였지만 참석자들의 반응은 상당히 호의적이었습니다. 다음 4월 마지막 주간에 있을 스페인 T.D.를 설명하니 많은 분들이 참석 의사를 밝히셨습니다. 시간관계로 T.D. 신청서는 받지 못했지만 2-3주 내로 신청서가 GMI 스페인 선교사께로 전달될 예정입니다.

이 스페인 T.D.는 스페인의 원주민 목사님들과 평신도 지도자들이 대상입니다. 스페인 T.D. 가 몇 번 공식적으로 진행되면 아르헨티나의 신학교처럼 스페인 목회자들을 위한 신학교가 열리게 되고, 유럽 원주민들을 위한 선교가 본격적으로 가동될 예정입니다. 이를 위하여 많은 기도 부탁드립니다.

뉴질랜드에는 처음 선교 사역이 진행되고 있습니다. 우리 목표는 뉴질랜드의 원주민 마오리 Maori 족의 복음화와 나아가서는 유럽 계통의 목사님들을 돕는 것입니다. 이번 T.D. 캔디데이트 대부분은 주로 한국교민과 이곳 원주민들 7명이었습니다. 그들 중 두 분 목사님들은 은혜를 많이 받고 있습니다. 이번 T.D.가 끝나면 바로 마오리족 목사님들 다섯 분과 앞으로 선교계획에 대하여 만남을 가질 예정입니다.

점차적으로 선교의 문을 열어주시는 주님께 감사드리며, 더욱 넓어지는 선교사역을 감당하기 위하여 여러분의 더 많은 기도와 물질적인 후원이 요청되고 있습니다.

뉴질랜드는 크게 북섬과 남섬으로 구분 되는데, 저희는 지금 남섬에서 T.D.를 하고 있습니다. T.D.가 끝나는대로 저는 북섬의 오클랜드에 있는 교회에 가서 주일 설교를 하고 LA로 출발하여 G.T.D.를 인도할 예정입니다. T.D.가 끝나는 목요일 저녁 비행기로 출발하여 토요일 아침 서울에 도착할 예정입니다.

다음 주에는 서울 GSGL 67기를 인도하고, 그 다음 주에는 아르헨티나 신학교, 그 다음 주에는 목회자들을 위한 G-12 목사님들과 사모님들을 모시고 제주도에 가서 4박 5일 동안 수양회를 인도할 예정입니다. 많은 기도 부탁드립니다.

골고다 언덕에서 재확인하는 주님의 비전 (이스라엘)

저는 지난 월요일 오후 3시 40분 비행기로 이스라엘의 텔아비브로 향했습니다. 화요일 새벽 2시 30분에 예루살렘에 있는 호텔에 도착했습니다. 새벽 다섯시에 기상하여 먼저 와 있던 성도님들과 합류하여 주님께서 십자가를 지고 가셨다는 골고다 언덕길을 일행들과 함께 걸어 보았습니다. 사실 골고다 언덕의 위치를 확실하게 모르는 가운데 아랍계 상인들의 상전이 즐비하게 늘어서 있는 모습은 우리나라 남대문 시장의 어느 골목과 같았습니다.

화요일과 수요일 오전에 예루살렘의 이곳 저곳을 살펴보았습니다. 주님이 다니셨다는 곳에는 기념교회들이 들어서 있고 대부부의 교회들은 주님께서 그렇게도 싫어하시던 종교의식으로 채색이 되고 또한 주님의 숨결이 스쳐간 여러 장소들도 장사치들의 이기심으로 포장이 되어 마음이 안타까웠습니다. 그러나 나를 위하여 하늘나라 영광 보좌를 버리시고 이 땅까지 오셔서 모진 경멸과 모멸을 당하시며 십자가를 지시고 고통받으시는 현장을 바라보며 다시 한번 감사의 눈물

을 흘렸습니다.

우리 선교사님인 Keith 목사와 윤순현 목사님과 몇 명 안 되는 제자들과 스태프들 그리고 소련에서 이곳으로 파송된 표도르 목사님 가족들을 만나 뜻깊은 시간을 가졌습니다. 이곳의 목이 곧은 정통 유대인들의 격렬한 반대를 생각하면 불가능한 일로 보이기도 하지만 우리는 주님께서 주신 비전을 이루어 나갈 것입니다.

그렇기 때문에 가정교회야말로 우리 은혜교회의 핵심이요 기초인 것입니다. 다음 주일예배 후에는 드디어 가정교회 발대식을 거행할 것입니다. 가정교회에는 이번 주 예배 후에 모여서 가정교회 이름, 깃발, 주제가, 복장 등을 결정하시기 바랍니다. 여러분의 신앙이 자라게 될 가정교회 분위기는 여러분 자신의 태도에 따라 결정 되는 것을 기억하시고 모일 때마다 주님 중심으로 모이시며 서로가 서로에게 덕이 되는 언행만 해주시기 바랍니다.

가정교회가 건강하게 자라는 유일한 시발점이 오이코스 전도임을 기억하시고 우리 은혜교회 성도님들은 모두 오이코스 전도의 발걸음을 떼시기를 부탁드립니다.

맛사이족 우물을 위한 기도

English

맛사이 족은 케냐의 넓은 초원지대에서 살아온 이곳의 원주민입니다. 초원이라고 해도 우기인 5, 6월 달과 1월 달에 풀이 제법 푸릇푸릇하게 돋아나지만 일 년 중 나머지 시기에는 풀들이 누렇게 죽어버리고 맙니다. 맛사이족은 문명을 외면한 채 자기네의 전통을 지키며 자기들의 생활 방식대로 지금도 살고 있습니다. 집은 소똥과 흙을 섞어 벽을 쌓는데 보통 어른들의 젖가슴 높이로 지으며 짐승의 침입을 막기 위하여 문이 없이 좁은 입구를 달팽이 모양으로 짓습니다.

옷은 원래 커다란 천 한 장으로 몸을 잘 감싸고 다닙니다. 남자아이들은 보통 14살이 되면 성년식을 하게 되는데 성년식이 끝나면 그날 밤 어떤 동네 처녀와도 동침한 권리를 가지며 그런 후 넓은 들에 혼자 나가서 8년을 버티고 삶의 터전을 마련해야 다시 돌아올 수가 있습니다. 돌아온 후에는 자기가 좋아하는 여자와 결혼할 수도 있고 재물이 있으면 여러 명의 부인도 거느릴 수도 있다고 합니다. 그들의 외모는 뚱뚱한 사람은 전혀 없고 날씬한 몸매에 키가 꽤 큰 편이어서 굉장히 고고한 인상을 줍니다.

그런데 그들에게 가장 큰 문제가 식수입니다. 또한 가축에게 먹일 수 있는 물도 해결해야 합니다. 그들은 우기인 4~ 5월에 오는 빗물을 모아서 1월까지 지내며 1월에 내리는 빗물을 모아서 이듬해 4~5월까지 간신히 생명을 유지합니다. 그런데 금년 5~6월에는 비가 거의 오지 않아서 우리 선교부에서 파둔 저수지도 마른 바닥을 그대로 드러내어 놓고 있었습니다. 그들은 약 10Km정도 떨어진 곳까지 걸어가서 물을 사와서 식수로 쓰고 있는데 동물에게까지는 부족합니다. 이런 식으로 가면 11월쯤이면 수분 부족으로 짐승들이 죽어가며 드디어 사람들도 죽어 갈 것이라고 했습니다. 그 곳에는 우물을 파도 250m 이상을 파야 물이 나오는데 비용이 약 5만 불이 든다고 했습니다. 우리가 하도 딱하여 기도하며 5만 불을 만들어 보내겠다고 했습니다. 헌금하실 때는 헌금 봉투에 "맛사이족 지정헌금"이라고 적어주시기 바랍니다.

이 우물이 완성되면 이 우물 중심으로 약 1,000여 명의 맛사이족 커뮤니티가 이루어지며 그들은 모두 교회에 나오게 된다고 합니다.

15. 내가 만난 김광신 목사

- 우리 아빠에게 보내는 사랑의 편지 -김 원
- 당신을 아빠라고 부를 수 있는 것이 축복 이었습니다. -김리나
- 김재문 목사
- 안동주 목사
- 이 서 목사
- 신승훈 목사
- 박병섭 목사
- 최홍주 목사
- 이동준 목사
- 김태규 목사
- 신승철 목사
- 전병화 장로
- 이규성 장로
- 문음전 권사

LOVE IS EXTRAVAGANT

Our Father's Love

It will have been almost a year since we last saw you. We think of you often and it brings a smile to our faces. Though I am well past middle age, I still miss you. The way a young child misses his father, I miss you. But deeper than my longing for you is the gratitude that I have that you were in our lives. We, as a family, are grateful that God placed you as our father. I often tell stories of your kindness and love. Many people have come up to me over the years and talked about the great love that you had for people. We were definitely recipients of that love. But sometimes, people don't connect the great love that you had with the difficulties that you had in your childhood. Being a runaway from a broken home who had to fend for himself could have scarred you. The shame of divorce could have given you a convenient excuse to be bitter. I believe you never wanted us to experience the difficulties that you suffered through as a child. I remember how you wanted to be able to love one person and make that person happy. I believe you thought that would make you happy. For you, that person was mom. So as a newlywed, you loved her by giving her homework and reading assignments. She says that it did not go well. Then you met God. Everything changed. Whatever love that you could muster up on your own paled in comparison to the love that was provided through God. For that, I am truly thankful. As God transforms lives through His love, grace, and righteousness, it gives us hope. A hope that we will be transformed by Christ in order to spend time with God eternally which means we will get to see each other again. So, until then, I want to say that we love you and thank you.

Won

우리 아빠에게 보내는 사랑의 편지

우리가 아빠를 마지막 본지도 거의 일년이 되었습니다. 우리끼리 자주 아빠 생각을 하며 웃고는 합니다. 이제 중년이 훌쩍 넘은 저도 어린 아이가 아빠를 그리워하듯이 아빠가 보고싶습니다. 하지만 무엇보다 아빠가 우리 삶에 머무셨다는 사실에 감사합니다. 당신을 우리 아버지로 주신 하나님께 감사합니다.

종종 아버지의 친절함과 사랑에 대해 얘기를 합니다. 많은 사람들이 찾아와 아빠가 얼마나 사랑이 많은 분이셨는지 말해주셨습니다. 우리는 그 사랑을 받은 사람들입니다. 사랑이 많으신 분이지만 얼마나 힘든 유년기를 보내셨는지 간혹 연결시키지 못하는 분들도 있습니다.

부모님 이혼 후 어린 시절 가출하여 혼자 생계를 해결하셨던 것이 영영 지워지지 않는 상처로 남았을 수도 있고, 사회적 수치감에 세상을 원망하는 분이 되었을 수도 있는데 말입니다.

아버지는 본인이 겪은 고통들을 우리는 겪지 않길 바라셨습니다. 한 사람을 사랑하고 행복하게 해주고 싶어하셨다는 것을 압니다. 그러면 본인도 행복해지실거라 믿으셨던것 같습니다. 아버지는 그것을 우리 어머니에게 아버지의 방법으로 적용하셨지요. 그래서 신혼시절, 사랑하는 마음에 아내에게 숙제와 과제을 주셨는데 그것은 어머니에게 그다지 좋은 방법이 아니었다고 하십니다. 그러다 하나님을 만나셨고 모든 게 변화했습니다.

본인의 온 힘으로 표현할 수 있는 모든 사랑도 하나님께서 주시는 사랑에 비하면 아무것도 아니였습니다. 아버지의 그 사랑에 저는 정말 감사합니다. 주님은 사랑과 은혜와 공의를 통해 삶을 변화시키시고 소망을 주십니다.

그리스도를 통해 우리도 변화되어 주님과 영원한 천국에 가서 아버지를 다시 볼 수 있다는 소망입니다. 그러니 아버지를 다시 뵈올 그때까지 사랑하고 감사하다는 말씀드립니다.

- 원-

Our Father's Love

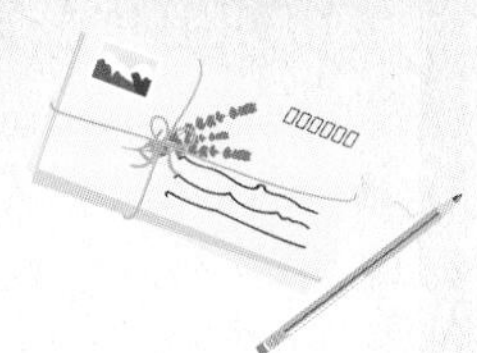

Often times, my dad started his sermons by saying, "My beloved church members". As his daughter, I know that he truly meant the word "beloved". One day, after losing my temper at my two boys, I asked my dad how he was able to never raise his voice at me while raising me. His answer was that he did not feel any need to scold me, because He believed that God was actually the one who was taking care of me. Still, he always made sure I knew how much I was loved by him. He gave me constant kisses and hugs, and he always wanted to hold my hand. He did everything in his power to show his love to me, but his true faith rested in God to love, protect, and guide me. I believe he felt the same way towards his "beloved church members".

There was so much my dad wanted to teach us. He gave long sermons, he sang the same worship song over and over again, and he led us into prayer until we could no longer speak. He wanted so much for us to have a close relationship with the Lord. What he could not communicate on the pulpit, he took the time to write in his letters to his beloved church members. To him, each church member was his disciple.

My dad often showed his excitement when imagining heaven.

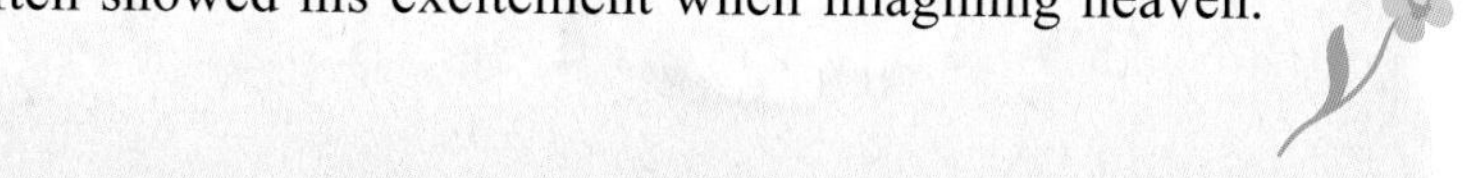

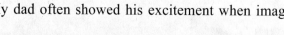

He daydreamed about the day a group award would be handed out and Grace Korean Church would be awarded the prize. My father was a great man of God, but his accomplishments were only possible with God's anointing and the sacrifices of each and every member of our church. Our church family, who wholly entrusted God with their businesses, families, and lives, supported our missionaries and pastors to spread the gospel to the ends of the earth.

As I reflect on my life with my dad, my heart is overwhelmed with gratitude for the love I received from him. Today, I am overwhelmed with gratitude for the love our church family has extended to my mother and me. Since my dad's passing, I have loved hearing the stories of peoples' interactions with my dad, from people all around the world. One thing is very clear: he loved us all so much and he was truly loved by all. Now, we can daydream about the day we get to see our Father in heaven, as well as imagine my dad running closely behind him to welcome us with open arms.

Dad, I love you and miss you with all my heart! I am reminded of God's unconditional love for me every time I think of you. What a gift it was to be able to call you my dad.

Ree Na Kim

"당신을 아빠라고 부를 수 있는 것이 큰 축복이었습니다"

제 아버지는 자주 "우리 사랑하는 성도 여러분"이라는 말로 설교를 시작하셨습니다.

딸로서 저는 "사랑하는"이라는 말의 뜻을 아주 잘 알고 있습니다. 어느 날 저는 두 아들들에게 몹시 화가 났을 때 어떻게 아버지는 저를 키우시면서 한 번도 언성을 높이지 않을 수 있으셨느냐? 물어봤습니다.

아버지의 대답은 분명하고 간단했습니다. 하나님께서 딸을 보살피신다고 믿으셨기 때문에 그럴 필요를 못 느끼셨다고 하셨습니다. 하지만 아버지는 항상 제가 얼마나 사랑받고 있는지 알도록 표현해 주셨습니다. 매번 안아주고 뽀뽀해주시고 손을 잡아 주셨습니다. 제가 사랑받는다는 걸 깨닫도록 최선을 다하셨지만 결국은 하나님께서 절 사랑하시고 보호하시며 인도하신다는 믿음 속에서 안심할 수 있으셨다고 합니다. 저는 "사랑하는 성도님들" 이란 말속에 같은 마음이 담겨져 있으셨다고 믿습니다.

우리 아버지는 가르쳐 주시고 싶으신게 많은 분이셨습니다. 설교도 길게 하셨고 같은 찬양을 반복 또 반복하여 부르셨습니다. 거기다 목소리가 안 나올 때까지 긴 기도 시간을 이끄시곤 하셨습니다. 우리가 주님과 친밀한 관계가 되기를 정말 간절히 바라셨습니다.

아버지는 강단에서 하시지 못하신 말들을 사랑의 편지들을 통해 적고는 하셨습니다. 아버지께는 성도 한 분 한 분이 다 제자이셨습니다.

천국을 상상하실 때는 굉장히 신나 하셨습니다. 은혜교회가 주님께 단체 상급을 받는 날을 상상하시곤 하셨습니다. 아버지는 훌륭한 분이셨지만 이루신 업적 전부 다 주님의 기름 부음과 교회 모든 성도분들의 희생을 통해서 가능했습니다.

모든 우리 교회 가족분들께서 비즈니스와 가족의 생명을 주님께 맡기고 선교사님들과 목사님들이 복음을 세상에 전파할 수 있도록 함께하신 헌신이 있었기 때문입니다.

아버지와의 삶을 되새겨보면서 아버지께 받은 사랑의 감동이 넘쳐오릅니다. 우리 어머니와 우리 가족에게 사랑을 베푸신 교회 모든분들에게 너무 감사하고 감격하고 있습니다. 아버지가 돌아가신 후, 전 세계 성도분들이 들려주신 아버지의 이야기들을 들으며 한 가지만은 확실합니다. 아버지가 너무나 진심으로 사랑하셨기 때문에 이렇게 모든 분들에게 사랑을 받으신 것 같습니다. 언젠가 천국에서 우리의 하나님 아버지를 보게 될 날을 상상을 해봅니다. 주님 바로 뒤에 우리 아버지도 달려와 활짝 팔을 벌리고 반겨주실겁니다.

아빠, 너무나 사랑하고 너무 보고싶습니다. 아빠를 생각할 때면 항상 하나님의 무조건적인 아가페 사랑을 떠올립니다. 당신을 아빠라고 부를 수 있었던 것이 너무나 축복 된 선물이었습니다.

김리나 올림

내가 만난 김광신 목사

믿음과 불타는 열정의 사람이셨습니다

김광신 목사님의 1주기를 맞이하면서 "유고집"이 출판되어서 너무나 기쁘고 감사합니다. 목사님은 사도바울처럼 세계선교에 생명을 바치신 오직 복음 선교에 올인하신 "주님의 진실하신 종" 입니다. "성령님과 동행" 하시면서 세계선교의 꿈을 이루신 큰 믿음과 불타는 열정의 마음이 "목사님 사랑의 편지"를 통해서 수많은 사람들에게 큰 감동과 영향력을 주는 마음의 양식이 될 것입니다. 이 책이 하나님의 생명의 복음을 땅끝까지 전하게 되는 하나의 밀알과 생명력이 되기를 기도합니다. 우리의 참 스승이 되시는 목사님을 사랑하고 존경합니다.

김재문 목사(LA사랑의 빛 선교교회 원로)

주님을 향한 타는 목마름에 이끌려 목사가 되었다

내가 처음 김 목사님을 만난 것은 1984년 목사님의 테이프 설교를 통해서였다. 이곳 LA에서 7년간의 상사주재 생활을 마치고 이제 막 새출발을 하려던 당시 불신자였던 내가 목사님의 테이프 설교부터 먼저 듣게 된 것은 전적으로 주님의 은혜이다.

경상도 사투리를 섞어가면서 부르짖으시는 목사님의 설교는 같은 경상도 출신인 나도 알아듣기 어려웠지만 그 부르짖음이 주님을 향한 타는 목마름이라는 것을 곧 알게 되고 이 부르짖음에 매료가 되어서 그 해 나도 주님을 영접하고 목사가 되고 올해는 은퇴 후 첫 해까지 되었다. '은퇴 1주년'이 '소천 1주기'로 바뀌게 되는 날도 멀지 않으리라.

주님께서 우리 김 목사님에게 주신 그 열정과 그 사랑의 백분지 일이라도 내 가슴에 계속 남아있기를 이 새벽, 목사님을 추억하면서, 주님께 기도 드린다.

2023년 2월 1일 새벽 안동주 목사(생수의 강 선교교회 원로)

주님께 대한 절대적 신뢰를 가르쳐 주셨습니다

저의 삶에 가장 큰 영향을 주신 분은 김광신 목사님입니다. 그렇게 주님을 사랑하고 영혼을 사랑하는 분을 섬겼다는 것이 저에게는 큰 축복입니다. 저는 그분의 복음을 듣고 예수님을 영접하고 일생이 변화되었습니다. 한 영혼이 주님을 신뢰하고 열망을 품고 저렇게 믿음으로 헌신하는 모습을 보는 것이 저에게는 잊지 못할 추억이었습니다. 더욱 놀라운 것은 주님에 대한 절대적인 신뢰입니다. 어떠한 일이 있더라도 하나님을 신뢰하셨습니다. 그 결과 목사님은 주님의 일을 놀랍게 이루셨습니다. 목사님! 사랑합니다. 그리고 감사합니다.

이서 목사(미주 비전교회 담임)

목사님의 제자로서 그 뒤를 잇는 제자를 만들어 가겠습니다

김광신 목사님은 저에게 주님 사랑을 어떻게 하는 것인지를 말과 삶으로 가르쳐 주신 분이십니다. 하나님 경외하는 것과 말씀 순종하는 것을 가르쳐 주셨습니다. 믿음으로 사는 것이 어떤 것인지를 가르쳐 주셨습니다. 그리고 영혼 사랑과 헌신을 가르쳐 주셨습니다. 이제 저도 부족하지만 그 길을 따라가며 제자를 만드는 제자가 되려고 노력하고 있습니다. 귀한 목사님을 만나게 해주신 주님께 감사드립니다.

신승훈 목사(LA 주님의 영광교회 담임)

목사님이 가졌던 성령의 불길을 우리 가슴에도 주옵소서

'김광신 목사님' 하면 떠오르는 것은 누구보다 복음의 열정이 뜨거우셨던 비전의 사람이셨습니다. 이 땅에 그리스도의 계절이 오게 하기 위해 온 삶을 드려 헌신하시고 주님께서 부르시던 그날까지 혼신의 힘을 다하신 분이셨습니다. 그 열정은 곧 하나님께 대한 사랑과 영혼들에 대한 안타까운 마음 때문이었으며 지칠 줄 모르는 삶의 동력이시기도 했고, 사람들을 이끄시는 선한 영향력이시기도 하였습니다.

목사님의 사무실의 불빛은 새벽 3시까지도 꺼지지 않았던 때가 많았으며 선교를 향한 열정은 그분께서 보유하신 비행기 마일리지 만큼이나 대단하셨습니다.

코로나 팬데믹을 지나는 동안 주님께 대한 사랑과 영혼구령의 열정이 식어진 요즈음, 김광신 목사님의 열정이 다시 한번 그리워집니다. 주여! 죽어진 영혼 살릴 수 있도록 성령의 불을 우리 가슴에도 새롭게 부어 주옵소서.

박병섭 목사(샌디에고 사랑교회 담임)

많은 교인 중에서 나를 생각하셨고, 나를 부르셨고, 내게 심부름을 시킨 분

"좀 내려 오라꼬.." 김 목사님의 뜻밖의 전화에 LA에서 일하다 말고 흥분하며 교회로 갔다. 목사님이 누군가와 함께 계셨다. 방해하지 않으려고 한참을 밖에서 기다린 후에 만난 목사님. "왔나? LA 가서 양복 좀 찾아 오라꼬" 그 말에 나는 다시 놀워에서 LA로 갔다. 그런데 양복이 아직 안 되었다고 하길래 꼭 가지고 가야한다고 양복점 주인에게 여러 차례 졸랐다. 그리고 몇 시간을 더 기다려야 했고 저녁 무렵이 되어서야 교회로 가서 목사님 양복을 가져다 드릴 수 있었다. 분명 화가 나거나 짜증이 나야 하는데.. 나는 아직도 그 일이 한없이 감사하고 자랑스럽기만 하다. 많은 교인 중에서 나를 생각하셨고, 나를 부르셨고, 내게 심부름을 시킨 분이 바로 내가 사랑하는 목사님이니까.

최홍주 목사(에브리데이교회 담임)

소망과 용기와 도전을 가르쳐 주신 멘토이십니다

사자성어 중에 "호사유피 인사유명"이라는 말이 있습니다. 호랑이는 죽어서 가죽을 남기고 사람은 죽어서 이름을 남긴다는 말을 실제로 이루셨습니다. 오직 복음과 선교에 전심전력하셔서 선교역사에 귀한 이름을 남기시고 가신지 어느덧 1년이 지났습니다. 말보다는 행동으로 손수 목회의 본을 보여주시고 수많은 성도들과 제자들에게 소망과 용기와 도전을 주신 목사님은 제 인생의 멘토이셨습니다. 계실 때는 미처 알지 못했던 거목의 그늘이 이제는 아쉬움과 빈자리의 공허함으로만 남습니다. 목사님 사랑합니다. 보고 싶습니다.

이동준 목사 (아름다운교회 담임)

순수하게 주님을 사랑하고, 영혼들 사랑함을 배웠습니다

김광신 목사님은 평생을 순수하게 오직 선교에 생명을 걸고 헌신하시고, 교회와 성도들을 진심으로 사랑하셨던 목사님 이셨습니다. 사역의 현장에서 하나님께서 하신 일을 들으실 때 눈물을 흘리시던 모습을 생각하면서 나도 김광신 목사님처럼 저렇게 순수하게 주님을 사랑하고 영혼을 사랑하는 주의 종이 되어야겠다는 생각을 하곤 했습니다. 일평생 사도 바울처럼 영적인 본이 되셔서 생전에 많은 열매를 맺으신 목사님을 기억하며 목회와 선교하기를 소망합니다.

김태규 목사(서울은혜교회 담임)

인도하시고, 가르쳐주시고, 사랑을 보여주신 선생님

목사님은 제게 하나님을 알 수 있도록 인도하셨습니다. 목사님은 제게 하나님의 사랑을 보여주셨습니다. 목사님은 제게 하나님이 인도하시는 삶을 가르쳐 주셨습니다. 목사님은 저의 선생님이십니다. 저에게 복음을 전해주신 목사님은 제 생명의 은인이십니다.

신승철 목사(얼바인은혜교회 담임)

가장 높이 날아 가장 멀리 보는 것을 적용하셨습니다

김광신 목사님은 신앙적으로 미숙아였던 저와 아내(전정심 권사)를 부르셔서 손수 자상하게 '뜨레스 디아스'사역을 가르쳐 주시며 주님의 일에 동역하게 해 주셨던 거목과 같은 분이십니다. '가장 높이 나는 새가 가장 멀리 본다'는 말처럼 김광신 목사님은 믿음, 소명, 전도 등의 제반면에서 교회 모든 지체들에게 꿈과 이상을 가지고 적극적으로 적용해 나갈 것을 강조하시고 실제적인 본을 보여주셨던 믿음의 선각자 이셨습니다. 성도들에게 보내 주셨던 이 사랑의 편지를 통하여 하나님의 뜻과 비전을 높고, 멀리 발견하셔서 주님과 동행하시는 믿음의 삶을 사시기를 기도합니다.

전병화 장로

"하라꼬" "가자꼬" 하시며 전세계를 두루 다녔습니다

목사님은 "만약에 칼로 목이 잘리면 얼마나 아플까?"라며, 순교에 관한 말씀을 종종하셨던 분이셨습니다. 저는 11살에 미국이민을 와서 경상도 말은 알아들을 수도 없는 방언이었습니다. 내가 죄인이라는 것을 깨달은 순간, 목사님의 설교가 들려오면서 많은 눈물을 쏟게 되었고, 너무 큰 은혜를 받아서 "하라꼬" 하시면 모든 일을 제치고 하였고, "가자꼬"하시면 전세계를 건넌방 드나들듯 할 수 있었습니다. 지금도 저에겐 큰 산인 김광신 목사님을 마지막까지 모실 수 있게 하시고 목사님의 "사랑의 편지'를 책으로 편찬하는 일에 선뜻 뜻을 모을 수 있도록, 기회를 주신 것에 다시 한번 더 감사를 드립니다.

이규성 장로

마음을 따뜻하게, 그리움에 눈물짓게 하시는 분

김광신 목사님은 감성과 이성을 겸비한 보기 드문 거목이십니다. 사랑하는 성도들에게 보내 주셨던 목사님 "사랑의 편지"를 목사님을 사랑하고, 그리워하는 분들이 뜻을 모아 "사랑은 낭비라꼬?" 제목으로 책을 엮게 되었습니다. 이 책은 '은혜 역사관' 팀이 하나가 되어 만들어 낸 소중한 작품입니다. 이 작업을 하면서 새록새록 김광신 목사님과의 아름다운 추억들이 주마등처럼 스쳐 지나가서 마음이 따뜻하기도 했고 그리움에 눈물짓기도 했습니다. 목사님을 그리워하고 사랑하는 모든 분들에게 위로가 되고 도전을 주는 귀한 책이 되기를 기도합니다.

문음전 권사

은혜한인교회 김광신 목사가
성도들에게 보낸 사랑의 편지

지은이 : 김광신
발행처 : 은혜역사관
발행인 : 한기홍

편집디렉터 : 김성진
편집주간 : 김재원
편집 : 문음전, 황순호, 최선숙

디자인 : 이용옥
영　상 : 최로버트, 황순호
영어 번역 : 김유리아

■
초판 1쇄 발행 / 2023년 3월 15일
초판 2쇄 발행 / 2023년 5월 20일

■
펴낸이 | 민병문
펴낸곳 | 새한기획 출판부

■
편집처 | 아침향기
편집주간 | 강신억

■
주소 | 04542 서울특별시 중구 수표로 67 천수빌딩 1106호
TEL | (02)2274-7809 / 070-4224-0090
FAX | (02)2279-0090
E-mail | saehan21@chol.com

■
출판등록번호 | 제 2-1264호
출판등록일 | 1991. 10. 21

값 22,000원

ISBN 979-11-88521-73-9 03230
Printed in Korea